Mediação e Cultura de Paz

Estudos e Reflexões sobre sua Aplicação Prática

Mediação e Cultura de Paz

Estudos e Reflexões sobre sua Aplicação Prática

Organizadora:
Gabriele Mutti Capiotto

Coordenador:
Antonio Rodrigues de Freitas Júnior

LACIER

LACIER
Lacier Livraria e Editora
www.livrarialacier.com.br

Rua Doutor Quirino, 808 – Centro
CEP 13015-081 – Campinas, SP – Brasil

Setembro, 2024

Diretor: *Lacier José de Rezende*
Coordenação editorial: *Peter Fritz Strotbek*
Projeto de capa: *Fabio Giglio*
Projeto gráfico e editoração eletrônica: *The Best Page*

Esta é uma obra coletiva.
A responsabilidade pelo conteúdo de cada texto
é exclusiva do seu autor.

Ficha Catalográfica

Dados Internacionais de Catalogação na Publicação (CIP)
(Câmara Brasileira do Livro, SP, Brasil)

M489 Mediação e cultura de paz : estudos e reflexões sobre sua aplicação prática / organizadora: Gabriele Mutti Capiotto ; coordenador: Antonio Rodrigues de Freitas Júnior. – Campinas, SP : Lacier Editora, 2024.
166 p. ; 17 x 24 cm.

ISBN 978-85-64412-46-0

1. Direito do trabalho – Brasil. 2. Mediação e conciliação. 3. Solução de conflitos. 4. Relações de trabalho. I. Capiotto, Gabriele Mutti. II. Freitas Júnior, Antonio Rodrigues de.

CDU 34:331(81)

Índices para catálogo sistemático:

1. Direito do trabalho — Mediação de conflitos

Angela Schmidt da Rosa – Bibliotecária – CRB-14/1171

Sumário

Por Um Direito Menos Adversarial e Mais Pacificador

Antonio Rodrigues de Freitas Júnior[1]

Não está muito longe o tempo em que falar de mediação ou de outros meios consensuais como indicações possíveis para administrar conflitos, especialmente na cena brasileira, soava como recomendação quimérica ou ingênua. Em outros termos: ou bem o recurso a essas "alternativas"[2] era visto com incredulidade como algo onírico, irrealizável, ou por outro lado desqualificado como uma via ineficaz.

Desse modo, nossa cultura jurídica e de Ciência Política estiveram confinadas à convicção de que o Estado em geral, e o processo judiciário em especial, são o destino "natural" do conflito.

Essa convicção não resiste à mais singela digressão histórica nem antropológica: é evidente que a humanidade não teve sempre à disposição nem Estado, nem Judiciário, nem sistema processual legalmente regulado.

É bem verdade que a formação do Estado moderno, e o próprio delineamento de um processo judiciário tecnicamente refinado, explicam-se e se destinam — entre outros objetivos — à composição de conflitos. O Estado e o Judiciário, como os conhecemos na experiência institucional brasileira, não estiveram presente em toda experiência social ao longo dos tempos, e essa é uma informação que nossas escolas de graduação em Direito tendem a negligenciar. Isso nos remete à conclusão de que não procede a crença de que *somente* com a intervenção do Estado, por meio do processo judiciário, é possível fazer

---

(1) Professor Associado da Direito USP – Largo de São Francisco, por onde também se graduou, obteve seu Mestrado, Doutorado e Livre-Docência. Nessa instituição, desde 2006, vem regendo disciplinas e orientando na Graduação e Pós-Graduação, em torno do grande tema das assim chamadas *ADRs*, na perspectiva da Mediação e da Cultura da Paz; pelo que foi agraciado em 2017 pelo Conselho Nacional de Justiça com o Prêmio "Conciliar é Legal" – 2017 – Categoria Ensino Superior. *Visiting Fellow* na *Cornell University*, é um dos idealizadores, organizadores e professores dos Cursos de Formação de Mediadores, destinados à capacitação de docentes e funcionários para atuarem como mediadores em serviços permanentes de mediação junto às três universidades estaduais paulistas: Unicamp, USP Unesp.

(2) Uma denominação um tanto criticada no Brasil, mas disseminada e consolidada na literatura internacional, dos meios consensuais ou autocompositivos: *Alternative Dispute Resolution — ADR.*

com que conflitos não escalem nem cheguem ao ponto de colocar em risco o convívio em sociedade.

Por sinal, como nos credencia a advertência hobbesiana e a tipologia weberiana, o Estado ou outra forma de organização estável de autoridade contribui de modo decisivo para a pacificação social. Para além disso, no Estado moderno o direito também desempenha importantes funções como a de prover a calculabilidade do capital (na celebrizada chave weberiana), por meio da segurança jurídica e da vinculação dos contratos, permitindo a expansão do mercado e a acumulação de riquezas. Especificamente por meio do regramento processual, o direito moderno funciona ainda para 1) calibrar o exercício do próprio poder soberano, impondo limites e procedimentos ao poder de encarceramento e de tributação e, (o que nos interessa mais de perto por ora), o processo judiciário civil tem uma evidente — e em grande medida eficiente — vocação para 2) compor conflitos.

De qualquer modo, mesmo pesante à relativa eficiência do processo judiciário na lida com o conflito — se não o resolvendo com justiça, ao menos neutralizando seu potencial entrópico de degeneração social — a litigância exibe no presente seus indisfarçáveis limites, quer quantitativos quer qualitativos.

Quantitativos porque não há como comprimir toda a conflituosidade de uma sociedade aberta e coletivizada, no estreito raio do processo judiciário. Em muitos países, especialmente naqueles de economias semiperiféricas como o Brasil, a rápida e diversificada expansão dos mecanismos de acesso à Justiça, importante subproduto da transição democrática, acabou tencionada pela incapacidade institucional, cultural e legal, de que o Judiciário respondesse satisfatoriamente a esse vertiginoso aumento de demanda.

Por outro lado, a expansão da agenda dos direitos humanos e dos direito de personalidade, num itinerário que sucede e intensifica o movimento do acesso à justiça, tornou crescentemente perceptíveis os limites e as inadequações *qualitativas* do processo judiciário para certas demandas poro justiça: refiro-me mais de perto à delicadeza das medidas de proteção das pessoas, especialmente das vulneráveis, que elevaram sua importância na medida do crescimento e da valorização dos direitos humanos em geral, e dos direitos de personalidade em particular.

Só para tomar o exemplo da litigância no Judiciário trabalhista: pretensões como aquelas visando à reparação de práticas de assédio moral e demais violências, assim como outras demandas por reparação de "danos morais", eram impensáveis antes dos anos 1980. Hoje em dia, embora felizmente não informe a maioria das demandas trabalhistas, essa agenda assume um papel de crescente relevância política e visibilidade por parte do jurisdicionado. É exatamente nessa agenda em que se espera uma resposta mais delicada e cuidadosa do sistema de justiça; resposta para a qual, compreensivelmente, o Judiciário não foi aparelhado e o processo não foi desenhado. Pessoas vítimas de violência e assédio não buscam *pitbulls* como advogados, assim como não necessitam da contenção do Estado: precisam de acolhimento e de escuta.

Medidas institucionais de acolhimento, em especial de vítimas de abuso e violências, confiando-lhes o direito de falar e sobretudo o poder de serem ouvidas, fazem da liturgia pública e solene das cortes o mais inadequado dos ambientes. Seus atributos excessivamente formais e sua tradição marcadamente adversarial evidenciam que a rigidez da "arena" pública e judiciária do "embate" entre pessoas, em vez de pacificarem, convulsionam, maltratam e ocasionam adoecimento para seres humanos. De modo não invulgar essas pessoas, já bastante fragilizadas por dilacerantes situações pregressas de conflito, ao optarem ou ao serem compulsoriamente conduzidas aos "tribunais", são expostas a mais sofrimento. Frequentemente acima do limite que podem suportar, essas pessoas sofrem nova vitimização, não raro encorajadas por causídicos moldados na ultrapassada formação adversarial de nossas escolas de advocacia. Advogados aprisionados por uma cultura jurídica superada, que se reconhecem e se "vendem" (e também são "comprados"), como genuínos *bitbull monsters,* treinados sobretudo para a hostilidade e a cabotinagem entre as cordas do "ringue" forense.

Esse modelo adversarial de processo definitivamente não oferece pacificação; ao menos não aos conflitos que envolvem segmentos vulneráveis e àqueles emergentes em regiões sensíveis do ser humano. O modelo de processo predominantemente adversarial e adjudicatório mascara assimetrias, desumaniza pessoas transformando-as em "partes" – sabe lá de que "todo" – e sonega aos atores sociais a extraordinária fortuna de se responsabilizarem pela gestão dos conflitos que eles próprios produziram. Essa é uma das lições axiomáticas da chamada Cultura da Paz – na conhecida fórmula da Organização das Nações Unidas – ONU: nada mais visceral nem mais eficaz sob o ângulo pedagógico, nas políticas de educação para a paz, que a responsabilidade para resolver os conflitos ser confiada aos memos atores que os geraram.

* * *

Essas são as premissas conceituais e teóricas desta obra.

Um trabalho de razoável ousadia, que reúne contribuições dos integrantes de dois módulos de uma das disciplinas do Programa de Pós-Graduação da Faculdade de Direito da USP, intitulada: Mediação em Conflitos de Justiça, Cultura da Paz e Promoção dos Direitos Humanos (I e II). Tal disciplina, em dois de seus módulos iniciais, juntamente com outras duas ofertadas como optativas no Curso de Graduação, motivaram a concessão do Prêmio Conciliar é Legal — 2017, categoria Ensino Superior, pelo Conselho Nacional de Justiça — CNJ.

Pois bem, ao longo dos dois semestres de 2023 durante os quais a disciplina foi novamente oferecida, pudemos debater diversos aspectos dos chamados mecanismos consensuais de justiça, com ênfase no mais exigente e sofisticado deles: a mediação.

Essa linha de trabalho acadêmico em torno da mediação, envolvendo o oferecimento de disciplinas de Graduação e de Pós-Graduação, também animou outras iniciativas como orientação de pesquisa em nível de Mestrado e Doutorado, das quais resultaram ainda diversos livros de autoria individual e coletâneas.

Também nesse eixo temático gravitaram algumas iniciativas de intercâmbio e parcerias internacionais — de docência e de pesquisa; a principal delas com colegas de diferentes universidades japonesas. Com os colegas do Japão foram organizados dois eventos, o primeiro desses em janeiro de 2018, realizado na *Shinshu University* — Campus de Matsumoto, e o segundo que teve lugar no Auditório Ruy Barbosa Nogueira, da Faculdade de Direito da USP — Largo de São Francisco, em 2019. Ambos tiveram a preocupação convergente de buscar compreender as razões pelas quais Brasil e Japão e exibem marcadores tão contrastantes de litigância, a despeito de serem sistemas jurídicos tão assemelhados no tocante ao repertório processual e de direito comum. Tais contrastes tendem a ser atribuídos genericamente às evidentes diferenças culturais e históricas entre os dois povos. Contudo, identificar com mais refinamento e delimitação que diferenças são essas, o que as explicam, e como interferem no cenário mais amplo da litigância são questões ainda a suscitar iniciativas adicionais de pesquisa e de interlocução.

Tudo isso é para dizer que muitas das contribuições deste livro seguem uma trilha recente e inovadora, mas suficientemente balizadas por alguns anos de amadurecimento acadêmico e de compartilhamento de olhares.

* * *

Os capítulos que se seguem abordam diferentes aspectos dos mecanismos consensuais de composição de conflitos; em geral focalizando a experiência brasileira. Não são — nem se pretendeu que fossem — necessariamente convergentes do ponto de vista de seus pontos de partida nem das convicções de seus autores. Por sinal, a pluralidade de perspectiva constitui uma de suas virtudes.

Em cada um deles, seus autores buscaram organizar o ponto culminante de suas investigações e reflexões sobre o amplo eixo temática que preferimos reunir sob o signo da mediação.

Sabe-se que no Brasil e em alguns outros países de origem de tradição ibérica o termo mediação é reservado a somente um dos mecanismos consensuais de justiça, de modo que outras experiências têm recebido denominações diversas como conciliação, negociação facilitada por terceiro, justiça restaurativa, justiça terapêutica, e outras.

Este livro não buscou uma uniformização artificial de nomenclatura; tampouco os esforços destinados a esse objetivo, na literatura brasileira, parecem ter sido bem exitosos. O que importa é destacar que existem variadas formas de lidar com o fenômeno do conflito, cada uma das quais exibido suas indicações e especialmente, cada uma delas condicionada à adesão voluntária de seus usuários. Os mecanismos e as técnicas de justiça consensual são mesmo até adotados em cenários nos quais o próprio conflito, enquanto problema alocativo envolvendo diferentes perspectivas morais, não está claramente caracterizado. Não me refiro aqui a ações propriamente preventivas, mas a circunstâncias em que, embora não se trate de conflito, as relações intersubjetivas estejam a demandar certo exercício de facilitação de diálogo, de escuta e, de entendimento recíproco entre seus atores.

De qualquer modo, todo esse variado feixe de possibilidades de intervenção deita suas raízes no leito da adesão voluntária e de boa-fé dos seus partícipes, na flexibilidade de seus métodos e na confidencialidade de seus procedimentos. Acima de tudo, exibem em comum o fato de que implicam o compromisso, por parte de seus integrantes, de buscar resolver eles próprios os seus conflitos, sem recurso a fórmulas de "terceirização" que caracterizam as vias adjudicatórias convencionais, sejam elas públicas ou privadas.

Com isso temos a felicidade de apresentar ao leitor uma obra, suficientemente delimitada para contribuir para o avanço do estudo e das reflexões sobre a grande agenda da mediação e das práticas consensuais de justiça, mas necessariamente aberta para diferentes apropriações e diálogos.

Ouro Preto – SP, no quente inverno de 2024.

Litigância Massificada e Litigiosidade Predatória: Os Desafios à sua Pacificação na Justiça do Trabalho

Aline Bastos Meireles Mandarino(1)

Resumo: No atual cenário processual brasileiro, a garantia de ação possui assento fundamental na Constituição de 1988. Contudo, a defesa desse direito não pode ser irrestrita a ponto de admitir seu uso abusivo ou predatório. O presente ensaio busca enfrentar essa temática, abordando o fenômeno da litigância de massa na atualidade, especialmente quanto à caracterização da litigância repetitiva e da litigância predatória no âmbito da Justiça do Trabalho. Ainda, propõem-se reflexões acerca do monitoramento da litigiosidade de massa, bem como do seu adequado tratamento, com vistas a evitar desvios patológicos.

Palavras-chave: Litigância massificada — Litigância predatória — Pacificação de demandas de massa — *Sham litigation.*

Abstract: In the current Brazilian procedural scenario, the right of action has a fundamental place in the 1988 Constitution. However, the defense of this right cannot be unrestricted to the point of admitting its abusive or predatory use. This essay seeks to tackle this issue, addressing the phenomenon of mass litigation nowadays, especially with regard to the characterization of repetitive litigation and predatory litigation within the scope of the Labor Court. It also proposes reflections on the monitoring of mass litigation, as well as its appropriate treatment, with a view to avoiding pathological deviations.

Keywords: Mass litigation — Predatory litigation — Pacification of mass claims — Sham litigation.

---

(1) Juíza do Trabalho Substituta no TRT da 2ª Região. Especialista em Direito Material e Processual do Trabalho pela Faculdade Pitágoras (2012). Mestranda em Direito pela USP. Coordenadora do Grupo de Estudos em Direito e Processo do Trabalho (GDPT) da Escola Judicial do Tribunal Regional do Trabalho da 2ª Região. Integrante do Grupo de Pesquisa em Migração e Direito Internacional do Trabalho da USP.

1. Introdução

Ainda que, sob a égide do CPC/2015 e das Leis ns. 13.015/2014 e 13.467/2017 (que reformaram parcialmente a CLT), o Poder Legislativo tenha introduzido mecanismos direcionados a conferir tratamento adequado a tais tipos de demandas, o fenômeno da litigiosidade de massa continua sendo um problema no âmbito do Poder Judiciário, estimulando seminários e outros debates no meio acadêmico, além de estudos nos Centros de Inteligência dos Tribunais e do Conselho Nacional de Justiça.

Nesse contexto, ganha relevância o estudo da litigância de massa do ponto de vista de sua gênese, evolução, causas externas e internas, bem como da trajetória dos conflitos envolvidos, além dos impactos de sua judicialização, com foco na Justiça do Trabalho.

A perspectiva do presente estudo é se debruçar sobre a fenomenologia, fazendo uma espécie de diagnóstico da litigiosidade de massa na seara trabalhista, sem adentrar profundamente nos mecanismos processuais de julgamento e de sanções previstos na legislação. Ainda, propõe-se a discutir o momento e as circunstâncias a partir dos quais tais conflitos passam a ser considerados patológicos e qualificados pelos operadores do direito como "predatórios".

A partir da análise dos principais aspectos das litigâncias repetitiva e predatória, o presente trabalho também se propõe a analisar a viabilidade do uso da conciliação e da mediação como meios não adjudicatórias de solução ou gestão dessa forma de litigiosidade.

2. Litigância de massa: Gênese

Nas sociedades pré-capitalistas, a história demonstra que o mando político era direto, com controle social direto e simplificado, não existindo a complexidade moderna e as contradições que a acompanham.

Em relação às sociedades anteriores, o capitalismo se distingue por separar os produtores diretos dos meios de produção, através do necessário trabalho assalariado. A apropriação de bens deixa de ser feita pela violência física, tornando-se possível pela igualdade formal estabelecida entre burguês e trabalhador, que permite a exploração da força de trabalho legitimada pela autonomia da vontade. Ou seja, o trabalhador, despojado de bens, vê-se obrigado a vender sua força de trabalho para sobreviver.

Nesse contexto, para garantir a igualdade jurídica e a liberdade contratual necessárias ao capitalismo, a lógica do direito opera na estrutura específica do capitalismo (forma mercantil), demandando que explorador e explorado estabeleçam o vínculo da exploração mediante contrato. Ambos são considerados, um para o outro, sujeitos de direito.

Com a Revolução Industrial, desenvolveu-se tecnologia apta a produzir uma grande quantidade de bens, em série e de forma padronizada. As formas sociais influenciam e são influenciadas pela forma mercantil e sua produção massificada de bens, de modo que a intensidade e a velocidade de evolução tecnológica impactam diretamente nos institutos de direito material que conformam a celebração de negócios jurídicos. Nesse contexto, o processo de massificação industrial repercutiu também nos conflitos, gerando a litigiosidade em massa.

O modo de produção e circulação de mercadorias, a multiplicidade de pessoas, sua subjetividade jurídica, a urbanização (especialmente a concentrada em grandes cidades), o acesso facilitado da população a determinados bens e serviços (que anteriormente eram restritos a camadas mais abastadas da população) e a evolução tecnológica (especialmente dos meios de transporte e comunicação) impulsionaram novas demandas sociais, as quais foram historicamente conformadas em direitos civis, econômicos, políticos e sociais. No Brasil, vários desses direitos ganharam assento na Constituição de 1988, inclusive com previsão do direito de ação para concretizar os demais direitos materiais (art. 5º, XXXV e LV[(2)]).

Em um cenário de globalização, com o sistema de produção e distribuição de bens em série e os novos direitos pertencentes a uma massa de pessoas, as contradições e tensões sociais são marcadas pelo fenômeno da repetição. Assim, há uma repetição de situações pessoais idênticas que refletem no ajuizamento de demandas com coincidentes objeto e motivação.

Cabe ressaltar que o contexto de redemocratização vivido pela sociedade brasileira na segunda metade da década de 1980 e nos anos que se seguiram, associado à insuficiência do Estado no cumprimento das obrigações geradas pelo amplo rol dos direitos fundamentais (especialmente os de terceira dimensão), tornou a cláusula de inafastabilidade da jurisdição um instrumento quase essencial para efetivação de certos direitos materiais, sobrecarregando o Poder Judiciário, obrigado a decidir (ante o princípio do *non liquet*) questões acerca das quais os demais Poderes se omitiam.

Tartuce (2008, p. 28) atribui o aumento no número de processos ao:

> "(...) incremento no direito à informação e o maior conhecimento dos indivíduos sobre suas posições de vantagem como reafirmação dos direitos cívicos a que fazem jus. A verificação dessa verdadeira emancipação da cidadania tem gerado uma ampla disposição de não mais se irresignar ante as injustiças, o que acarreta um maior acesso às cortes estatais para questionar os

---

(2) Art. 5º Todos são iguais perante a lei, sem distinção de qualquer natureza, garantindo-se aos brasileiros e aos estrangeiros residentes no País a inviolabilidade do direito à vida, à liberdade, à igualdade, à segurança e à propriedade, nos termos seguintes: (...)

XXXV – a lei não excluirá da apreciação do Poder Judiciário lesão ou ameaça a direito;

(...)

LV – aos litigantes, em processo judicial ou administrativo, e aos acusados em geral são assegurados o contraditório e ampla defesa, com os meios e recursos a ela inerentes;

atos lesivos; tal situação pode ser vista como uma 'síndrome de litigiosidade', sendo agravada pela redução da capacidade de dialogar verificada na sociedade contemporânea".

Além de se apresentar tanto na esfera individual (ou de varejo) como na coletiva, essa litigiosidade também se manifesta em massa ou alta intensidade, descrita por Theodoro Júnior, Nunes e Bahia (2009, p. 20) como "embasadas prioritariamente em direitos individuais homogêneos que dão margem à propositura de ações individuais repetitivas ou seriais, que possuem como base pretensões isomórficas, com especificidades, mas que apresentam questões (jurídicas e/ou fáticas) comuns para a resolução da causa".

3. Repetição: pressuposto para caracterização das demandas de massa

Os processos judiciais que versam sobre conflitos massificados não se confundem, contudo, com o processo coletivo sob o qual tramitam as ações que discutem direitos individuais homogêneos. Na litigância em massa, os elementos objetivos do conflito (causa de pedir e pedido) guardam semelhança no plano abstrato, mas não necessariamente no seio de cada situação concreta. Logo, o conceito de litigância de massa é mais abrangente, pois baseado em afinidade e similaridade, e não apenas em homogeneidade, podendo envolver interesses individuais ou coletivos.

Ainda, para caracterizar a litigiosidade massiva, faz-se necessário que as demandas se repitam em larga escala perante o Poder Judiciário. Abi-Chahine (2015, p. 31) conceitua demandas de massa como "aquelas que, em razão das relações sociais despersonalizadas, tragam semelhança ou afinidade na fundamentação jurídica", complementando que "são aquelas com objeto próprio, em que cada autor pretende um bem ou uma vantagem própria distinta, sua relação com a parte contrária também é individual, dotada de características próprias, mas caracterizada pelo vínculo de afinidade quanto à causa de pedir próxima".

4. Litigância predatória: Quando a litigância de massa adquire feição patológica

Em 15 de fevereiro de 2022, o Conselho Nacional de Justiça publicou a Recomendação número 127, na qual conceitua judicialização predatória como "o ajuizamento em massa em território nacional de ações com pedido e causa de pedir semelhantes em face de uma pessoa ou de um grupo específico de pessoas, a fim de inibir a plena liberdade de expressão" (art. 2º).

Em seu art. 1º, recomenda aos tribunais "a adoção de cautelas visando a coibir a judicialização predatória que possa acarretar o cerceamento de defesa e a limitação da liberdade de expressão". Contudo, tais cautelas inibitórias precisam ser direcionadas exclusivamente às condutas abusivas, sob pena de afetar aqueles que legitimamente fazem uso do seu direito constitucional de ação. Logo, indispensável analisar os elementos e as características específicas da prática litigiosa predatória.

O direito de ação, assim como os demais direitos, não é absoluto, nem imune a abusos. Logo, seu exercício em descompasso com sua finalidade ou com a moralidade caracteriza ilícito, conforme preceitua o art. 187 do Código Civil(3).

O abuso do direito de ação não é novidade na esfera jurídica. No Código de Processo Civil de 1973 havia a previsão da litigância de má-fé em seu art. 17, a qual foi reproduzida no art. 80 do CPC de 2015. Previsão equivalente foi incluída na Seção IV-A da Consolidação das Leis do Trabalho pelo Legislador reformista de 2017(4). São comuns os relatos das chamadas "casadinhas" (lides simuladas em que partes e seus advogados encenam um acordo em audiência) ou das ações em que se pretendia o reconhecimento de vínculo de emprego fictício, com vistas unicamente a obter vantagem indevida no cômputo de tempo de serviço para fins de aposentadoria, gerando prejuízos ao erário.

Nada obstante, a massificação é um fenômeno que também atinge as ações ilegítimas, podendo inclusive favorecer a proliferação das lides patológicas. Em um universo de demandas repetitivas que veiculam pretensões legítimas, as pretensões infundadas ou mal intencionadas camuflam-se, tornando-se imperceptíveis em uma análise superficial. Ainda, a busca incessante da cúpula do Poder Judiciário por produtividade e a busca quase fetichista por números e percentuais de cumprimento de metas contribui igualmente para que condutas predatórias sejam silenciosa e impunemente praticadas pelas partes e até mesmo por advogados e outros participantes do processo, pois a identificação e coibição das lides abusivas demanda tempo e mão de obra, fatores escassos nos órgãos judiciários, uma vez que serventuários e magistrados encontram-se assoberbados pelo expressivo volume de processos.

A litigância massiva contribui para a pulverização de ações temerárias, frívolas ou ilegítimas, ante sua distribuição em diversas comarcas. O advento do processo eletrônico, embora inegavelmente benéfico ao acesso à justiça, não inibe a distribuição de lides predatórias, porquanto partes e advogados mal intencionados podem distribuir ações nos mais variados rincões do país, sem que os magistrados das respectivas comarcas saibam da existência dos demais processos que tratam da mesma matéria ou até envolvam as mesmas partes.

Nesse sentido, cabe registrar a apuração do Ministro Luiz Fux, Relator da Recomendação CNJ n. 127/2022, nos autos n. 0000092-36.2022.2.00.0000, de que "há fortes indícios de possível ação orquestrada por grupos que movem centenas de processos judiciais em diversas comarcas do país, por meio da utilização de petições padronizadas, com os

(3) Art. 187. Também comete ato ilícito o titular de um direito que, ao exercê-lo, excede manifestamente os limites impostos pelo seu fim econômico ou social, pela boa-fé ou pelos bons costumes.

(4) Lei n. 13.467/2017.

objetivos de limitar a liberdade de expressão e o direito de defesa em juízo, o que consistiria, na perspectiva da [parte ré], em uma forma de 'assédio judicial'"[5].

Ainda que a tecnologia da informação facilite o confronto das informações, identificando possíveis prevenções e litispendências, nos casos em que há alguma informação conflitante, faltante ou cadastrada incorretamente, até mesmo ações com identidade parcial de partes podem passar desapercebidas pelo sistema, como nos casos em que há omissão do número do CPF/CNPJ. Quando tal coincidência finalmente é identificada, o processo já está em estágio mais avançado e desperdiçou trabalho e tempo dos atores do processo, consumindo desnecessariamente recursos públicos.

A prática forense evidencia também que, a despeito das limitações éticas da captação de clientes na advocacia, a imposição de metas dentro dos escritórios muitas vezes incentiva a captação irregular ou impedem que alguns advogados exerçam atenciosamente seu papel de primeiro *gatekeeper* no aconselhamento inicial ao seu cliente. Portanto, a busca desenfreada por metas é um mal contemporâneo que afeta tanto magistrados e servidores, como a advocacia em geral.

Conforme registra Frazão e Mello Filho (2023, p. 4), a litigância predatória não se resume aos casos tradicionais de litigância de má-fé, podendo se manifestar também por meio de "propositura de ações que, individualmente, não sejam consideradas litigância de má-fé, mas que o sejam em seu conjunto, o que impõe uma análise macro da situação" ou "propositura de inúmeras ações ou medidas, em foros distintos, com a finalidade criar confusão entre diversas decisões ou juízos", dentre outras categorias.

Ainda, a litigância predatória não se resume aos casos pioneiros de *sham litigation*[6] no Direito Concorrencial, como no precedente do caso *California Motor Transport Co. v. Trucking Unlimited* (1972), na Suprema Corte Estadunidense, segundo o qual, configura provável ardil o padrão repetitivo de processos infundados, voltados à produção de ilegítimos artifícios. A partir dessa premissa, entendeu-se inexistir o direito de petição derivado de fraude.

O fenômeno da litigância predatória, na atualidade, pode ter qualquer finalidade de obter vantagem indevida ou prejudicar a parte adversa, não sendo necessário que o objetivo do litigante seja unicamente afetar negativamente os concorrentes, como na *sham litigation* com efeitos anticoncorrenciais. A litigância predatória representa um fenômeno de desconexão no ciclo da judicialização, ante a deturpação de conceitos processuais, pois o litigante possui interesse de obtenção de apenas alguma vantagem patrimonial ou até mesmo uma ausência de expectativa de êxito, pois a vantagem pode ser consubstanciada pelo mero sentimento de "punir" o adversário por meio do ajuizamento da demanda.

---

(5) CNJ – ATO – Ato Normativo – 0000092-36.2022.2.00.0000 – Rel. LUIZ FUX – 344a Sessão Ordinária – julgado em 08.02.2022

(6) Falsa litigância, em tradução livre.

Assim, pode-se concluir que os principais elementos da litigiosidade predatória são: abusividade, repetição e objetivo oculto.

Ante a ocultação do verdadeiro objetivo e a pulverização dentre os demais casos da massa, a identificação da litigância predatória se dá por meio de análise de indícios e vestígios. No caso do autor, indispensável a análise da vulnerabilidade no caso concreto, bem como indícios de manifestação de vontade legítima e dolo (abusividade consciente) e de vontade viciada e ausência de dolo da parte (lide simulada). No caso do réu, deve ser investigada a suspeita de "lide estimulada" (quando o réu pode obter maior benefício econômico ou maior acesso à informação com o ajuizamento da ação), especialmente quando detém maiores condições da análise custo-benefício quanto às estratégias processuais.

A coibição a esse fenômeno não interessa somente ao Poder Judiciário, mas também à OAB e à sociedade, pois põe em risco o atendimento jurídico à sociedade. Em conjunto com a litigância predatória, foi cunhado também o termo "advocacia predatória", caracterizada pelo ajuizamento massificado de ações, mediante petições padronizadas (não raro contendo alegações genéricas, sem fundamentação idônea), objetivando vantagens indevidas. Também não é raro encontrar o uso de pessoas vulneráveis no polo ativo dos processos.

Com vistas a monitorar e coibir tal fenômeno patológico, vários tribunais criaram centros de inteligência e painéis de monitoramento, seguindo a Recomendação 127 do CNJ, antes mencionada. Ainda, foi afetada ao julgamento da Corte Especial do STJ, no Tema Repetitivo 1.198, a seguinte questão: "Possibilidade de o juiz, vislumbrando a ocorrência de litigância predatória, exigir que a parte autora emende a petição inicial com apresentação de documentos capazes de lastrear minimamente as pretensões deduzidas em juízo, como procuração atualizada, declaração de pobreza e de residência, cópias do contrato e dos extratos bancários"(7).

Cabe frisar que o monitoramento das ações tem por objetivo não fazer uma "caça às bruxas", e sim garantir a eficiência da administração pública (princípio com assento constitucional no art. 37 da CRFB/88), pois o Poder Judiciário deve ser bem utilizado e o direito legítimo deve ser assegurado, não havendo espaço para homologação de condutas fraudulentas.

---

(7) Tema em IRDR 16/TJMS (IRDR 0801887-54.2021.8.12.0029/50000) – REsp em IRDR.

Afetação na sessão eletrônica iniciada em 26.4.2023 e finalizada em 2.5.2023 (Segunda Seção).

Designação de audiência pública, com fundamento nos arst. 1.038 do CPC e 186 RISTJ, que será realizada no dia 4.10.2023, nos termos do despacho publicado no *DJe* de 13.9.2023.

Em sessão realizada em 22.11.2023, em questão de ordem suscitada pela Ministra Nancy Andrighi, a Segunda Seção, por unanimidade, afetou o julgamento do Tema à Corte Especial.

Nesse contexto, convém ressaltar a fundamentação do acórdão da 3ª Turma do Superior Tribunal de Justiça no julgamento do Resp 1.817.845, da lavra da Ministra Nancy Andrighi, Dje de 17.10.2019, em que foi reconhecida a existência do abuso do direito de ação "em ações ou incidentes temerários, [que] veiculem pretensões ou defesas frívolas, aptas a tornar o processo um simulacro de processo ao nobre albergue do direito fundamental de acesso à Justiça". Em tal julgado, a Ministra Relatora ainda elucidou que "o abuso se configura não pelo que se revela, mas pelo que se esconde".

Para monitoramento e enfrentamento do problema, os caminhos possíveis a serem seguidos pelos centros de inteligência são os da cooperação, uso de dados e tecnologia, intercâmbio e compartilhamento de informações com brevidade, análises quantitativas e qualitativas (macro e micro) das demandas ajuizadas, especialmente daquelas que levantam maior suspeita. No mesmo sentido, a advocacia também se empenha, como no exemplo da Comissão de Combate ao Exercício Ilegal da OAB-SP, a qual tem recebido e apurado queixas sobre demandas predatórias.

5. Trajetória e impactos da litigiosidade de massa trabalhista

A produção em massa no ramo industrial evoluiu para a massificação dos setores de comércio, serviços, comunicações e transportes. Como resultado de uma economia capitalista massificada adepta da terceirização, os empregos também são massificados, especialmente os que exigem menor qualificação profissional e/ou acadêmica. Referido cenário repercute nas demandas trabalhistas, pois cada vez mais trabalhadores estarão expostos a situações fáticas e jurídicas similares. Logo, é natural que as ações contenham semelhanças nos pedidos e nas alegações, mormente quando entabuladas contra o mesmo empregador (sendo frequente a divulgação de relações dos grandes litigantes pelos Tribunais do Trabalho).

Ainda, como exposto anteriormente, demandas predatórias sempre existiram na área trabalhista ("casadinhas" e pedidos de reconhecimento de vínculo com vistas a obter vantagem indevida junto à Previdência Social), mas, no contexto da litigiosidade em massa, a pulverização das ações exponencia o fenômeno.

A prática forense trabalhista demonstra que práticas predatórias podem ocorrer por parte de trabalhadores, empregadores ou advogados, mediante variados artifícios.

No caso dos trabalhadores, mostra-se corriqueiro um empregado obter êxito (ainda que parcial) em sua demanda e incentivar os demais colegas a ajuizarem ações, ainda que não tenham propriamente uma causa de pedir robusta, com vistas a obter um proveito pecuniário imediato ou meramente motivados pela sensação de punir o empregador. No particular, cite-se a grande quantidade de demandas veiculando pretensões de rescisão indireta (resolução contratual por culpa do empregador). O *design* do processo trabalhista não desincentiva tal prática, pois facilmente as pessoas físicas obtêm a gratuidade judiciária e pactuam contratos de êxito com seus patronos, de forma que o demandante considera ter pouco ou nada a perder.

Por parte dos empregadores, também não é raro dispensar empregados sem lhes pagar as correspondentes verbas rescisórias, forçando-os a ingressar em juízo. O resultado objetivado por essa espécie de empregador, por exemplo, é entabular um acordo que lhe seja mais favorável financeiramente (logo, geralmente prejudicial ao empregado), com pagamento parcelado, com cláusula de quitação geral do contrato de trabalho.

Ainda, por parte da advocacia, há causídicos que descumprem seus preceitos éticos e captam clientes de forma fraudulenta, sob o pretexto de que precisam assinar documentos (procuração e declaração de miserabilidade) para receber diferenças de verbas rescisórias, confeccionando petições iniciais genéricas e com as mesmas alegações, desconectadas da situação fática efetivamente vivenciada pelo empregado no curso do contrato de trabalho.

A punição por litigância de má-fé ainda é tímida nas varas e nos tribunais, mormente porque nem sempre é possível obter a prova da fraude. Nesse contexto, o monitoramento das ações massivas pode contribuir para a identificação e punição de eventuais condutas desleais, liberando tempo útil de servidores e magistrados para analisar processos que veiculem pretensões legítimas.

Contudo, alguns magistrados têm adotado medidas pontuais para investigar e coibir demandas predatórias, como o fez a Juíza Tatiane Pastorelli Dutra, em sentença proferida na 3ª Vara do Trabalho de Mauá (SP), em 29/03/2023, nos autos 1000967-58.2022.5.02.0363[(8)].

---

(8) Destaca-se o seguinte trecho da fundamentação da magistrada:

"(...) Conforme já consta na fundamentação desta sentença, esta Magistrada tem observado, recorrentemente, que os empregados que são representados pelo escritório (...) trabalham exatamente na mesma jornada, em idêntica quantidade de sábados, com igual supressão de intervalo, sempre nos mesmos feriados, independentemente da empresa.

Por amostragem, o Juízo explicita os seguintes processos em face de (...), que possuem idêntica matéria sobre horas extras, inclusive domingos e feriados, sempre com igual supressão do intervalo: (...)

Em consulta ao site do Tribunal Regional do Trabalho da 2ª Região, constata-se que, apenas do período aleatoriamente pesquisado, consistente em demandas distribuídas entre 1º.07.2022 e 1º.12.2022, a Dra. (...), ajuizou 563 ações.

(...)

Há fortíssimos elementos da prática de advocacia predatória.

Assim, com o objetivo de melhor ilustrar o ofício a ser expedido, determino a intimação das empresas mais demandas pelo escritório (...), quais sejam, (...), para que, caso queiram, apresentem, no prazo de 10 dias úteis, petição e documentos que entendam pertinentes para instruir o ofício.

Decorrido o prazo, com ou sem a apresentação de documentos pelas empresas, oficie-se à Corregedoria deste E. Tribunal Regional do Trabalho da 2ª Região e Ordem dos Advogados do Brasil de São Paulo, independentemente do trânsito em julgado, com o objetivo de que adotem as diligências que entenderem pertinentes, considerando os fortes indícios de advocacia predatória."

6. Alternativas não adjudicatórias de solução (conciliação e mediação)

Para analisar a viabilidade de soluções não adjudicatórias, indispensável partir de uma noção precisa de conflito, a qual pode ser obtida na obra de Freitas Júnior (2014, p. 18):

> Diversamente do discurso oficial, propomos aqui conceituar conflito como situações envolvendo dois ou mais sujeitos, em que estejam presentes, simultaneamente: 1) no plano objetivo, um problema alocativo incidente sobre bens tidos por escassos ou encargos tidos por inevitáveis, sejam tais bens e encargos de natureza material ou imaterial; 2) no plano comportamental, a contraposição no vetor de conduta; 3) no plano moral, sejam tais sujeitos portadores de percepções não convergentes, sobre como tratar o problema alocativo, sob o ângulo moral.

Ainda, necessário fazer algumas distinções entre a conciliação e a mediação.

A conciliação possui o escopo de produzir acordos extrajudiciais, incidentes no processo judicial já instaurado ou em fase de cumprimento de sentença. A conciliação exitosa produz um acordo.

De outro lado, a mediação é mais cara, mais demorada e objetiva recuperar a relação intersubjetiva. É indicada para as relações duradouras, de continuidade, sendo necessário investir mais tempo nessas relações.

A partir dessas premissas, importante pontuar que o processo judicial não se confunde com o conflito. Logo, resolver o processo não significa resolver o conflito.

Na litigância de massa, ainda que os acordos nos processos individualmente considerados acarretem na sua respectiva extinção, o conflito não se tem como estruturalmente resolvido. Isso porque as ações continuarão sendo repetidas enquanto não solucionado o conflito extrajudicial que motivou tantas demandas. Com o monitoramento das demandas massificadas, mostra-se possível identificar o conflito em uma perspectiva macro e tentar conciliar ou mediar o conflito na fonte, no núcleo, com vistas a evitar a repetição de ações similares no futuro, além de solucionar as pretéritas. Assim, se existe uma litigância em massa, originada dos mesmos problemas, é possível envolver os atores sociais em uma mediação voltada a cessar o ciclo de descumprimento reiterado que alimenta a litigiosidade massiva. Demanda não apenas solucionar o caso pretérito já ajuizado, e sim construir uma convivência futura ou formular alguma política interna do ofensor que possibilite a efetiva mudança de comportamento.

Todavia, a conciliação não pode servir de salvo conduto em litigância predatória, não cabendo ao magistrado homologar acordo em que esteja convencido se tratar de uma lide ilegítima (art. 142 do CPC[(9)]).

Ainda, a mediação tem por finalidade possibilitar a co-construção de valores de justiça pelos envolvidos, sendo prospectiva, não tendo por finalidade a formalização de um acordo. No caso da litigância predatória, não há efetivo conflito intersubjetivo de justiça e, tratando-se de uma pretensão que não é legítima, ou um conflito simulado, ficto, não há o que mediar, pois a parte que possui intenção maliciosa não tem compromisso com a construção de um valor comum. Ou seja, parece inexistir um problema alocativo efetivo no objeto da lide que foi submetida à apreciação pelo Judiciário.

Contudo, no âmbito extraprocessual, parece ser possível que eventual conflito subjacente ou oculto na demanda que fora ajuizada, possa obter tratamento adequado por meio de sessões de conciliação/mediação, a depender do caso. No âmbito processual, por sua vez, a realização de sessões de mediação/conciliação teria por finalidade atenuar ou coibir eventual postura predatória de grandes litigantes, por exemplo.

7. Conclusão

Após o estudo empreendido, pode-se concluir que a litigância de massa acompanha a tendência mundial da economia e da sociedade capitalistas, na medida em que a produção e o acesso massificado a bens e serviços repercute diretamente nos conflitos. Tal fenômeno impõe desafios ao Poder Judiciário, ante a repetição de ações em larga escala.

Um desses desafios é a proliferação, também em larga escala de demandas predatórias e pretensões ilegítimas, desvirtuando o direito constitucional de ação. Embora litigância predatória não tenha o mesmo significado de litigância em massa, mas essa pode ser utilizada como escudo para esconder as reais motivações daquela.

Nesse contexto, faz-se necessário o monitoramento da litigância de massa, tanto pelo Poder Judiciário quanto pela OAB, não com o intuito de assumir uma posição parcial defensiva da vítima, e sim combater o mau uso do Judiciário, que atinge diretamente o atendimento jurídico à sociedade e custa caro aos contribuintes.

Ainda, a litigância massificada, legítima ou predatória, demanda gestão diferenciada, mediante cooperação, uso de dados e tecnologia, intercâmbio e compartilhamento de informações com brevidade, análises quantitativas e qualitativas (macro e micro) das demandas ajuizadas, podendo ainda exigir um olhar mais atento do julgador, do conciliador ou do mediador, para que o efetivo conflito seja adequadamente tratado.

---

(9) Art. 142. Convencendo-se, pelas circunstâncias, de que autor e réu se serviram do processo para praticar ato simulado ou conseguir fim vedado por lei, o juiz proferirá decisão que impeça os objetivos das partes, aplicando, de ofício, as penalidades da litigância de má-fé.

Referências

ABI-CHAHINE, Paula Aparecida. *O problema da litigiosidade de massa:* análise crítica acerca das técnicas que conferem repercussão coletiva ao julgamento de demandas individuais. 2015. 170 p. Dissertação de mestrado apresentada ao programa de pós-graduação em Direito da Faculdade de Direito da Universidade de São Paulo, 2015.

ASPERTI, Maria Cecília de Araújo. *Meios Consensuais de Resolução de Disputas Repetitivas:* a conciliação, a mediação, e os grandes litigantes do Judiciário. Dissertação de mestrado apresentada ao programa de pós-graduação em Direito da Faculdade de Direito da Universidade de São Paulo, 2014.

BOK, Derek C. A Flawed System of Law Practice and Training. Journal of Legal Education, 33, no. 4, 1983, p. 570-585.

BOUCINHAS FILHO, Jorge Cavalcanti; BARBAS, Leandro Moreira Valente. Sham Litigation: o ajuizamento de ações de forma abusiva e o direito concorrencial. *Juris Plenum:* Doutrina — Jurisprudência — Legislação. Caxias do Sul, ano 7, n. 40, p. 33-39, jul. 2011.

CABRAL, Antonio do Passo. Autocomposição e litigância de massa: negócios jurídicos processuais nos incidentes de resolução de casos repetitivos. *Revista de Processo*, vol. 325. ano 47. p. 479-498. São Paulo: RT, março 2022.

CAMPOS, Amália Rosa de. Análise econômica da litigância aplicada ao processo do trabalho: reflexões sobre os (des)incentivos processuais à composição e/ou ajuizamento de ações trabalhistas. *Revista Magister de Direito do Trabalho*, Porto Alegre, ano 17, n. 97, p. 107-135, jul./ago. 2020.

FRAZÃO, Ana; MELLO FILHO, Luiz Phillipe Vieira de. Litigância predatória. *In Jota*, 1º abr. 2023. Disponível em: http://www.professoraanafrazao.com.br/files/publicacoes/2023-03-07-Litigancia_predatoria_Uma_proposta_de_discussao_a_luz_das_finalidades_do_processo_e_da_necessaria_concorrencia_pelo_melhor_direito.pdf. Acesso em: 03 jul. 2023.

FREITAS JÚNIOR, Antônio Rodrigues de. Sobre a relevância de uma noção precisa de conflito. *Revista do Advogado*, São Paulo, a. 34, n. 123, p. 18, ago. 2014.

FUNDAÇÃO GETULIO VARGAS (Brasil). *Diagnóstico sobre as causas de aumento das demandas judiciais cíveis:* mapeamento das demandas repetitivas e propositura de soluções pré-processuais, processuais e gerenciais à morosidade da Justiça. São Paulo: FGV, 2010. Relatório final de pesquisa da Escola de Direito da FGV de São Paulo – Direito GV.

GABBAY, Daniela Monteiro; DA COSTA, Susana Henriques; ASPERTI, Maria Cecília Araújo. Acesso à justiça no brasil: reflexões sobre escolhas políticas e a necessidade de construção de uma nova agenda de pesquisa. *Revista Brasileira de Sociologia do Direito*, v. 6, p. 152-181, 2019.

______, Daniela Monteiro. Litigância repetitiva e acesso à justiça no Brasil: uma nova agenda de pesquisa. In: Leslie S. Ferraz. (Org.). *Repensando o acesso à Justiça no Brasil:* estudos internacionais. Volume 1? As ondas de Cappelletti no século XXI. 1. ed. Aracaju: Evocati, 2016, v. 1, p. 86-107.

ESTADOS UNIDOS DA AMÉRICA. *Suprema Corte. California Motor Transp. Co. v. Trucking Unlimited*, 404 U.S. 508 (1972). Disponível em: https://supreme.justia.com/cases/federal/us/404/508/#510-11. Acesso em 7 dez. 2023.

GALANTER, Marc. Why the "Haves" Come out Ahead: Speculations on the Limits of Legal Change. *Law and Society Review*, 1974, vol. 9, n. 1, p. 95-160. [Também com leitura da tradução para o português: Por que "quem tem" sai na frente. Organização e tradução: Ana Carolina Chasin. São Paulo: FGV Direito SP, 2018. Disponível em: https://bibliotecadigital.fgv.br/dspace/handle/10438/25816. Acesso em: 03 jul. 2023].

MASCARO, Alysson Leandro. *Estado e Forma Política* (*Kindle* ed.). São Paulo, SP: Boitempo, 2013.

OSNA, Gustavo. Três notas sobre a litigância predatória (ou, o abuso do direito de ação). *Revista de Processo*, vol. 342. ano 48. p. 55-70. São Paulo: RT, ago. 2023.

PALHARES, Dênis de Oliveira. Litigiosidade de massa e precedentes obrigatórios na Justiça Laboral. In: TEIXEIRA, Maria Alaíde Bruno; SILVA, Edson Oliveira da (Orgs.). *Direito do trabalho contemporâneo:* pandemia, reforma trabalhista e aspectos controversos. Curitiba: Juruá, 2021. p. 151-161.

RESNIK, Judith, "For Owen M. Fiss: Some Reflections on the Triumph and the Death of Adjudication". *Faculty Scholarship Series*, Paper 762, 2003.

TAKAHASHI, Bruno. *Jurisdição e litigiosidade:* partes e instituições em conflito, 2019. Tese (Doutorado em Direito Processual Civil) – Faculdade de Direito, Universidade de São Paulo. São Paulo, 2019.

TARTUCE, Fernanda. *Mediação nos conflitos civis*. São Paulo: Método, 2008.

THEODORO JÚNIOR, Humberto. Jurisprudência e precedentes vinculantes no novo código de processo civil: demandas repetitivas. *Revista de Processo*, São Paulo, ano 41, n. 255, p. 359-372, maio 2016.

______; NUNES, Dierle; BAHIA, Alexandre. Litigiosidade de massa e repercussão geral no recurso extraordinário. *Revista de Processo*, São Paulo, ano 34, n. 177, 2009.

ZAPPAROLLI, Célia Regina; KRÄHENBÜHL, Mônica Coêlho. *Negociação, mediação, conciliação, facilitação assistida, prevenção, gestão de crises nos sistemas e suas técnicas*. São Paulo: LTr, 2012.

Uma Via para A Incorporação Formal da Autocomposição na Tutela Penal — Os Acordos de Não Persecução Penal

Aline da Paixão Carvalho[1]

Bruno Orsini Simonetti[2]

Resumo: o princípio da obrigatoriedade da denúncia teve sua hegemonia mitigada ao longo dos anos com o advento da transação penal e da suspensão penal do processo nos delitos de menor potencial ofensivo, alcançando recentemente crimes de médio potencial ofensivo no âmbito dos acordos de não persecução penal. A legislação processual penal avança para reconhecer outras formas de solução que não a clássica imposição de pena no bojo de um processo judicial, permeada por institutos de justiça negociada. Esse fenômeno abre a possibilidade de agregar formalmente a autocomposição por meio dos acordos de não persecução penal, ofertando solução que contempla a vítima e a recomposição das relações sociais atingidas pelo delito.

1. Introdução

O emprego dos meios de autocomposição em suas mais variadas formas vem, ao longo dos anos, sendo consolidado no âmbito dos conflitos de natureza cível. A Lei de Arbitragem (Lei n. 9.307/1996) já possibilitava o uso desse método para dirimir litígios relativos a direitos patrimoniais disponíveis, portanto, atinentes à órbita de direito privado. Em 2015, tanto o Código de Processo Civil, quanto à Lei de Mediação (Lei n. 13.140/2015), seguiram a mesma vertente, tendo em vista que o Código regula essencialmente a aplicação do próprio Direito Civil e a Lei de Mediação, como decorre do art. 1º, estabelece o manejo da mediação *"como meio de solução de controvérsia entre os particulares"*.

---

(1) Advogada. Mediadora.

(2) Promotor de Justiça.

Depreende-se desse panorama que, pelo menos do ponto de vista normativo, o aperfeiçoamento dos chamados Meios Adequados de Solução de Conflitos (MASCs) é profícuo na tutela de natureza cível, aprimorando-se para atender conflitos entre particulares, passando, recentemente, a contemplar controvérsias envolvendo a Administração Pública, outrossim, ligadas à satisfação de interesses patrimoniais.

A perspectiva apresentada neste texto diz respeito ao uso dos MASCs na emergência de conflitos que assumam contornos de natureza penal, configurando contravenção ou crime, mais especificamente por meio dos acordos de não persecução penal.

A análise considera que o Código de Processo Penal foi concebido essencialmente com o desiderato de orientar a aplicação da sanção penal (pena privativa de liberdade e/ou multa) aos réus reconhecidamente culpados pela prática de crimes no bojo de um procedimento que tem início com a propositura de uma ação penal e seu desfecho com a sentença penal condenatória transitada em julgado. As consequências do delito são tangenciais, avaliadas sob a perspectiva do prejuízo econômico ocasionado, constituindo efeito da condenação a obrigação de indenizá-lo mediante a propositura da ação civil *ex delicto* (art. 63 do Código de Processo Penal).

Não por outra razão, o Conselho Nacional do Ministério Público editou a Resolução n. 243, em 18 de outubro de 2021, versando sobre a Política Institucional de Proteção Integral e de Promoção de Direitos e Apoio às Vítimas, buscando resgatar a centralidade do conflito e da vítima, determinado que incumbe ao Ministério Público implementar projetos e mecanismos de resolução extrajudicial de conflitos por meio da negociação, mediação e conferências reparadoras dos traumas derivados de infrações penais (art. 10).

O texto joga luzes sobre uma via para o manejo dos MASCs no bojo do procedimento formal da persecução penal em sua fase administrativa, inaugurada com o advento da Lei n. 13.964/2019 e a inclusão do instituto do Acordo de Não Persecução Penal (ANPP), viabilizando o exercício do direito de punir do Estado ao mesmo tempo em que se constrói arranjo propício ao desempenho da autocomposição entre os sujeitos do delito.

Buscou-se identificar as etapas em que a rigidez do procedimento foi amenizada pela introdução dos MASCs, pondo fim ao processo sem a necessidade de uma sentença condenatória ou absolutória.

2. As transformações do processo penal diante do influxo da justiça negociada

O Direito Processual Penal constitui ramo do saber jurídico responsável por regular o procedimento que faz incidir sobre o autor de um crime a sanção penal, regrado pelo direito fundamental ao devido processo legal (art. 5º, inciso LIV, da CF/1988) e seus desdobramentos, revestido, portanto, de limites claros e intransponíveis ao poder de punir do Estado.

Em seu atual estágio de desenvolvimento, é o Ministério Público o órgão incumbido de formular e implementar políticas criminais porquanto detentor da prerrogativa de iniciar o processo penal na esmagadora maioria dos crimes previstos na legislação, propondo a ação penal perante o Poder Judiciário a fim de satisfazer a pretensão punitiva decorrente da prática de um crime.

A obrigatoriedade do oferecimento da denúncia, como projeção do princípio da legalidade, tem sido a marca do modelo clássico demandista- acusatório, não havendo discricionariedade delegada ao *Parquet* quanto à oportunidade e conveniência no aforamento da ação penal, tornando inexorável o processo sempre que os fatos encontrarem subsunção formal e material a um tipo penal e não se verificar qualquer causa excludente de ilicitude ou culpabilidade, sendo seu necessário desfecho acompanhado da prolação de uma sentença, já que não é tolerada a desistência da ação penal ou do recurso pelo órgão de acusação (arts. 42 e 576 do Código de Processo Penal).

Com o advento da Lei n. 9.099/1995, essa lógica processual foi profundamente alterada pelos institutos da composição civil, da transação penal e da suspensão condicional do processo, constantes dos arts. 72 a 74, 76 e 89 da lei(3), os quais permitem certa margem de negociação entre o órgão de acusação e o acusado sobre a reparação dos danos decorrentes do delito e/ou cumprimento de obrigações pactuadas e aceitas pelo investigado como forma válida de extinguir o processo prematuramente.

A tendência de permear o processo penal com recursos de autocomposição foi intensificada a partir da reforma do Código de Processo Penal operada pela Lei n. 13.964/2019. Na linha das transformações pelas quais passou o processo civil com o Código de 2015, abarcando no capítulo reservado às normas fundamentais a previsão de que *"O Estado promoverá, sempre que possível, a solução consensual dos conflitos"* (art. 3º, § 2º) e *"A conciliação, a mediação e outros métodos de solução consensual de conflitos deverá ser estimulados por juízes, advogados, defensores públicos e membros do Ministério Público, inclusive no curso do processo judicial"* (§ 3º), abre-se, ainda que veladamente, mas com fundamento na teoria geral dos processos e na aplicação subsidiária do Código de Processo Civil, mais uma possibilidade de incluir esses métodos de solução de conflitos (os ditos MASCs) no bojo do Processo Penal.

(3) A composição civil prevista tem contornos de negociação com o representante do Ministério Público e conciliação com a vítima do delito, os quais, se bem-sucedidos, materializam acordo entre as partes que põe fim ao processo. Tem-se, de um lado, a negociação (com o órgão de acusação) e, de outro, a conciliação (voltada à reparação do dano, com a vítima), às quais, pela primeira vez, ganham relevância a ponto de surtirem efeitos no processo. Com a suspensão condicional do processo, autorizou-se o juiz a especificar outras condições, para além daquelas típicas da transação penal (reparação e interdições de direitos), desde que adequadas ao fato e à situação pessoal do acusado, sendo certo que o convite à mediação é oportuno e conveniente se o delito ocorreu no seio de relações familiares e sociais continuadas.

O resultado dessas inovações é um processo penal mais afinado com as preocupações atuais que permearam a Reforma do Judiciário ocorrida nos idos de 2004, em linha com as recomendações emitidas por organismos internacionais, notadamente a Resolução n. 26, de 28 de julho de 1999, do Conselho Econômico e Social da ONU — intitulada "Elaboração e aplicação de medidas de mediação e justiça restaurativa em matéria de justiça criminal" — e o Documento Técnico do Banco Mundial 319S — o qual, dentre outros apontamentos, indicou a necessidade de inclusão nos códigos dos MASCs como formas de resolução de conflitos.

Nessa nova etapa do direito processual (compreendendo seus mais variados ramos) convivem o modelo clássico em que o procedimento é resolvido pela jurisdição, materializada com a prolação da sentença de mérito pelo juiz de direito, e variados mecanismos de autocomposição, ainda que, consoante a doutrina, não haja *"uma relação uníssona entre o direito processual e os métodos de solução de controvérsias em termos de profundidade ou amplitude, mas pode-se dizer que o direito processual serve do mesmo modo para todos esses métodos, isto é, comporta-se do mesmo modo, variando apenas a intensidade com a qual interage com os diferentes métodos de solução de controvérsias"* (GUERRERO, 2022).

3. O acordo de não persecução penal

A possibilidade de ofertar e celebrar os acordos na fase que antecede o início formal do processo penal constitui manifestação do princípio da oportunidade ou da obrigatoriedade regrada e *"presume a existência de indícios de materialidade e autoria que autorizariam a deflagração da ação penal, nada obstante, por opção de política criminal, para evitar a tramitação de processos penais com toda a carga e consequências a eles inerentes, e critérios outros (economia, celeridade), o órgão acusatório adote outro caminho para a resolução da lide penal, arrimado em critérios legais pré-definidos, a fim de conformar a sua inserção no seio do processo penal democrático"* (LETÍCIA, 2021).

No julgamento do HC 657.165, o douto Rogerio Schietti Cruz, Ministro do Superior Tribunal de Justiça, definiu o acordo de não persecução penal como *"uma maneira consensual de alcançar resposta penal mais célere ao comportamento criminoso, por meio da mitigação da obrigatoriedade da ação penal"*.

O primeiro destaque que exsurge com a reforma é que a justiça negociada avançou sobre maior gama de crimes — considerando que a Lei dos Juizados Especiais Criminais era limitada àqueles ditos de menor potencial ofensivo (com pena máxima privativa de liberdade em abstrato de até dois anos) —, abrangendo delitos com pena mínima privativa de liberdade inferior a quatro anos, revelando que o legislador ordinário reconhece a necessidade de conferir melhores instrumentos para a solução dos conflitos com características penais e encontrou na autocomposição suporte para aprimorar o processo penal.

Referida constatação corrobora à ilação de que os acordos de não persecução penal são introduzidos na legislação a reboque das reformas do Sistema de Justiça para garantia de maior celeridade e efetividade ao processo, como forma de abordar o permanente desafio que representa o astronômico número de demandas criminais submetidas ao Poder Judiciário.

O "Relatório Justiça em Números 2023" do Conselho Nacional de Justiça, ainda que tenha apontado relativa queda do número de processos criminais comparado aos últimos anos, registra que:

> "Em 2022, ingressaram, no Poder Judiciário, 3,1 milhões de casos novos criminais, sendo 2,4 milhões (63,8%) na fase de conhecimento de primeiro grau, 19,4 mil (0,5%) nas turmas recursais, 597,4 mil (16,1%) no segundo grau e 142,3 mil (3,8%) nos Tribunais Superiores. Além dos 3,1 milhões, foram iniciadas 585,8 mil (15,8%) execuções penais, totalizando 3,7 milhões de novos processos criminais, quando computadas as execuções penais."

Consoante o disposto no art. 28-A do Código de Processo Penal, tratando-se de crime com pena mínima prevista em abstrato inferior a quatro anos, tendo o réu confessado delito cometido sem violência ou grave ameaça contra a pessoa (requisitos objetivos) e decorrendo da análise dos fatos conclusão de que o acordo veicula obrigações proporcionais à gravidade da conduta e seu resultado, além de punir e prevenir a repetição dos mesmos crimes (requisitos subjetivos), é autorizada a formação de um acordo voltado à reparação do dano e cumprimento de medidas que enseja o fim prematuro do processo — antes mesmo do oferecimento da denúncia.

A distinção trazida por esses acordos recai precisamente sobre o inciso V do supra indicado dispositivo, assim redigido: cumprir, por prazo determinado, outra condição indicada pelo Ministério Público, desde que proporcional e compatível com a infração imputada.

A inovação legislativa, conferindo ao *Parquet* considerável grau de discricionariedade para, segundo as particularidades do caso concreto, formular obrigação a ser cumprida pelo interessado que guarde relação direta com os fatos e pertinência temática com o delito é o marco legislativo que permite francas possibilidades para introdução dos MASCs no bojo de um procedimento penal.

Isso porque a abertura léxica do inciso V, da mesma forma que ocorreu com o instituto da suspensão condicional do processo, torna possível o uso de outros meios para o exercício da jurisdição penal, que passa a efetuar-se não mais exclusivamente pela sentença condenatória/absolutória, abrangendo o momento da homologação do acordo.

Com isso, o manejo dos MASCs é legitimado no processo, podendo constituir um de seus elementos como etapa a ser cumprida no bojo do acordo de não persecução penal, incorporando a prática dos operadores do direito que já empregavam esses recursos paralelamente ao procedimento, sendo formalizada sua efetiva introdução no processo.

4. Os meios autocompositivos

A visão singularista de que a decisão proferida por um juiz togado é a melhor solução está superada e, sem dúvida, a mudança desse padrão é um dos grandes desafios atuais do Poder Judiciário.

Conforme já narrado, são inúmeros os marcos legais sinalizadores dessa mudança de paradigma que consagram a utilização dos meios adequados de resolução de conflitos, revelando a clara intenção do Estado em estimular o jurisdicionado a utilizar o sistema público de solução de conflitos com maior racionalidade e, quando possível, resolver seus próprios conflitos.

Dentre os variados MASCs, estão os métodos autocompositivos, nos quais se busca a solução do conflito pelos próprios litigantes através do diálogo, com concessões recíprocas e sem que um terceiro decida. Em outras palavras, o controle do processo ou procedimento, assim como do resultado, caberá às próprias partes.

Sobre as espécies de meios autocompositivos, destaca-se apenas aqueles que dialogam com o ANP. São eles: conciliação, mediação, as práticas inominadas, conforme se analisará adiante.

Antes, é importante dizer que as definições aqui postas foram concebidas pensando na funcionalidade e na ecologia na qual o ANPPS está inserido. É preciso pontuar também que *"Nenhum desses métodos deve ser percebido ou conceituado de forma rígida. Ao contrário, tratando-se de mecanismos adequados de resolução de disputas, deve-se ter em mente uma abordagem pluralista de que podem existir, para cada um desses métodos, definições igualmente corretas ainda que distintas entre si"* (BUZZO, 2016).

A primeira espécie aqui tratada, a conciliação, pode ser definida como um processo autocompositivo no qual os interessados são auxiliados por um terceiro alheio à causa, que os assiste visando chegar a um acordo através de técnicas adequadas, podendo inclusive formular sugestões quando as partes não conseguem chegar a um denominador comum por si próprias.

O mesmo não acontece com a mediação, outro método autocompositivo no qual as negociações também são facilitadas por um terceiro, todavia sem foco de interferir no mérito das questões, mas tão somente de promover o restabelecimento da comunicação por meio de técnicas para que os interessados identifiquem sozinhos a melhor solução consensual geradora de benefícios mútuos.

Há ainda outros métodos que não se enquadram no conceito de conciliação e nem de mediação. São as chamadas práticas inominadas, dentre as quais podemos mencionar a justiça restaurativa (círculos restaurativos) e as oficinas colaborativas, que nada mais são do que arenas de discussão e percepção nas quais o desenvolvimento de habilidades emocionais dos interessados é viabilizado com a finalidade de restauração e reconstrução das relações. Normalmente possuem metodologia exclusiva e são facilitadas por especialistas de diversas áreas que trazem informações, ampliam as alternativas e fornecem amparo emocional necessário para melhor compreensão do conflito em questão.

As oficinas são excelentes mecanismos de alinhamento de expectativas das partes com relação ao que está posto e auxiliam no entendimento do conflito bem como de seus reflexos. Um exemplo é a oficina de parentalidade, programa educacional para a cidadania, que auxilia as partes em conflitos causados pela ruptura do vínculo conjugal a criarem uma relação saudável junto aos filhos. Já a justiça restaurativa se destaca por tratar os danos, às necessidades da vítima e as obrigações decorrentes da ofensa, bem como as prováveis implicações para o futuro, culminando na reconexão entre os envolvidos, na restauração dos vínculos e na responsabilização dos sujeitos; promovendo, por fim, a integração e a pacificação. Nas práticas restaurativas os sujeitos decidem coletivamente a resolução do conflito.

Todas as técnicas podem ser utilizadas individualmente ou mescladas, em maior ou menor grau, de acordo com a necessidade. É o caso do "design ou DSD", organização ou reorganização intencional de recursos e mecanismos para lidar com situações conflituosas sob medida. Dentro do DSD, todos os métodos podem interagir entre si em uma perspectiva sistêmica e gerar uma melhor e mais fácil composição de todos esses instrumentos. Visa mapear, diagnosticar, entender e construir um procedimento mais refinado e que traz melhores resultados.

5. A legitimação da autocomposição no procedimento penal

Fixadas as premissas conceituais do assunto, tem-se que os acordos de não persecução penal permitem o ingresso da autocomposição no processo sem ferir o rigor formalista do procedimento penal.

Como forma de solucionar o conflito intersubjetivo que nasce da prática de um delito, especialmente no âmbito das relações que são permanentes ou continuadas, passa a existir a possibilidade de incluir no acordo condição que instrumentalize um ou mais dos MASCs. Paralelamente, cláusula que veicule meios e estratégias que façam nascer ou reforcem no sujeito a sua disposição à mediação e conciliação sem violação à autonomia da vontade, enaltecendo-a.

Assim, como antecedente preparatório à própria mediação ou conciliação, pode-se cogitar de incluir como obrigação no acordo, por exemplo, a participação ou vivência em círculos restaurativos que abordem temas relacionados à natureza do delito, de modo a buscar afetá-lo ao se colocar no lugar da vítima e, com isso, incutir a consciência sobre a ilicitude da conduta. Ainda, a possibilidade de frequência a oficinas de conscientização e práticas colaborativas, cursos, palestras e o fornecimento de outros conteúdos instrutivos, em um conjunto de ações formativas e educativas voltadas a imbuir o sujeito de melhores perspectivas sobre o conteúdo e as consequências do fato criminoso.

A estratégia adquire especial relevância nos delitos que envolvem discriminação racial ou de gênero. Imagine-se tal situação entre vizinhos ou colegas de trabalho, sendo instaurado inquérito policial no qual reunidos elementos suficientes ao início da persecução penal, avaliando-se a pertinência do acordo como forma válida de evitar o processo. Em seu bojo, insere-se cláusula em que o autor do delito frequentará palestras ou cursos ofertados por entidade pública ou privada que atue na promoção dos direitos da minoria tutelada pela lei penal; que irá participar de grupos reflexivos e atividades instrutórias nesses espaços; ou ainda prestará serviços à comunidade ou desempenhará tarefas por tempo determinado que lhe permitam um olhar diferenciado sobre as questões que o levaram a cometer o crime, desempenhando, por exemplo, atividades relacionadas ao acolhimento de vítimas que passaram por situações semelhantes e o sofrimento que atravessam.

Após essa fase de preparação, permitindo-se a autorreflexão em ambiente que forneça meios transformadores, quiçá, despertando a percepção quanto à necessidade de reparar os prejuízos advindos do crime (inclusive aqueles que o atingem diretamente), pode-se avançar a etapa de mediação com vistas a reestabelecer, quando possível, o diálogo e consequentemente os laços sociais entre autor e vítima.

Tem-se que o recurso ao acordo de não persecução penal equipado com meios adequados de solução de conflitos nesse cenário pode resultar em reparação do delito sob aspectos muito mais amplos que o recurso à jurisdição clássica, indenizando, compondo, restaurando e transformando a convivência dos envolvidos de forma qualificada sem o uso do processo.

Comentando a potencialidade do manejo da mediação especialmente sobre conflitos cercados por discriminação e violência, a doutrina reconhece que *"Há aspectos de base cultural, concernentes a preconceitos, discriminação e violências, a exemplo de gênero, raça, sexualidade, religião, entre outros, em que as mudanças a serem trabalhadas não se voltam apenas a aspectos relacionais, tendo a jurisdição e a conciliação muito pouco efeito, para além da contensão. Assim também a mediação: devem ser observadas, para esses casos metodologias específicas de mediação, com instrumentais preparatórios, como grupos temáticos e dinâmicas reflexivas, para que o próprio processo de mediação não seja espaço de reprodução de violências, mesmo inconscientes fundadas em aspectos de ordem cultural"* (ZAPPAROLLI, 2023).

Preocupação natural no âmbito das soluções consensuais de conflitos diz repeito ao resguardo da voluntariedade das partes como forma de assegurar a validade do acordo, ponto de especial sensibilidade no campo da tutela penal tendo em vista que o investigado encontra-se em uma relação assimétrica de poder com o negociante legitimado pelo Estado, o *Parquet,* durante a negociação do acordo de não persecução penal já que sujeito a ser processado e apenado.

Em um esforço de compatibilização entre voluntariedade do investigado para a mediação (ou adesão a outro meio adequado de solução de conflitos) e a cláusula da obrigação que irá materializá-la, é preciso reconhecer a necessidade de modular a intensidade em que se obriga e transcrevê-la na respectiva cláusula. É dizer, de outra forma, que não se exclui a possibilidade de desistência do processo mediatório somente porque foi vertido em obrigação do acordo, singularidade que é inerente a esse recurso e que, portanto, deve ser transposto ao ajuste.

Considerando que o acordo de não persecução penal tem contornos contratuais, viável analogia ao que propõe a Lei de Mediação, podendo-se exigir, por exemplo, que o interessado compareça à primeira sessão (art. 2º, § 1º), desobrigando-o das demais ao exteriorizar sincero arrependimento ou desistência, satisfazendo a condição para que seja reputada cumprida a obrigação.

Por outro lado, as características do conflito com contorno de delito, aliadas às condições dos envolvidos, podem indicar a necessidade de combinação de mais de um procedimento de autocomposição, concebendo estratégias individuais para cada caso.

A inclusão desses procedimentos concertados é plenamente viável no acordo de não persecução penal em virtude da flexibilidade conferida pela lei para a sua formalização, potencializando a construção de respostas mais satisfatórias, com maior potencial de apaziguar conflitos e resgatar a comunicação entre autor e vítima. Como a doutrina especializada alardeia "*... conflitos aparentemente sem solução podem muito bem ser resolvidos por meio do esforço analítico, interdisciplinar e criativo para a construção de sistemas extrajudiciais capazes de lidar com os desafios específicos do caso e proporcionar a satisfação dos interesses das partes com rapidez e eficiência*" (FALECK, 2023).

6. Conclusão

As reformas pelas quais vêm passando o Sistema de Justiça quanto ao modo pelo qual promove a pacificação dos conflitos sociais devem surtir efeitos inclusive sobre a persecução penal e influenciar a prerrogativa do Estado de punir aquele que comete uma infração penal — instituto jurídico que possui em seu núcleo um conflito qualificado e que, por vezes, reclama não só a imposição de pena, mas a composição das relações sociais que foram abaladas.

Uma das formas de afinar o clássico *jus puniendi* estatal à tendência atual de pacificar de forma qualificada conflitos reside na instrumentalização dos meios adequados de solução de conflitos nos acordos de não persecução penal, via alternativa ao processo judicial para, de um lado, retribuir proporcionalmente o mal do crime ao agente e, de maneira inovadora, resgatar o status anterior ao ocorrido.

Exsurge mais uma via para legitimação dos MASCs no procedimento penal, com a negociação entre Ministério Público e investigado que leve à confecção de cláusulas a serem incluídas no acordo de não persecução contendo procedimentos de conciliação, mediação ou outro mecanismo de solução consensual desde que compatíveis com a natureza do delito e as características dos envolvidos, tornando mais céleres e eficazes as respostas oferecidas pelo Sistema de Justiça com a finalidade de promover a pacificiação social.

Referências

CNJ — Conselho Nacional de Justiça. AZEVEDO, André Gomma de (Org.). *Manual de Mediação Judicial.* 6. ed. Brasília/DF: CNJ, 2016.

______. *Justiça em Números 2023.* Brasília: CNJ, 2023.

FALECK, Diego. *Negociação, mediação, conciliação e arbitragem:* curso de métodos adequados de solução de controvérsias. Adolfo Braga Neto [*et al.*]. Coordenação: SALLES, Carlos Alberto de; LORENCINI; Marco Antônio Garcia Lopes; SILVA, Paulo Eduardo Alves da. 5. ed. Rio de Janeiro: Forense, 2023.

GUERRERO, Luis Fernando. *Teoria Geral dos Processos:* Os Métodos de Solução de Conflitos e o Processo Civil. São Paulo: Almedina, 2022.

LETÍCIA, Maria. *O acordo de não persecução penal como instrumento da justiça negociada:* análise dos mecanismos de controle da atuação do Ministério Público. Tese de Mestrado em Direito Constitucional pelo Instituto Brasileiro de Ensino, Desenvolvimento e Pesquisa – IDP.

ZAPPAROLLI, Célia Regina. Negociação, mediação, conciliação e arbitragem: curso de métodos adequados de solução de controvérsias. Adolfo Braga Neto.... [*et al.*]. Coordenação: SALLES, Carlos Alberto de; LORENCINI; Marco Antônio Garcia Lopes; SILVA, Paulo Eduardo Alves da. 5. ed. Rio de Janeiro: Forense, 2023.

A Negociação Coletiva como Instrumento de Pacificação Social: A Aderência Limitada por Revogação Negociada e a Distinção Quanto ao Decidido na ADPF 323/DF

Bruno Petermann Choueiri Bugalho[1]

Resumo: A função precípua da negociação coletiva é a pacificação social entre capital e trabalho, como instrumento de diálogo e de construção de verdadeiras normas jurídicas para reger as relações de trabalho. Em que pese a declaração de inconstitucionalidade do enunciado da Súmula n. 277 do Tribunal Superior do Trabalho e de interpretações e decisões judiciais que entendem que o art. 114, § 2º da CRFB/88 autoriza a aplicação do princípio da ultratividade de normas coletivas na ADPF 323/DF, não há óbice para que os atores sociais prevejam a aderência limitada por revogação de forma negociada. O método estimula a cooperação, a lealdade, a boa-fé, a atuação responsiva dos pactuantes e o incentivo à autocomposição no conflito coletivo, concedendo segurança jurídica ao assegurar um regime jurídico provisório — pactuado — entre o fim da vigência do instrumento coletivo anterior e a negociação do subsequente, preenchendo eventual limbo jurídico.

Palavras-chave: Negociação coletiva — Pacificação social — Aderência contratual por revogação.

Abstract: The primary function of collective bargaining is the social pacification between capital and labor, serving as a tool for dialogue and the construction of true legal norms to rule labor relations. Despite the declaration of unconstitutionality of the statement in Summation 277 of the Superior Labor Court and interpretations and judicial decisions that argue that article 114, § 2 of the Federal Constitution of Brazil/1988 allows for the application of the ultrativity principle of collective norms in ADPF 323/DF, there is no impediment for social actors to foresee limited adherence through negotiated revocation. The method encourages cooperation, loyalty, good faith, responsive behavior of the parties, and the promotion of self-settlement in collective conflict, providing legal certainty

---

(1) Chefe da Assessoria Jurídica do 5º Ofício Geral da Procuradoria Regional do Trabalho da 15ª Região. Especialista em Direito e Processo do Trabalho (2017) e mestrando em Direito pela Universidade de São Paulo – Largo São Francisco (2023), na área de Direito do Trabalho e Seguridade Social.

by ensuring a provisional — negotiated — legal regime between the expiration of the previous collective instrument and the negotiation of the subsequent one, thus filling any legal gap.

Keywords: Collective bargaining — Social pacification — Contractual adherence by revocation.

1. Introdução

A promoção de sociedades pacíficas e inclusivas – com instituições eficazes, responsáveis e representativas – foi elencada como um dos Objetivos de Desenvolvimento Sustentável pela Agenda 2030 da Organização das Nações Unidas (ODS 16).

Por sua vez, na Declaração de Filadelfia de 1944 a Organização Internacional do Trabalho proclamou que a paz para ser duradoura deve estar assentada na justiça social e que o reconhecimento efetivo da negociação coletiva e a cooperação entre empregadores e trabalhadores é instrumento para a sua consecução(2). Não à toa que com a Declaração de Princípios Fundamentais da OIT de 1998 a liberdade sindical e o reconhecimento efetivo do direito à negociação coletiva foram erigidos a raízes fundantes da Organização, amparada na "convicção de que a justiça social é essencial para garantir uma paz universal e permanente"(3).

A Constituição da República Federativa do Brasil de 1988 salvaguardou a liberdade de associação para fins lícitos (art. 5º, XVII, CRFB/88) e o reconhecimento das convenções e acordos coletivos como direitos fundamentais (art. 7º, XXVI, CRFB/88), sendo obrigatória a participação dos sindicatos nas negociações coletivas de trabalho (art. 8º, VI, CRFB/88).

A eficácia vertical desse direito não se esgota em sua dimensão negativa, de não interferência estatal, pois demanda do poder público o fomento de condições para o seu livre exercício, com a remoção de obstáculos — dimensão positiva.

Nesse sentido são as lições de Ricardo José Macedo de Britto Pereira:

> O direito de liberdade sindical, previsto constitucionalmente, engloba em seu conteúdo o direito de negociação coletiva. A eficácia vertical desse

(2) Art. 2º Convencida de que a experiência demonstrou plenamente o fundamento da declaração contida na Constituição da Organização Internacional do Trabalho, e segundo a qual só se pode estabelecer uma paz duradoura com base na justiça social, a Conferência afirma que:

(...)

b) A realização das condições que permitem atingir este resultado deve constituir o objetivo central de qualquer política nacional e internacional;

Art. 3º A Conferência reconhece a obrigação solene de a Organização Internacional do Trabalho secundar a execução, entre as diferentes nações do mundo, de programas próprios à realização:

e) do reconhecimento efectivo do direito de negociação colectiva e da cooperação entre empregadores e os trabalhadores para a melhoria contínua da organização e da produção, assim como da colaboração dos trabalhadores e dos empregadores para a elaboração e aplicação da política social e económica;

(3) Considerando que a criação da OIT procede da convicção de que a justiça social é essencial para garantir uma paz universal e permanente; Declaração da OIT.

> direito fundamental não se esgota na sua dimensão negativa, de não interferência indevida do poder público nas questões sindicais. A dimensão positiva é de destacada relevância e consiste em medidas estatais que criem condições e removam os obstáculos ao exercício satisfatório do direito. Tais providências são dirigidas a todos os agentes públicos e a todos os poderes". (PEREIRA, Ricardo José Macedo de Britto. A nova Súmula n. 277 do Tribunal Superior do Trabalho: reflexos na negociação coletiva e no poder normativo da Justiça do Trabalho.[4]

A negociação coletiva de trabalho, método autocompositivo de resolução de conflitos, representa o ápice de uma composição de interesses entre as categorias profissionais e econômicas/empregador. Em face da inerente existência de conflitos na relação entre trabalhadores e empregadores, a negociação configura-se como uma via democrática na busca da pacificação social. É o que ensina Ronaldo Lima dos Santos:

> A negociação coletiva, como expressão de autocomposição de conflitos coletivos de trabalho, foi consagrada no campo constitucional como a forma mais idônea de composição de conflitos, sendo sua força normativa reconhecida em diversas disposições constitucionais (art. 7º, XXVI, e art. 8º, VI CF/88) e infraconstitucionais. (...) São notórias as vantagens da autocomposição dos conflitos pelos próprios grupos sociais, como instrumento de verdadeira pacificação social, como resolução do conflito jurídico e do social, ao contrário da heterocomposição judicial, que soluciona o conflito no campo jurídico, mas não o harmoniza no social (SANTOS, Ronaldo Lima dos. Sindicatos e ações coletivas: acesso à justiça, jurisdição coletiva e tutela dos interesses difusos, coletivos e individuais homogêneos.[5]

Por meio de concessões recíprocas, em consonância aos princípios da autonomia privada coletiva, lealdade[6], boa-fé[7] e da adequação setorial negociada[8], os entes

---

(4) In: *Revista LTr:* legislação do trabalho, v. 77, n. 4, p. 395- 401, abr. 2013.

(5) SANTOS, Ronaldo Lima dos. *Sindicatos e ações coletivas:* acesso à justiça, jurisdição coletiva e tutela dos interesses difusos, coletivos e individuais homogêneos. 5. ed., rev. e ampl. São Paulo: LTr, 2019. p. 235.

(6) O ordenamento jurídico protege a confiança suscitada pelo comportamento do outro e não tem mais remédio que protegê-la, porque poder confiar (...) é condição fundamental para uma pacífica vida coletiva e uma conduta de cooperação entre os homens e, portanto, da paz jurídica" (LARENZ, Karl. *Derecho justo:* fundamentos de ética jurídica. Madrid: Civitas, 1985. p. 91.)

(7) Verbete 815 do Comitê de Liberdade Sindical da OIT: É importante que tanto os empregadores quanto os sindicatos participem de boa-fé das negociações e que façam todo o possível para chegarem a um acordo, e a celebração de negociações coletivas verdadeiras e construtivas é necessária para se criar e manter uma relação de confiança entre as partes.

(8) (8) Este princípio trata das possibilidades e limites jurídicos da negociação coletiva. Ou seja, os critérios de harmonização entre as normas jurídicas oriundas da negociação coletiva (através da consumação do princípio de sua criatividade jurídica) e as normas jurídicas provenientes da legislação heterônoma estatal. (...)

coletivos alcançam um termo sobre a dinâmica sociolaboral, com natureza jurídica *sui generis*, "um híbrido, que tem o aspecto de contrato e a essência de lei(9)". O instrumento constitui uma das principais formas de exercício da liberdade negocial e concede o real poder de criação de normas jurídicas (e não de simples cláusulas), em harmonia com a normatividade heterônoma estatal.

Acerca da responsabilidade social dos atores, elucida Mauricio Godinho Delgado:

> É evidente que a responsabilidade social de se produzirem normas (e não meras cláusulas) conduz à necessidade de clareza quanto às condições subjetivas e objetivas envolvidas na negociação. Não se trata aqui de singela pactuação de negócio jurídico entre indivíduos, onde a privacidade prepondera; trata-se de negócio jurídico coletivo, no exerício da chamada autonomia privada coletiva, dirigida a produzir universos normativos regentes de importantes comunidades humanas. A transparência aqui exigida é, sem dúvida, maior do que a que cerca negócios jurídicos estritamente individuais. Por isso é mais largo o acesso a informações adequadas à formulação de normas compatíveis ao segmento social envolvido.(10)

Ainda, na acepção de que as cláusulas coletivas devem ser permeadas pelos princípios da lealdade e boa-fé objetiva dos negociantes:

> Um modelo de conduta social, verdadeiro standart jurídico ou regra de conduta, caracterizado por uma atuação de acordo com determinados padrões sociais de lisura, honestidade e correção de modo a não frustar a legítima confiação da outra parte. (...) De fato, o princípio da boa-fé encontra a sua justificação no interesse coletivo de que as pessoas pautem seu agir pela cooperação e lealdade, incentivando-se o sentimento de justiça social, com repressão a todas as condutas que improtem desvio aos sedimentados parâmetros de honestidade e retidão. Por isso, a boa-fé objetiva é fonte de

Pelo princípio da adequação setorial negociada as normas autônomas juscoletivas construídas para incidirem sobre certa comunidade econômico-profissional podem prevalecer sobre o padrão geral heterônomo justrabalhista desde que respeitados certos critérios objetivamente fixados. São dois esses critérios autorizativos: a) quando as normas autônomas juscoletivas implementam um padrão setorial de direitos superior ao padrão geral oriundo da legislação heterônoma aplicável; b) quando as normas autônomas juscoletivas transacionam setorialmente parcelas justrabalhistas de indisponibilidade apenas relativa (e não de indisponibilidade absoluta)." (*Rev. TST*, Brasília, vol. 67, n. 2, abr./jun.2001).

(9) Um ibrido che há il corpo del contratto e l'anima dela legge (tradução do autor). In: CARNELUTTI, Franscesco. *Teoria dei Regolamento Colletivo*. Padova: Decam, 1930. p. 55.

(10) DELGADO, Mauricio Godinho. *Curso de direito do trabalho*. 20. ed. São Paulo: JusPodvim, 2023. p. 1.506.

> obrigações, impondo comportamentos, segundo as regras de correção, na conformidade do afir do homem comum daquele meio social.[11]

Para além das funções econômicas e normativas (modelo brasileiro de normatização privatística subordinada), a negociação coletiva de trabalho também ostenta funções políticas e sociais. Trata-se de exercício da democracia participativa e do diálogo social, por meio do qual são ajustadas as contraposições de movimentos entre capital e trabalho. A convenção e o acordo coletivo do trabalho são a materialização de um pacto social — transcendente às relações de trabalho.

Nesse sentido, assevera Mozart Victor Russomano e Mauricio Godinho Delgado:

> [...] tríplices foram, desde seu início, as vantagens oferecidas pelas convenções coletivas: a) para o Estado, instrumento de paz social; b) para o empregador, meio de negociação pacífica sem campanhas políticas e sem risco de eclosão de greves; c) para o trabalhador, a conquista de direitos sem sofrimentos inerentes às lutas de classes, com o reconhecimento, pelo empregador, da legitimidade da atuação do sindicato e de sua representatividade.[12]
>
> A importância da negociação coletiva trabalhista transcende o próprio Direito do Trabalho. A experiência histórica dos principais países ocidentais demonstrou, desde o século XIX, que uma diversificada e atuante dinâmica de negociação coletiva no cenário das relações laborativas sempre influenciou, positivamente, a estruturação mais democrática do conjunto social.[13]
>
> Entre os objetivos da negociação coletiva, o mais notório é a busca pela pacificação social, eis que revela o êxito das tratativas no conflito coletivo.[14] A cláusula de paz, intrínseca ao negociado, fundamenta-se em deveres imanentes, conforme expresso na máxima de que "todo acordo normativo pressupõe tacitamente o cumprimento de três deveres: sua aplicação, seu cumprimento pelos representados e a abstenção de conflitos. Há também quem fundamente o mesmo dever no princípio da boa-fé dos contratantes"[15].

---

(11) ROSENVALD, Nelson; PELUZO, Cezar (Coord). *Código civil comentado:* doutrina e jurisprudência. 3. ed. Barueri: Manole, 2009. p. 458.

(12) RUSSOMANO, Mozart Victor. *Princípios gerais de Direito Sindical*. 2. ed. Rio de Janeiro: Forense, 1997. p. 144.

(13) DELGADO, Mauricio Godinho. *Curso de direito do trabalho*. 20. ed. São Paulo: JusPodvim, 2023. p. 1.583.

(14) SANTOS, Enoque Ribeiro dos. *Negociação Coletiva de Trabalho*. 3. ed., rev. e atual. Rio de Janeiro: Forense, 2018. p. 138.

(15) NASCIMENTO, Amauri Mascaro. *Compêndio de direito sindical*. 8. ed. São Paulo: LTr, 2015. p. 430.

Por conseguinte, é cediço que as relações sociolaborais são dinâmicas e estão sujeitas a constantes transformações, seja por motivos de ordem econômicos, políticos, tecnológicos, entre outros. Nesse contexto, torna-se imperativo reconhecer que a normatização heterônoma ou mesmo a autônoma coletiva anteriormente pactuada não podem resolver todos os interesses e conflitos. Dessa forma, os entes coletivos devem manter uma negociação constante, com a possibilidade de diálogo aberto.

Nessa perspectiva, o art. 616 da CLT esclarece que, quando instados, os envolvidos não podem se recusar à negociação coletiva. Adicionalmente, a legislação celetista prevê que os acordos e convenções coletivas não devem ter prazo superior a dois anos, sugerindo a renovação do negociado.

Vale destacar que, mesmo antes da vigência do § 3º do art. 614 da CLT, introduzido pela Lei n. 13.467/2017 (Reforma Trabalhista), a redação original do art. 620 da CLT já continha disposição semelhante. Contudo, enquanto o dispositivo recentemente incorporado veda a ultratividade, o parágrafo único da redação original do art. 620 da CLT sustentava a possibilidade de prorrogação da vigência mediante ratificação dos convenentes, observado o procedimento estipulado para a sua celebração.

2. As teorias de ultratividade da norma coletiva

A ultratividade das normas coletivas é temática já bastante difundida na doutrina e jurisprudência, com ao menos três teorias sobre: a da Aderência Irrestrita (ultratividade plena); a da Aderência Limitada pelo Prazo (sem ultratividade); e a da Aderência Limitada por Revogação (ultratividade relativa).

A primeira sustenta que os dispositivos integram permanentemente o contrato individual de trabalho, de modo que não mais poderiam ser suprimidos. Seus defensores se baseiam no art. 468, *caput*, da CLT e no princípio da condição mais benéfica. Todavia, a vertente interpretativa desfavorece o caráter da norma jurídica como uma fonte distintiva e criativa, concedendo-a o mesmo tratamento de uma cláusula contratual.

Assevera Amauri Mascaro Nascimento que:

> As disposições que são estabelecidas para as relações individuais de trabalho e que constituem o conteúdo normativo do acordo, não desaparecem com o término da duração: projetam-se sobre os contratos de trabalho em curso, nele se inserem, passam a ser daí por diante normas de cada um dos contratos individuais, neles encontrando o fundamento da sua perdurabilidade mesmo após o termo final do acordo coletivo. Desse modo, os acordos coletivos funcionam como fonte de produção de cláusulas que subsistirão mesmo depois de desaparecerem.[16]

(16) NASCIMENTO, Amauri Mascaro. *Direito sindical*. São Paulo: LTr, 1982. p. 285.

A teoria da Aderência Limitada pelo Prazo elucida que as convenções e acordos coletivos terão vigência máxima limitada por um período de tempo, sem ultratividade das normas. Os efeitos do diploma coletivo são encerrados automaticamente ao final do prazo. Essa abordagem era aplicada por analogia à redação original do enunciado da Súmula n. 277 do TST(17).

Com a Lei n. 13.467/2017 (Reforma Trabalhista), acresceu-se ao art. 614 da CLT, o § 3º, que não permite estipular duração dos instrumentos por período superior a dois anos, vedando-se a ultratividade.

De início, como teoria intermediária, de início a Aderência Limitada por Revogação teve previsão no art. 1º, § 1º, da Lei n. 8.542/92 (Lei de Política Nacional de Salários)(18). Posteriormente, como meio de construção hermenêutica ao conceder máxima eficácia ao mandamento constitucional do art. 114, § 2º da CRFB/88(19), o entendimento foi adotado pela jurisprudência da Seção de Dissídios Coletivos do TST (2008), que veio a fixar o Precedente Normativo n. 120 da SDC(20) e a nova redação da Súmula n. 277 do TST(21). A teoria propugna que os dispositivos negociados vigoram até que nova negociação seja entabulada, propondo a ultratividade relativa da norma coletiva.

No direito estrangeiro, países como Argentina, México e Bélgica adotam a ultratividade irrestrita, na qual os direitos negociados integram os contratos individuais de trabalho, não mais podendo ser suprimidos. Em contrapartida, Áustria, Finlândia e Dinamarca adotam a ultratividade condicionada, permitindo que o acordo permaneça válido indefinidamente até que um novo o substitua, com a possibilidade suprimir ou aumentar direitos(22).

---

(17) Súmula n. 277 do TST: As condições de trabalho alcançadas por força de sentença normativa vigoram no prazo assinado, não integrando, de forma definitiva, os contratos (redação original).

(18) Art. 1º, § 1º, da Lei n. 8.542/92 (revogado pela Lei n. 10.192/2001: as cláusulas dos acordos, convenções ou contratos coletivos de trabalho integram os contratos individuais de trabalho e somente poderão ser reduzidas ou suprimidas por posterior acordo, convenção ou contrato coletivo de trabalho.

(19) (...) certo é que a elaboração de tal verbete se deu por interpretação do art. 114, § 2º da CRFB/88, especialmente na passagem "respeitadas as disposições mínimas legais de proteção ao trabalho, bem como as convencionadas anteriormente". Isso porque as categorias organizadas não devem suportar períodos sem proteção por normas coletivas (FREITAS, Claudio. *Direito coletivo do trabalho*. Salvador: JusPodvim, 2019. p. 202).

(20) Precedente Normativo n. 120: A sentença normativa vigora, desde seu termo inicial até que sentença normativa, convenção coletiva de trabalho ou acordo coletivo de trabalho superveniente produza sua revogação, expressa ou tácita, respeitado, porém, o prazo máximo legal de quatro anos de vigência.

(21) Súmula n. 277 do TST: CONVENÇÃO COLETIVA DE TRABALHO OU ACORDO COLETIVO DE TRABALHO. EFICÁCIA. ULTRATIVIDADE. As cláusulas normativas dos acordos coletivos ou convenções coletivas integram os contratos individuais de trabalho e somente poderão ser modificadas ou suprimidas mediante negociação coletiva de trabalho (Res. 185/2012, *DEJT* divulgado em 25.9.2012).

(22) Cf. CARVALHO, Augusto César Leite de; ARRUDA, Kátia Magalhães; DELGADO, Mauricio Godinho. A Súmula n. 277 e a defesa da Constituição. *Rev. TST*, Brasília, vol. 78, no 4, out./dez. 2012; CRUZ VILLALÓN, Jesús (Coord.). *La negociación colectiva en Europa*. Uma perspectiva transversal. Ministério de Trabajo, igraciones y Seguridad Social. Subdirección General de Información Administrativa y Publicaciones RET. 19-2.372, n. 115.

De forma semelhante, a Alemanha segue um modelo de ultratividade condicionada em que se mantém as cláusulas coletivas vigentes, ainda que vencidas, até a entrada em vigor de uma nova. Por sua vez, países como França, Portugal e Grécia aceitam a ultratividade condicionada, mas apenas por um período limitado após o término da negociação original.

Ainda, em ordenamentos jurídicos como os Reino Unido e Irlanda, não há uma regra geral de ultratividade, sendo necessária uma concordância específica entre trabalhadores e empregadores para sua aplicação(23).

No Brasil, historicamente, as três teorias já foram prestigiadas pela doutrina e jurisprudência: a ultratividade plena, sobretudo no período anterior à Constituição de 1988; a aderência limitada ao prazo, com o advento do novel regime constitucional; e a ultratividade relativa, com maior destaque após o ano de 2011.

Atualmente, com a decisão do E. STF na ADPF 323/DF em 27.05.2022, confirmando a liminar concedida em outubro de 2016 pelo Ministro Gilmar Mendes, a teoria que prevaleceu foi a da aderência limitada pelo prazo como regra heterônoma.

3. A aderência limitada por revogação pactuada na norma coletiva e a distinção quanto ao decidido na ADPF 323/DF

A Confederação Nacional dos Estabelecimentos de Ensino (CONFENEN) ajuizou a ADPF 323/DF, ao argumento de ser inconstitucional a ultratividade prevista na nova redação da Súmula n. 277 do TST, dado que o entendimento adveio da previsão da Lei de Política Nacional de Salários, que, posteriormente, foi revogada pela MP 1.035/1995 (convertida na Lei n. 10.192/01). Destacou, assim, que a Justiça do Trabalho estaria extrapolando suas competências ao legislar e criar obrigações não negociadas.

O E. STF julgou procedente a arguição para declarar a inconstitucionalidade do novo enunciado da Súmula n. 277 do TST (versão atribuída pela Resolução 185, de 27.09.2012), assim como a inconstitucionalidade de interpretações e de decisões judiciais que entendem que o art. 114, § 2º, da CRFB/88 (na redação dada pela Emenda Constitucional n. 45/2004) preconiza a ultratividade de normas de acordos e de convenções coletivas.

Em seu voto, o relator Ministro Gilmar Mendes destacou que "ao passar a determinar a vigência de cláusulas coletivas a momento posterior à eficácia do instrumento no qual acordadas, a Justiça Trabalhista, além de violar os princípios da separação dos Poderes e da legalidade, nos termos indicados na inicial, também ofende a supremacia dos acordos e das convenções coletivas (art. 7º, inciso XXVI, CF)"(24).

---

(23) CRUZ VILLALÓN, Jesús. *Op. cit.*, p. 358.

(24) BRASIL. Supremo Tribunal Federal. *Arguição de Descumprimento de Preceito Fundamental 323/DF*. Relator: Ministro Gilmar Mendes, 27 de maio de 2022.

Nesses termos, denota-se que a *ratio decidendi* do E. STF na ADPF 323/DF foi de que a Justiça do Trabalho não poderia impor a vigência das cláusulas coletivas para momento posterior ao pactuado, uma vez que tal ato viola os princípios da separação dos Poderes e da legalidade, além de infringir a supremacia das convenções e acordos coletivos de trabalho.

No entanto, em sentido diverso ao incauto entendimento de que é vedada toda aderência por revogação das normas coletivas, na realidade, o que não se permite é a ultratividade imposta pelo Estado — o que se distingue daquela negociada. A compreensão inadequada do precedente obsta a criatividade inerente às normas coletivas e desestimula a negociação de modelos autocompositivos inseridos no próprio instrumento (cláusulas de paz)(25).

Por outro lado, desde que expressamente pactuado, prestigia-se os direitos fundamentais à liberdade sindical e à negociação coletiva. Esse método estimula a cooperação, a lealdade, a boa-fé, a atuação responsiva dos pactuantes e o incentivo à autocomposição no conflito coletivo, proporcionando segurança jurídica ao estabelecer um regime jurídico provisório — pactuado — entre o término da vigência do instrumento coletivo anterior e a negociação do subsequente, preenchendo eventual limbo jurídico.

Além de possíveis impasses em uma eventual negociação, outras circunstâncias podem impedir a celebração de um novo instrumento coletivo, como desastres naturais, calamidades públicas, períodos de guerra e contextos pandêmicos, como se sucedeu na pandemia da Covid-19. Em uma sociedade que anseia pela pacificação social, não parece razoável desconsiderar tais conjunturas ou invalidar negociações que intentem, de algum modo, preveni-las.

Ademais, ao estabilizar os limites da negociação coletiva no Tema n. 1.046, o E. STF fixou o precedente de que "*são constitucionais os acordos e as convenções coletivos que, ao considerarem a adequação setorial negociada, pactuam limitações ou afastamentos de direitos trabalhistas, independentemente da explicitação especificada de vantagens compensatórias, desde que respeitados os direitos absolutamente indisponíveis*"(26).

---

(25) A ideia de sinais emitidos carrega um viés marcantemente prospectivo. De fato, o cerne é que a resolução da disputa entre partes determinadas gera um tipo de informação sobre a forma de agir dos tribunais (ou, em termos mais amplos, das instituições) que é transmitida para futuros litigantes. Em termos simplistas, o conhecimento da jurisprudência acerca de determinada matéria interferiria na própria propensão de se ingressar com uma ação ou, no caso do réu, de preferir a realização de um acordo para minimizar os danos de uma derrota que se sabe certa. (TAKASHI, Bruno. *Jurisdição e Litigiosidade:* partes e instituições em conflito. Tese de Doutorado – Universidade de São Paulo, Faculdade de Direito de São Paulo/SP, 2019).

(26) Brasil. Supremo Tribunal Federal. *Tema 1.046 da Repercussão Geral*. Relator: Ministro Edson Fachin, 17 de agosto de 2018.

Não se considera que a aderência limitada por prazo — de dois anos, nos termos do art. 614, § 3º da CLT e do enunciado da OJ n. 322 da SDI-1 do C. TST(27) — seja um direito "absolutamente indisponível", mas sim os direitos ao reconhecimento efetivo das convenções e acordos coletivos de trabalho (art. 7º, XXVI, CRFB/88) e a participação obrigatória dos sindicatos nas negociações (art. 8º, VI, CRFB/88).

O período entre o término da vigência de um instrumento coletivo e a negociação do subsequente não constitui "prazo indeterminado". Negociações livres e legítimas podem estabelecer normas para este intervalo. Prioriza-se o reconhecimento das negociações coletivas e a participação sindical, evitando restrições temporais que possam obstar acordos vantajosos para ambas as partes

Inclusive, nessa acepção, em decisão recente da 4ª Turma do C. TST, de 06.06.2023, restou asseverado que:

> "(...) é possível concluir que a ADPF 323 proibiu a ultratividade baseada em ato normativo do Poder Público, em especial, a jurisprudência da Justiça do Trabalho, não possuindo aplicação na situação de ajuste de ultratividade realizada por meio de negociação coletiva. A cláusula deve ser analisada à luz do Tema 1.046 do STF, e nesse contexto deve-se prestigiar a prorrogação ali prevista."(28)

A previsão negociada de ultratividade após o término de vigência do acordo ou convenção coletiva prestigia os mandamentos da autonomia da vontade das partes, da liberdade sindical e do diálogo social, estimulando soluções autocompositivas.

Em decorrência, respeita o espaço de criatividade e adequação setorial das negociações coletivas, possibilitando que categorias de trabalhadores e empregadores estabeleçam limites e balizas para eventuais impasses em negociações futuras. Promove, assim, a pacificação e cooperação permanente entre os atores sociais, conferindo maior segurança jurídica e estabilidade às relações de trabalho.

Nessa acepção, compreende-se que, desde que regularmente pactuada, com base nos parâmetros estabelecidos no Tema n. 1.046 do E. STF, a previsão de ultratividade de instrumentos normativos se revela inteiramente válida — e desejável — à luz da Constituição Federal de 1988 e das convenções internacionais que regem a matéria, não incorrendo em violação ao disposto na ADPF 323/DF.

Desse modo, caso tal controvérsia seja levada ao Judiciário, o órgão julgador, ao se deparar com cláusula de ultratividade expressamente negociada, deverá aplicar a técnica de distinção (*distinguishing*) em relação ao precedente firmado na ADPF 323/DF. Isso

(27) O enunciado (09.12.2003) é anterior à alteração da Súmula n. 277 do TST (25.09.2012), não refletindo o atual cenário jurídico. O intervalo entre instrumentos coletivos não configura "prazo indeterminado", sendo possível estabelecer normas para este período por livre negociação. Prioriza-se os mandamentos constitucionais do reconhecimento das negociações coletivas e da liberdade sindical.

(28) RRAg-852-54.2017.5.05.0134, 4ª Turma, relator Ministro Alexandre Luiz Ramos, *DEJT* 09.06.2023.

porque, conforme demonstrado no estudo, o que se vedou foi a atribuição heterônoma de efeitos ultrativos pelos órgãos estatais, notadamente a Justiça do Trabalho.

3. Conclusão

Conclui-se que a dinamicidade das relações laborais e a possibilidade de impasses em processos negociais tornam recomendável que os próprios atores socias estabeleçam mecanismos autocompositivos para preencher eventuais lacunas normativas. A previsão negociada de ultratividade se insere nesse contexto.

A negociação coletiva, como expressão da autonomia privada coletiva e instrumento de autocomposição entre capital e trabalho, desempenha função essencial para a pacificação e justiça social. Ao construir, por meio do diálogo e da cooperação, verdadeiras normas jurídicas adequadas às especificidades setoriais, os acordos e convenções coletivas conferem maior estabilidade às relações de trabalho.

Nesse contexto, a previsão negociada de ultratividade das cláusulas normativas para além do termo final de vigência dos instrumentos coletivos pode apresentar-se como mecanismo legítimo de continuidade da cooperação social mesmo em períodos de impasse e vicissitudes, resguardando direitos e propriciando uma cultura de paz.

Assim, desde que regularmente pactuada e observados os parâmetros do Tema 1.046 do E. STF, a aderência por revogação negociada não confronta a ADPF 323/DF, que vedou apenas a ultratividade heterônoma.

Ao revés de cercear a criatividade e adequação setoriais inerentes à negociação coletiva, a ultratividade negociada as prestigia, na exata medida em que valoriza a autotutela privada coletiva da categoria na definição das próprias balizas e critérios de segurança jurídica das relações de trabalho.

Endossa-se, portanto, a adoção da previsão negociada de ultratividade como mecanismo legítimo de promoção da cooperação, lealdade e responsividade entre os entes coletivos, em prol de uma cultura assentada na paz duradoura e no diálogo e justiça social.

Referências

BRASIL. Consolidação das Leis do Trabalho. *Decreto-lei n. 5.452, de 1º de maio de 1943*. Brasília, DF: Senado Federal, 1943.

______. *Constituição da República Federativa do Brasil de 1988*. Brasília, DF: Senado Federal, 1988.

______. Supremo Tribunal Federal. *Arguição de Descumprimento de Preceito Fundamental 323/DF*. Relator: Ministro Gilmar Mendes, 27 de maio de 2022.

______. Supremo Tribunal Federal. *Tema 1.046 da Repercussão Geral*. Relator: Ministro Edson Fachin, 17 de agosto de 2018.

______. Tribunal Superior do Trabalho, 4ª Turma. *RRAg n. RRAg-852-54.2017.5.05.0134*. Relator Ministro Alexandre Luiz Ramos, *DEJT* 09.06.2023.

______. Tribunal Superior do Trabalho. *Precedente Normativo n. 120 da SDC*. Brasília, DF: TST.

______. Tribunal Superior do Trabalho. *Súmula n. 277*. Brasília, DF: TST.

CAPPELLETTI, Mauro; GARTH, Bryant. *Acesso à justiça*. Tradução: Ellen Grace Northfleet. Porto Alegre: Fabris Editor, 1988.

CARNELUTTI, Franscesco. *Teoria dei Regolamento Colletivo*. Um ibrido che há il corpo del contrato e l'anima dela legge.

CARVALHO, Augusto César Leite de; ARRUDA, Kátia Magalhães; DELGADO, Mauricio Godinho. A Súmula n. 277 e a defesa da Constituição. *Rev. TST*, Brasília, vol. 78, n. 4, out./dez. 2012.

CRUZ VILLALÓN, Jesús (Coord.). La negociación colectiva en Europa. Uma perspectiva transversal. Ministério de Trabajo, igraciones y Seguridad Social. *Subdirección General de Información Administrativa y Publicaciones RET*, 19-2.372, n. 115

DELGADO, Mauricio Godinho. *Curso de direito do trabalho*. 20. ed. São Paulo: JusPodvim, 2023.

DELGADO, Gabriel Neves; DELGADO, Maurício Godinho. *Constituição da República e direitos fundamentais:* dignidade da pessoa humana, justiça social e direito do trabalho. 4. ed. São Paulo: LTr, 2017.

FELSTINER, William L. F.; ABEL, Richard L.; SARAT, Austin. The Emergence and Transformation of Disputes: Naming, Blaming, Claiming... *Law & Society Review*, vol. 15, n. 3/4, Special Issue on Dispute Processing and Civil Litigation (1980-1981)

FREITAS, Claudio. *Direito coletivo do trabalho*. Salvador: JusPodvim, 2019.

LARENZ, Karl. *Derecho justo:* fundamentos de ética jurídica. Madrid: Civitas, 1985.

NASCIMENTO, Amauri Mascaro. *Compêndio de direito sindical*. 8. ed. São Paulo: LTr; 2015.

OIT — Organização Internacional do Trabalho. *Declaração da OIT sobre Princípios e Direitos Fundamentais no Trabalho* (1998).

______. *Declaração de Filadélfia* (1944).

ONU — Organização das Nações Unidas. *Transformando Nosso Mundo:* A Agenda 2030 para o Desenvolvimento Sustentável (2015).

PEREIRA, Ricardo José Macedo de Britto. A nova Súmula n. 277 do Tribunal Superior do Trabalho: reflexos na negociação coletiva e no poder normativo da Justiça do Trabalho. In: *Revista LTr:* legislação do trabalho, v. 77, n. 4.

ROSENVALD, Nelson; PELUZO, Cezar (Coord). *Código civil comentado:* doutrina e jurisprudência. 3. ed. Barueri: Manole, 2009.

RUSSOMANO, Mozart Victor. *Princípios gerais de Direito Sindical*. 2. ed. Rio de Janeiro: Forense, 1997.

SANTOS, Enoque Ribeiro dos. *Negociação Coletiva de Trabalho*. 3. ed., rev. e atual. Rio de Janeiro: Forense, 2018. p. 138.

SANTOS, Ronaldo Lima dos. *Sindicatos e ações coletivas:* acesso à justiça, jurisdição coletiva e tutela dos interesses difusos, coletivos e individuais homogêneos. 5. ed., rev. e ampl. São Paulo: LTr, 2019.

TAKAHASHI, Bruno. *Jurisdição e Litigiosidade:* partes e instituições em conflito. São Paulo: Tese de Doutorado – Universidade de São Paulo, Faculdade de Direito de São Paulo/SP, 2019.

Técnicas de Mediação e Solução de Conflitos para Promover Atenção Integral às Pessoas em Situação de Acumulação

Evandro Luiz Luko(1)

Paulo de Tarso Muselli Silva(2)

Resumo: Indivíduos com transtornos compulsivos, como o transtorno de acumulação compulsiva, podem enfrentar desafios significativos no ambiente familiar, na relação com amigos, na comunidade onde vivem e na sociedade. Comportamentos compulsivos, como por exemplo, a acumulação desordenada de objetos pode impactar negativamente a produtividade, o bem-estar mental e as relações interpessoais, criando um ambiente de caos e estagnação, uma vez que, o acúmulo excessivo de objetos pode prejudicar a organização do espaço de trabalho, afetando a eficiência e a segurança.

Assim, este artigo buscará analisar questões e possíveis soluções, utilizando-se de práticas como a Mediação e Solução de Conflitos, no intuito de criar políticas internas que busquem sensibilizar, treinar, conscientizar, e desta forma promover conhecimento, empatia e compreensão, buscando ainda, criar canais de escuta e de apoio psicológico e de aconselhamento e acompanhamento, sempre buscando preservar a privacidade dos indivíduos e sua confidencialidade.

Palavras-chave: Mediação — Solução de conflitos — Transtornos compulsivos — Transtorno de acumulação compulsiva — Saúde mental no trabalho.

Abstract: Individuals with compulsive disorders, such as compulsive hoarding disorder, may face significant challenges in their family environment, relationships with friends, the community where they live, and society. Compulsive behaviors, such as the disorderly accumulation of objects, can negatively impact productivity, mental well-being and interpersonal relationships, creating an environment of chaos and stagnation, since the excessive accumulation of objects can harm the organization of work. workspace, affecting efficiency and safety.

---

(1) Advogado. Servidor Público. Professor Universitário em Gestão de Recursos Humanos, Especialista em Direito Sanitário.

(2) Advogado. Graduado em Direito pela Pontifícia Universidade Católica de São Paulo – PUC/SP. Palestrante. Graduando em Ciências Sociais (FFLCH) pela Universidade de São Paulo – USP.

Therefore, this article will seek to analyze issues and possible solutions, using practices such as Mediation and Conflict Resolution, with the aim of creating internal policies that seek to raise awareness, train, raise awareness, and in this way promote knowledge, empathy and understanding, also seeking , create channels of listening and psychological support and counseling and monitoring, always seeking to preserve the privacy of individuals and their confidentiality.

Keywords: Mediation — Conflict resolution — Compulsive disorders — Compulsive hoarding disorder — mental health at work.

1. Introdução

O intuito deste artigo é apresentar ideias e soluções na intenção de corroborar na criação de canais de mediação e solução de conflitos na interação com pessoas com transtornos compulsivos, com atenção especial no transtorno de acumulador compulsivo.

Para atingir tal objetivo, pretendemos discorrer e aprofundar sobre técnicas e etapas que possam trazer uma solução eficaz para o problema apresentado.

Pretendemos abordar e discorrer sobre questões como a sensibilização e conscientização, através da promoção de palestras ou workshops para sensibilizar a equipe sobre o transtorno de acumulação compulsiva, bem como educar os colaboradores sobre os desafios enfrentados por indivíduos com esse transtorno.

Também será abordado a importância da definição multidisciplinar da equipe, a fim de proporcionar atendimento específico e individualizado para os indivíduos que sofram com o transtorno e a comunidade e ambiente onde este está inserido.

Para que realmente exista uma solução de curto, e principalmente de longo prazo, será de supra importância o desenvolvimento de políticas internas que abordem o manejo adequado de conflitos envolvendo acumulação compulsiva, e a definição de procedimentos claros para intervenção e mediação, com a criação, por exemplo, de canais de comunicação abertos, que estabeleçam a acessibilidade de familiares e do indivíduo para que possam relatar preocupações relacionadas ao transtorno.

Ainda, e não menos importante, deverá ser considerado a necessidade da contratação de mediadores profissionais para facilitar a resolução de conflitos mais complexos, garantindo que esses mediadores tenham conhecimento sobre transtorno de acumulação compulsiva. E ainda acompanhamento psicológico, dando suporte as pessoas que lidam diretamente com pessoas com acumulação compulsiva, bem como para quem sofre do transtorno.

Importante também ressaltar a criação de programas de conscientização contínua, para garantir que a equipe esteja atualizada sobre as melhores práticas e compreensão do transtorno.

Por fim, não podemos esquecer da confidencialidade e respeito à privacidade, garantindo que todas as informações relacionadas à acumulação compulsiva sejam tratadas com confidencialidade, respeitando a privacidade dos indivíduos envolvidos.

2. Mediação no tratamento do transtorno de acumulação

A mediação para pessoas com transtorno de acumulação deve ser realizada por um mediador(a) profissional, bem como deve envolver a intervenção de profissionais especializados, como terapeutas, psicólogos, assistentes sociais, objetivando ajudar essas pessoas a enfrentar e superar os desafios associados ao transtorno.

O transtorno de acumulação é caracterizado pela dificuldade em descartar itens, resultando no acúmulo excessivo de objetos, muitas vezes levando à desorganização e à criação de ambientes insalubres, sendo que, dentro deste contexto podemos incluir várias abordagens.

2.1. Possibilidades de abordagens

Como primeira abordagem, entendemos importante a realização de uma avaliação e conscientização, onde deve se realizar uma avaliação para entender a extensão do transtorno e conscientizar a pessoa sobre os impactos negativos do acúmulo excessivo em sua vida.

A avaliação da extensão do transtorno e a conscientização do indivíduo afetado são componentes cruciais no processo de mediação para pessoas com transtorno de acumulação, pois essas etapas ajudam a entender a natureza do transtorno e a criar uma consciência sobre os impactos que o acúmulo excessivo pode ter na vida cotidiana da pessoa.

Com tal abordagem é possível se aproximar de um entendimento do transtorno, onde os profissionais envolvidos realizam uma avaliação detalhada para compreender a gravidade e a natureza do transtorno de acumulação, sendo examinados fatores como a quantidade de itens acumulados, a organização do espaço, o impacto na funcionalidade diária e as razões subjacentes para o acúmulo.

Também são identificados durante a avaliação padrões de comportamento associados ao transtorno, como dificuldade em descartar itens, ansiedade relacionada à perda, e o impacto na qualidade de vida e nas relações sociais.

Nessa fase, analisa-se também o ambiente físico em que a pessoa vive, identificando áreas problemáticas, como espaços excessivamente desorganizados, insalubridade e possíveis riscos à saúde e segurança.

Porém, de extrema importância é o trabalho que deve ser desenvolvido para explorar as percepções da pessoa sobre o acúmulo, suas motivações e possíveis desafios emocionais subjacentes, sendo que podemos chegar a tais resultados através de entrevistas e questionamentos, onde, através desse processo, são destacados os impactos negativos do transtorno de acumulação na vida cotidiana, nas relações interpessoais, na saúde mental e física, e em outros aspectos relevantes, levando a um envolvimento da pessoa e reeducação de seus comportamentos.

Sendo realizada essa primeira abordagem de forma eficiente, chegamos a uma base sólida para o desenvolvimento de estratégias personalizadas de intervenção, e ao compreender a situação de forma abrangente, os profissionais podem adaptar suas abordagens para atender às necessidades específicas da pessoa e facilitar a jornada em direção à organização e ao bem-estar emocional.

Como próxima abordagem podemos pensar em focar no desenvolvimento e construção de habilidades para tomada de decisão, organização e gerenciamento de tempo, para que a pessoa possa lidar de forma mais eficaz com seus pertences, podendo assim, definir metas realistas e alcançáveis para a organização do espaço e na redução do acúmulo.

Após a conscientização do indivíduo e o apoio necessário para que este passe a lidar e gerenciar melhor sua vida e organização, devemos fornecer apoio emocional, lembrando que devemos também lidar com questões subjacentes que podem contribuir para o transtorno, como ansiedade, depressão ou traumas passados.

Assim, ocorrendo o entendimento da situação do indivíduo bem como sua conscientização, e estabelecendo uma visão clara e ampla de como podemos lidar com a questão, pode-se então começar a criação de um plano de ação personalizado, que pode incluir a implementação de estratégias de organização, a busca de suporte social e a incorporação de hábitos saudáveis, implementando mudanças de forma gradual, para evitar sobrecarregar a pessoa, e trabalho em conjunto com ela para facilitar o processo de desapego de itens não necessários.

Todo esse processo deve ocorrer a participação de amigos, familiares e outros membros da comunidade na promoção de um ambiente de apoio e compreensão, sendo, porém, importante notar que a abordagem exata pode variar dependendo das necessidades individuais de cada pessoa, onde a mediação para pessoas com transtorno de acumulação deve ser adaptada às necessidades específicas de cada indivíduo.

2.2. Acompanhamento pós-mediação

Devidamente realizada a mediação entre o indivíduo que sofre com o transtorno e seus familiares, amigos e sociedade, não podemos menosprezar a importância de um acompanhamento pós-mediação, através da implementação de medidas a longo prazo e o acompanhamento contínuo, sendo essencial para garantir que os progressos realizados durante a mediação sejam mantidos e reforçados ao longo do tempo.

Tal acompanhamento pós-mediação é uma etapa crucial para assegurar que as mudanças implementadas durante o processo de mediação para pessoas com transtorno de acumulação sejam sustentáveis a longo prazo. Essa fase visa consolidar os progressos alcançados, fornecer suporte contínuo e ajustar estratégias conforme necessário.

Assim, através de uma avaliação contínua, os profissionais continuam a avaliar o progresso da pessoa, verificando se as estratégias implementadas estão sendo eficazes e identificando possíveis desafios emergentes, uma vez que, conforme a pessoa avança no processo de organização, podem surgir novos desafios.

Podemos observar assim que, o acompanhamento pós-mediação desempenha um papel vital na promoção da estabilidade e na prevenção de recaídas, pois ao oferecer suporte contínuo e ajustar as abordagens conforme necessário, os profissionais ajudam a pessoa a construir uma base sólida para manter um ambiente organizado e saudável.

3. Legislação relacionada a transtornos de acumulação que podem ser utilizadas no processo de mediação

A questão da pessoa em situação de acumulação envolve atuação de áreas do poder público municipal como a saúde, meio ambiente, vigilância sanitária e defesa civil. Para enfrentar o problema, o município de São Paulo, o Decreto n. 57.570, de 28 de dezembro de 2016, institui a Política Municipal de Atenção Integral às Pessoas em Situação de Acumulação.

A pessoa acometida apresenta dificuldade de desfazer-se dos pertences ou animais que acumula, resultando em amontoamento de sujeira, obstrução do espaço e risco sanitário. Entretanto, o comportamento de acumulação pode ocorrer para além do transtorno de acumulação como também em doenças clínicas (por exemplo síndrome de *Prader-Willi*) e em outros transtornos mentais (por exemplo esquizofrenia). Então, o diagnóstico preciso para transtorno de acumulação só pode ser feito após a exclusão dessas outras condições (APA, 2022).

A partir disso, as ações do poder público sobre a tratativa desse transtorno psíquico envolvem tanto a dignidade da pessoa humana e quanto a saúde ambiental de toda coletividade. As ações realizadas pelo município com o objetivo de garantir a soluções de saúde do indivíduo e da sociedade no entorno.

A importância de um serviço de atendimento a transtornos mentais persistente está inserido na estrutura pública. A relevância das consequências da acumulação para a coletividade e a intersecção com o exercício da liberdade individual culminou no referido Decreto n. 57.570, de 28 de dezembro de 2016.

O Comitê, com caráter interdisciplinar e intersetorial, estabelece condições para a atuação dos profissionais nas suas respectivas áreas. Portanto, podemos observar os setores e categorias profissionais participantes do Comitê.

> Art. 6º Deverá ser constituído o Comitê Regional de Atenção Integral às Pessoas em Situação de Acumulação — CRASA em cada Subprefeitura, que terá a seguinte composição:
>
> I – 1 (um) representante do Distrito de Saúde, da Coordenadoria Regional de Saúde, da Secretaria Municipal da Saúde;
>
> II – 1 (um) representante da área de Saúde Mental, do Distrito de Saúde, da Secretaria Municipal da Saúde;
>
> III – 1 (um) representante da Unidade de Vigilância em Saúde, do Distrito de Saúde, da Secretaria Municipal da Saúde;
>
> IV – 1 (um) representante da Supervisão de Assistência Social, da Secretaria Municipal de Assistência Social;
>
> V – 1 (um) representante da Subprefeitura. § 1º A coordenação do CRASA será exercida pelo gestor do Distrito de Saúde e, na sua ausência, por seu suplente.

Há profissionais de várias áreas, entretanto ainda que esta não seja uma ação estritamente da política de saúde, percebe-se correspondência com um objetivo do próprio Sistema Único de Saúde, qual seja, segundo a Lei n. 8.080, art. 5º, III: “a assistência às pessoas por intermédio de ações de promoção, proteção e recuperação da saúde, com a realização integrada das ações assistenciais e das atividades preventivas” (Lei n. 8.080, 1990).

A importância e prevalência da noção de saúde como orientadora e fundamental para a ação pode ser observada na letra do decreto que traz “caberá ao gestor do Distrito de saúde coordenar a implantação desta Política, bem como promover as avaliações e articulações necessárias para garantir sua execução.

A noção de território esteve presente enquanto lugar onde acontece o acesso inicial ao serviço de saúde, “Lembrando que a porta de entrada para os pacientes é a Atenção Primária à Saúde, porque a APS, através das Unidades Básicas de Saúde.

Dessa forma, o território viabiliza à assistência e vigilância em saúde, além de oferecer o acesso à saúde, mapearem os acontecimentos das vidas das pessoas, ajustando suas condutas, e atualizando as noções do que deve ser vigiado a partir desse mapeamento (IBIAPINA & BERNARDES, 2018).

Ao discorrer sobre a forma como os casos chegam ao conhecimento da equipe municipal, o território é citado: “Embora muitas vezes, a maioria das vezes, chega por denúncia, mas é a Unidade de Saúde, através do Agente Comunitário de Saúde e Agente de Promoção Ambiental, que muitas vezes a faz identificação da situação de acumulo no território, com o acompanhamento do responsável técnico da unidade (enfermeiro — enfermeira).

A sensibilização para acionamento da rede familiar é necessária, visto que o distanciamento das famílias já é percebido nos casos assistidos pelo serviço, "geralmente esse paciente, ele já está sozinho, a família já abandonou, porque não consegue viver com tantos animais, com o acúmulo de objetos.

A participação da família pode ocorrer pelo auxílio nas atividades cotidianas, como o trabalho, o lazer, o autocuidado, exatamente como figuras complementares aos serviços dispendidos pelos profissionais que atendem ao familiar, e sendo suporte para manutenção das necessidades materiais do ente em sofrimento (SOUZA-FILHO, SOUSA, PARENTE & MARTINS, 2010).

Esta centralidade que o papel da família tem no processo de cuidado deve ser referenciado desde a perspectiva de desinstitucionalização.

O atendimento multiprofissional dispendido na situação da acumulação é tecnicamente orientado, "cada representante, que está aqui representando uma secretaria, que desenvolve ações com esse paciente, tem que fazer um plano, que é um plano de ação multiprofissional.

> Art. 8º As ações dos órgãos e entidades envolvidos no atendimento das pessoas em situação de acumulação devem ser planejadas e executadas de modo coordenado com o profissional da Unidade Básica de Saúde responsável pela gestão do caso.
>
> Art. 9º Caberá às Unidades Básicas de Saúde:
>
> I – realizar busca ativa de pessoas em situação de acumulação na área de abrangência de sua abrangência, a fim de inseri-las na rede de atenção à saúde; II – realizar visitas domiciliares à pessoa em situação de acumulação, a fim de avaliar sua condição de saúde e riscos sanitários; III – elaborar o Projeto Terapêutico Singular – PTS do caso e designar um profissional de referência para acompanhá-lo durante todo o processo terapêutico; IV – promover a articulação com as demais áreas de atuação para elaboração do PTS, sendo responsável pela gestão do caso e acionamento das demais equipes, conforme a evolução do paciente; V – inserir no PTS as metas estabelecidas com o paciente para o desfazimento sistemático e contínuo dos objetos ou resíduos acumulados, bem como prever estratégias que busquem a ressignificação desses objetos pelo sujeito, considerando sua tipologia, natureza, finalidade e valor; VI – garantir atendimento domiciliar, nos casos necessários, por meio de abordagem biopsicossocial construída em conjunto com a pessoa em situação de acumulação e sua família, a fim de que reconheçam que os comportamentos praticados oferecem risco à saúde e que é indispensável a adoção de medidas que almejem a redução dos bens acumulados e a melhor organização do ambiente; VII – estimular a pessoa em situação de acumulação a utilizar equipamentos públicos esportivos, culturais, sociais, dentre outros, visando à construção e resgate de vínculos sociais e comunitários e sua inserção ocupacional; VIII – incluir no PTS informações e localização dos serviços públicos de coleta, tratamento e destinação dos resíduos próximos ao imóvel, a fim de estimular o uso de técnicas de reciclagem, reutilização ou

> reaproveitamento dos materiais, como forma de agregar valor aos objetos acumulados, quando for o caso, bem como contribuir para o descarte correto de objetos ou materiais inservíveis; IX – no caso de pessoa em situação de acumulação que possui animais, inserir no PTS ações e metas acordadas visando à manutenção dos animais em condições adequadas de alojamento, alimentação, saúde, higiene e bem-estar e a destinação adequada dos dejetos, bem como a redução do número de animais conforme critérios estabelecidos na legislação sanitária; X – organizar o atendimento e desenvolver estratégias para fortalecer o cuidado ampliado e integral das pessoas em risco ou situação de violência, incluindo a notificação dos casos suspeitos ou confirmados de negligência, abandono e outras formas de violência, bem como na ocorrência de acidentes, acionando as redes de cuidado e de proteção social existentes no território, de acordo com as necessidades identificadas; XI – informar regularmente, ao Distrito de Saúde, os casos novos de pessoas em situação de acumulação identificados pela unidade, bem como a evolução dos casos atendidos, propondo a discussão de casos no âmbito do CRASA, quando necessário; XII – acionar os serviços competentes, quando necessário, para planejamento e execução das estratégias cabíveis aos demais órgãos.

Assim, o Plano de Ação Multiprofissional correlaciona-se ao Projeto Terapêutico Singular (PTS), usado na Rede de Atenção Psicossocial, que inclui condutas terapêuticas para a individualidade ou grupos eleva em conta a necessidade da discussão dos casos mais graves em grupo de profissionais, no sentido de achar soluções viáveis, e operacionalmente possíveis para a tratativa dos casos sob sua responsabilidade (MS, 2007).

O PTS leva em conta, ainda, a discrepância entre a díade diagnóstico — medicalização *versus* integralidade na assistência em saúde mental, em busca da singularidade da pessoa/grupo, que é posta como elemento a ser percebido para o direcionamento das ações. Exatamente a diferença é buscada para aproximar-se do entendimento da pessoa, em detrimento ao padrão diagnóstico nosológico, que busca categorizar as pessoas, igualando-as (MS, 2007).

Comumente, no Projeto Terapêutico Singular tem-se a delimitação de metas a curto, médio e longo prazos a serem propostas à pessoa atendida, reuniões periódicas da equipe e, assim como delimitado nas ações do Comitê municipal, designação de um responsável técnico pela articulação e acompanhamento do caso (MS, 2007).

O trabalho de aproximação da equipe municipal à pessoa em situação de acumulação tem barreiras, e efetivar as intervenções: "é desafiador o trabalho porque existe muita resistência por parte do paciente em receber algum tipo de acolhimento.

A dificuldade da pessoa em recepcionar a equipe disponível para a tarefa, a superação desse momento de resistências para que se dê a continuidade ao trabalho da equipe, acontece pelas tentativas de vinculação, entendida como processo em que o profissional se aprofunde na questões que envolve o paciente dotados de interpretações singulares sobre suas questões, para ser instaurada uma convivência ética de respeito entre ambos (MS, 2008).

Entretanto, mesmo o profissional ocupando uma posição de apreciação, a adesão do paciente pode ser afetada pela desconfiança. Se perceber que está sendo ofendido, passando por situação de injustiça ou desatenção, imaginárias ou reais, o paciente perde a confiança, podendo ser restabelecida quando do esclarecimento desses pontos em desacordo (COELHO,2002).

Além de existir o vínculo profissional-paciente para o tratamento psicológico, alguns aspectos conscientes da pessoa atendida são importantes para entender sua motivação: é recomendável que exista capacidade de introspecção, atitude ativa de compreender-se, disposição para tentar, expectativa que o tratamento resulte em mudança, abertura para alguns sacrifícios para atingir mudança e a percepção do caráter psicológico dos problemas pelos quais passa (FIORINI, 2004).

O entendimento no âmbito psicológico no transtorno de acumulação foi visto como essencial: "É muito difícil você imaginar que uma pessoa está vivendo naquelas condições, e para ela está tudo normal.

Apreende-se aqui o papel central do profissional de saúde nesse processo, uma vez que, elementarmente, é ele quem está hábil para identificar essa motivação e capacidade de percepção sobre o transtorno, tem-se que "por vezes o usuário não se dá conta da relação de seus conflitos e seus sofrimentos com aquilo que ele fala, pensa ou faz. Ter o profissional de Saúde da Atenção Básica como um interlocutor pode ser uma via para lidar com esses sofrimentos cotidianos, muitas vezes responsáveis por somatizações ou complicações clínicas" (MS, 2013, p. 24).

O exercício de escuta sobre os conteúdos que a pessoa atendida tem a dizer pode levar ele mesmo a repensar sobre aspectos das suas escolhas, ao ouvir a si mesmo durante o atendimento. Por vezes, entretanto, o atendimento pode viabilizar ao profissional a chance de intervir, sensibilizando ao oferecer condutas alternativas ao usuário, no sentido deste lidar mais adequadamente com as situações de conflito na sua vida (MS, 2013).

É um processo de cuidado, então, uma vez que se aproxima da pessoa em seu território e realidade como se demonstra, esse acompanhamento que perdura no tempo deixa de solicitar respostas imediatas a todas as demandas (acabar, zerar...), mesmo que se sintam impelidos a dar conta de todos os problemas de forma rápida (MS 2013).

A frustação exposta pela equipe aponta para um paradoxo que a pessoa em situação de acumulação atendida pelo CRASA se encontra. Ela tem acesso aos serviços públicos, mas eles não são suficientes para fazer com as condições do ambiente e a própria dignidade da pessoa em situação de acumulo sejam melhoradas em condições sanitárias.

Dessa forma, entende-se como essencial o treinamento específico da equipe profissional, bem como ações de educação em saúde na comunidade para contribuir no diagnóstico precoce de casos e na compreensão acerca do sofrimento psíquico, manutenção do vínculo e monitoramento da pessoa em situação de acumulação. (GUERRA, SOUSA & RIBEIRO, 2021).

Sob a ótica da oferta dos serviços públicos, tem-se a ideia dos direitos. Os direitos individuais são aqueles que o aparato estatal não pode desrespeitar, obrigam o não fazer estatal, conquistados no sentido de garantir liberdade e dizem respeito à manifestação de opinião, à propriedade, liberdade de crença, manifestação do pensamento. Os direitos sociais, por sua vez, partem de um entendimento de que não há por que haver a liberdade individual (conquistada pelo direito individual), se não se tem meios para exercê-la, então decorrem da obrigação de fazer do estado, qual seja, prestar serviços, ofertar, por isso, chamados de direitos positivos (CAVALCANTE FILHO, n.d.).

> Art. 3º A Política Municipal de Atenção Integral às Pessoas em Situação de Acumulação observará os seguintes princípios e diretrizes: I – universalidade; II – acessibilidade; III – fortalecimento do vínculo familiar e comunitário; IV – continuidade do cuidado; V – integralidade da atenção; VI – responsabilização; VII – humanização; VIII – equidade; IX – territorialidade. Art. 4º São objetivos da Política Municipal de Atenção Integral às Pessoas em Situação de Acumulação: I – garantir a atenção integral à saúde das pessoas em situação de acumulação, objetivando o seu bem-estar físico, mental e social e a adoção de medidas de prevenção de doenças e proteção da saúde individual e coletiva; II – fortalecer a articulação das ações de vigilância e assistência à saúde e contribuir para a organização e qualificação dos serviços da rede de atenção à saúde, objetivando a integralidade do cuidado, bem como o apoio matricial para a gestão do trabalho em saúde; III – estabelecer as medidas de intervenção necessárias e os órgãos competentes pela sua execução no atendimento às pessoas em situação de acumulação, visando ampliar a capacidade de intervenção e resolutividade, mediante uma atuação interdisciplinar, intersetorial e integrada; IV – garantir a formação e educação permanente de profissionais e gestores para planejamento e execução das ações e serviços necessários ao atendimento às pessoas em situação de acumulação; V – promover o engajamento da família e da comunidade próxima no apoio à pessoa em situação de acumulação, visando o fortalecimento de seus vínculos sociais e comunitários, bem como a adoção das medidas necessárias no âmbito domiciliar a fim de intervir nas condições e fatores de risco à saúde individual e coletiva identificados nesse ambiente; VI – proporcionar o acesso das pessoas em situação de acumulação e vulnerabilidade social aos benefícios assistenciais e aos programas de transferência de renda, na forma da legislação específica.

Dessa forma, existe articulação do direito de acesso com a oferta do Estado, resultando na materialização da política pública. Há destaque sobre o fato da pessoa em situação de acumulação ser protagonista desses direitos

Dessa forma, entende-se que, mesmo esses direitos sendo fundamentais, não são absolutos, sendo passíveis de ser relativizados, porque podem entrar em conflito entre si, ao ameaçar a ordem pública ou colocar os direitos de terceiros em risco; e também quando usados para ação considerada ilegal (CAVALCANTE FILHO, n.d.).

Sob o entendimento dos direitos não serem absolutos, o próprio limite de exercício é estabelecido pela existência de um outro direito, daí resulta-se a concorrência entre eles. Para superação do conflito, não se tem uma solução generalista, havendo a necessidade da análise do caso em específico (Cavalcante Filho, n.d.).

A partir desse confronto o sintoma surge como forma de conciliar esses dois elementos em conflito, resultando em uma satisfação substituta àquela tentada originalmente, "é esse acordo entre as partes em luta que torna o sintoma tão resistente" (DIAS, 2006, p. 400).

Neste sentido, tanto a política municipal quanto o decreto, mostram-se sensíveis ao problema. Procuram agir num modelo alternativo ao hospitalocêntrico, que não impõe a medicalização como estratégia central, que valoriza o vínculo entre equipe, usuário e família, que convida a família a ajudar e participar, que dispõe da ação territorial com os agentes de saúde e que procura esgotar a mediação antes de um processo judicial. Entretanto, mesmo assim, há certo descontentamento com os resultados e com o desfecho das ações.

Existem tratamentos para contribuir para um melhoramento da situação de acumulação, evidências têm mostrado favorável a abordagem psicológica cognitivo-comportamental e o uso de técnicas de remediação cognitiva, acionamento do suporte familiar, uso de fármacoterápicos e associação com grupos de apoio e atendimentos interdisciplinares. (THOMPSON, FERNÁNDEZ, MATAIX-COLS & ONWUMERE, 2017).

Assim, é preciso cuidar para que o andamento do tratamento aconteça, mas não pautado em regras rígidas, e nem sem propiciar ao usuário uma reflexão sobre os sintomas que apresenta em relação aos sofrimentos pelos quais passa. O profissional precisa viabilizar mudanças que façam sentido para o usuário, e não pautadas no seu próprio ponto de vista e/ou valores (MS, 2013).

A redução de danos leva em consideração a voluntariedade da pessoa no processo, possui a prerrogativa de intervir com mudanças possíveis no enfrentamento ao abuso de substâncias, entendendo que o diálogo e a negociação com a margem de disponibilidade é que orientam o trabalho, tendo, assim, um modo de operar menos prescritor e normatizador, e mais acolhedor e empático, no que é viável de ser operado pela pessoa em sofrimento psíquico (MS 2013).

Como reflexão na correlação da redução de danos no caso concreto da situação de acumulação, pode haver colaboração no sentido de empoderar a decisão da pessoa atendida, encorajada a mudar de atitudes que minimizem os problemas para si e para a coletividade no seu comportamento de acumular, não prescrevendo necessariamente a extinção do acúmulo.

4. Conclusão

Em conclusão, a mediação no tratamento do transtorno de acumulação desempenha um papel fundamental na promoção da mudança positiva, proporcionando um ambiente de suporte, compreensão e desenvolvimento de habilidades. A abordagem integrada, que inclui terapia cognitivo-comportamental, entrevista motivacional, mediação familiar e terapia de grupo, visa não apenas abordar os sintomas, mas também promover uma transformação duradoura nos padrões de pensamento e comportamento. O acompanhamento pós-mediação é crucial para consolidar os ganhos alcançados, monitorar o progresso contínuo e enfrentar desafios em curso. Ao centrar-se no fortalecimento de habilidades, na manutenção de um ambiente equilibrado e no apoio contínuo da rede social, é possível melhorar significativamente a qualidade de vida e reduzir a probabilidade de recaídas. A abordagem personalizada e centrada na pessoa destaca a importância da compreensão e respeito, guiando o indivíduo em direção a uma vida mais funcional e satisfatória.

Como visto, os casos de acumulação causam prejuízos de ordem individual e coletiva, entretanto, percebeu-se que a díade diagnóstico-conduta está insuficiente para dar conta do problema multifacetado.

O trabalho, como já entendido pelo poder público municipal, é de espectro multiprofissional e interdisciplinar, sendo a articulação com comunidade e familiares necessária para a evolução desejada, sem delimitar à área da saúde mental, exclusivamente, as soluções. Observa-se que a estratégia intersetorial e interdisciplinar é efetiva em identificar os casos, mobilizar o cuidado, acessar a pessoa em situação de acumulação e desenvolver estratégias de cuidado. Entretanto, a despeito deste esforço, nota-se frustração da equipe com a dificuldade na resolutividade e na reincidência do problema.

Artigos e estudos sobre o tema poderão aprofundar a compreensão da pessoa em situação de acumulação, especialmente em seus aspectos psicopatológicos. Além disso, serão bem-vindas pesquisar com intervenções descritas ou mensuradas que possam trazer recursos técnicos e operacionais para auxiliar as equipes e os sujeitos que padecem deste sofrimento.

Referências

BRASIL. Casa Civil *et al. Lei n. 8.080, de 19 de setembro de 1990.* Dispõe sobre as condições para a promoção, proteção e recuperação da saúde, a organização eo funcionamento dos serviços correspondentes e dá outras providências. *Diário Oficial da União*, v. 1, p. 1-1, 1990.

BRUNELLO, Francesco *et al.* New insights on juvenile psoriatic arthritis. *Frontiers in Pediatrics*, v. 10, p. 884.727, 2022.

CALMON, Petrônio. Fundamentos da Mediação e da Conciliação. Rio de Janeiro: Forense, 2007.

CAVALCANTI FILHO, José Robson Neves. *Avaliação da atividade antimicrobiana e citotóxica de óleos essenciais extraídos de Buchenavia tetraphylla.* 2014. Dissertação de Mestrado. Universidade Federal de Pernambuco.

FREITAS JÚNIOR, Antonio Rodrigues de; ALMEIDA, Guilherme Assis (Org.); SOUZA, M. R. O. (Org.). *Mediação e o Novo Código de Processo Civil.* 1. ed. Curitiba: Juruá, 2017. v. 1.

FREITAS JÚNIOR, Antonio Rodrigues de; SERAU JR., Marco Aurélio (Orgs.). *Mediação e Direitos Humanos:* temas atuais e controvertidos. 1. ed. São Paulo: LTr, 2014. v. 1. 164 p.

GUERRA, S., Sousa, L.; Ribeiro, O. (2021). Report practices in the field of animal hoarding: a scoping study of the literature. *Journal of Mental Health*, 30(5), 646-659.

IBIAPINA, É. F. V.; Bernardes, A. G. (2018). Vigiar e assistir: o território na atenção básica e a racionalização do acontecimento. *Athenea Digital.* Revista de pensamiento e investigación social, 18(3).

KRUPP, Lauren B. *et al.* Critérios do Grupo Internacional de Estudo de Esclerose Múltipla Pediátrica para esclerose múltipla pediátrica e distúrbios desmielinizantes do sistema nervoso central imunomediados: revisões das definições de 2007. *Revista Esclerose Múltipla* , v. 19, n. 10, p. 1.261-1.267, 2013.

LUBLIN, Fred D. *et al.* Os descritores do curso clínico de 2013 para esclerose múltipla: um esclarecimento. *Neurologia*, v. 94, n. 24, pág. 1.088-1.092, 2020.

MIKLOS, JORGE; MIKLOS, SOPHIA. *Mediação de Conflitos.* São Paulo: Saraiva Educação, 2020.

MOORE, Christopher. *O processo de mediação.* Trad. Magda França Lopes. Porto Alegre. ED. Artmed, 1998.

MORAES, Daniel Lopes de. *Psicologia na mediação:* inovando a gestão de conflitos interpessoais e organizacionais. São Paulo: LTr, 2004.

MS, K.; Hallberg, L. R. (2007). The origin of workplace bullying: experiences from the perspective of bully victims in the public service sector. *Journal of Nursing Management*, 15(3).

PARISI, S. G. (2018). *Pessoas em situação de acumulação e ocorrência de arboviroses envolvendo o mosquito Aedes aegypti, município de São Paulo, período de 2013 a 2017* (Doctoral dissertation, Universidade de São Paulo).

SATHLER, Ana Cristina. *Mediação de conflitos e negociação.* São Paulo: Editora Senac, 2018.

SIQUEIRA, Renata Lopes de; BOTELHO, Maria Izabel Vieira; COELHO, France Maria Gontijo. A velhice: algumas considerações teóricas e conceituais. *Ciência & Saúde Coletiva*, v. 7, n. 4, p. 899-906, 2002.

SOUZA FILHO, M. D. D.; SOUSA, A. D. O.; PARENTE, A. C. B. V.; CARVALHO E MARTINS, M. D. C. D. (2010). Avaliação da sobrecarga em familiares cuidadores de pacientes esquizofrênicos adultos. *Psicologia em Estudo*, 15, 639-647.

THOMPSON, Claire *et al.* Uma revisão sistemática e avaliação da qualidade de intervenções psicológicas, farmacológicas e familiares para transtorno de acumulação. *Jornal Asiático de Psiquiatria*, v. 53-66, 2017.

A Experiência da Mediação nas Varas de Família e Sucessões

Gabriele Mutti Capiotto(1)

Anderson Cortez Mendes(2)

Introdução

O direito caminha no Brasil desamparado de dados estatísticos. As alterações legislativas sucedem-se ao talante do legislador. Copiam-se modelos estrangeiros inaplicáveis à nossa realidade. Cede-se ao interesse de grupos, principalmente econômicos e profissionais. A consequência é um emaranhado de textos normativos de pouca efetividade na regulação dos conflitos e na sua concreta e plena solução.

Na seara do processo civil, não é diferente. Afora algumas iniciativas como do Centro Brasileiro de Estudos e Pesquisas Judiciais — CEBEPEJ, do Conselho Nacional de Justiça — CNJ e da Associação Brasileira de Jurimetria — ABJ, os resultados das modificações da legislação e dos entendimentos jurisprudenciais não são medidos. Culpam-se ou absolvem-se os textos legais sem elementos concretos.

No século passado, dois códigos foram elaborados(3). No atual, quinze anos passados e mais um diploma veio a lume(4). No entanto, o número de processos em andamento no Poder Judiciário Brasileiro continua elevado(5). O prazo de sua duração é desarrazoado, sobretudo quando se trata de execução(6).

---

(1) Mestre. Doutoranda em Direito do Trabalho e da Seguridade Social pela Faculdade de Direito da Universidade de São Paulo. Advogada.

(2) Mestre. Doutor em Direito Processual Civil pela Faculdade de Direito da Universidade de São Paulo. Juiz de Direito.

(3) O Decreto-lei n. 1.608, que instituiu o Código de Processo Civil de 1939, datou de 18 de setembro. A Lei n. 5.869, que deu origem ao Código de Processo Civil de 1973, de 11 de janeiro.

(4) O Código de Processo Civil de 2015 nasceu da Lei n. 13.105, de 16 de março.

(5) São 63.283.521 na Justiça Estadual; 5.252.762, na Justiça do Trabalho; 11.813.345, na Justiça Federal; 210.933, na Justiça Eleitoral (*Justiça em Números 2023: ano-base 2022*. Brasília: Conselho Nacional de Justiça, 2023, p. 43, 45, 47 e 49).

(6) No ano de 2002, na Justiça Estadual Comum, os processos tramitam, em média, por 2 anos na fase de

Entre as novidades alvissareiras do Código de Processo Civil de 2015, está o fomento da autocomposição. O diploma forma, em conjunto com a Resolução n. 125/2010 do Conselho Nacional de Justiça e a Lei n. 13.140/15, o "microssistema brasileiro de Justiça consensual" (GRINOVER, 2016, p. 15). Entretanto, seus princípios e regras terão o condão de conduzir às partes a solucionar por si o litígio já trazido ao Poder Judiciário? A resposta da questão somente se alcançará no futuro. Porém, o sucesso dos métodos adequados de solução de disputas depende do seu aperfeiçoamento, o que não prescinde da colheita de dados estatísticos.

O presente estudo tem por objetivo apresentar a experiência da composição amigável em processos que cuidavam da matéria de sucessões e, em especial, de família. Entre 15 de março de 2016 e 29 de maio de 2018, foram colhidos dados de todas as audiências de conciliação e mediação realizadas nos processos sob a jurisdição do coautor deste estudo na 10ª Vara de Família e Sucessões do Foro Central da Comarca da Capital do Estado de São Paulo. Foram arrolados o conteúdo e a complexidade das demandas, a qualificação dos mediadores que conduziram as audiências, o tempo despendido até seu término e o resultado alcançado.

O espaço amostral é pequeno. Contudo, a iniciativa traz algumas conclusões incipientes que, postas ao debate, podem vir a desencadear outras tantas de interesse à ciência processual, com aptidão a melhorar os mecanismos de solução adequada de disputas.

Feita essa introdução, divide-se o corpo texto em quatro partes: os meios adequados de solução de conflitos; a conciliação e a mediação no panorama atual; o método empregado nas audiências realizadas; os resultados alcançados. Por fim, tenta-se extrair as considerações reputadas de maior relevância das estatísticas apresentadas.

1. Os meios adequados de solução de conflitos

Os bens da vida são insuficientes para o atendimento das necessidades de todos os integrantes do corpo social. Em consequência, a satisfação de um indivíduo ou ente pode ser obstada pela sua contraposição ao interesse de outro. Surge a lide, correspondendo a um modo de ser do conflito de interesses inserto no substrato social qualificado por uma pretensão resistida (CARNELUTTI, 2000, p. 108-109). A sua solução comporta três modalidades autotutela, autocomposição e heterocomposição (CASTILLO, 2000,

---

conhecimento em primeiro grau; 6 meses em segundo grau; 4 anos e 6 meses na execução em primeiro grau. Nos Juizados Especiais, 10 meses na fase de conhecimento em primeiro grau; 5 meses em segundo grau; 11 meses na execução em primeiro grau (*Justiça em Números 2023: ano-base 2022*. Brasília: Conselho Nacional de Justiça, 2022. p. 211-212). Na Justiça do Trabalho, em primeiro grau, o prazo médio de tramitação dos processos foi do ajuizamento até a 1ª audiência de 5 meses e 1 dia; e do ajuizamento até a prolação da sentença de 9 meses e 7 dias. Em segundo grau, o prazo médio entre a distribuição e o julgamento das ações ordinárias foi de 5 meses e 2 dias; e entre a distribuição e o julgamento de recursos foi de 4 meses e 20. No Tribunal Superior do Trabalho, o prazo médio entre a conclusão do processo e o seu julgamento foi de 11 meses e 16 dias; para o julgamento do agravo de instrumento em recurso de revista de 8 meses e 28 dias; e para o julgamento do recurso de revista de 1 ano, 7 meses e 8 dias (https://www.tst.jus.br/web/estatistica/jt/relatorio-geral. Acesso em: 21 nov. 2023).

p. 22-26).

Na autotutela, uma das partes impõe a solução do conflito havido à outra. É proibida pela ordem jurídica[(7)], ressalvadas as exceções tipicamente previstas. A possibilidade de fazer valer de suas próprias razões pelos indivíduos é admitida em raras hipóteses, como no desfazimento de obra em caso de urgência, na defesa da posse em caso de esbulho e no direito de cortar raízes e ramos de árvores limítrofes que ultrapassem os limites do imóvel vizinho (arts. 251, parágrafo único, 1.210, § 1º, e 1.283 do Código Civil).

No direito do trabalho, como exemplo de autotutela há o direito de greve encampado no art. 9º da Constituição Federal de 1988 e regulamentado pela Lei n. 7.783/89. Na lição de Carlos Henrique Bezerra Leite, "seriam exemplos que se aproximariam da autodefesa, nas relações trabalhistas, a greve e o locaute". Aquela "é um direito fundamental social exercido coletivamente pelos trabalhadores (CF, art 9º) contra o direito individual de propriedade do empregador, ou seja, o movimento profissional decorre de um poder jurídico e social conferido à categoria profissional". Por sua vez, este, que é "proibido no Brasil (Lei n. 7.783/1989, art. 17), é uma paralisação das atividades econômicas por iniciativa do empregador, com o objetivo de frustrar negociação ou dificultar o atendimento de reivindicações dos respetivos empregados" (LEITE, 2012, p. 115).

Na autocomposição, as próprias partes integrantes do conflito, com ou sem auxílio de terceiros, alcançam um acordo a fim de regular suas relações. Na heterocomposição, a solução é imposta por terceiro alheio ao conflito. Constituem-se como métodos autocompositivos a negociação, a mediação e a conciliação. Entre as formas de heterocomposição, além da submissão do conflito ao Poder Judiciário, encontra-se a arbitragem, na qual a vontade das partes é substituída pela decisão do árbitro.

A negociação, a mediação e a conciliação são mecanismos adequados para a solução de litígios. Cuidam-se de novas estratégias de tratamento dos conflitos de interesses, com a adoção de soluções "socialmente convenientes, além de juridicamente legítimas" (DINAMARCO, 2003, p. 119). A denominação "adequados" tem sido preferida à "alternativos", que traz ínsita à equivocada ideia de se tratar de meios de hierarquia inferior à jurisdição estatal[(8)]. Definitivamente, "a exagerada valorização da tutela jurisdicional

(7) "A ideia de inércia da jurisdição é um dos corolários da vedação que o Estado impôs ao uso do autotutela. Com efeito, o Estado, ao mesmo tempo que impede que os interessados possam ter atuação direta na imposição coercitiva de seus interesses, faz solene promessa de que as situações de interesses conflitantes serão resolvidas por um representante seu, o qual atuará de forma imparcial na busca da composição dos interesses dos envolvidos" (PUOLI, 2001, p. 29).

(8) "Em boa lógica (e tendo em conta o grau de civilização que a maior parte das sociedades atingiu neste terceiro milênio), é razoável pensar que as controvérsias tendam a ser resolvidas, num primeiro momento, diretamente pelas partes interessadas (negociação, mediação, conciliação); em caso de fracasso deste diálogo primário (método autocompositivo), recorrerão os conflitantes às fórmulas heterocompositivas (processo estatal, processo arbitral)". Em consequência, "os métodos verdadeiramente alternativos de solução de controvérsias seriam os heterocompositivos" e "não os autocompositivos". Assim, para "evitar esta contradição, soa correta a referência a métodos adequados de solução de litígios, não a métodos alternativos. Um sistema

estatal, a ponto de afastar ou menosprezar o valor de outros meios de pacificar, constitui um desvio de perspectiva a ser evitado" (DINAMARCO, 2003, p. 118).

O fomento da conciliação e da medição insere-se no movimento de acesso à justiça das ondas de renovação que acometem o processo civil (CAPPELLETTI; GARTH, 1988, p. 31). Geram revolução na prestação jurisdicional em consonância, especificamente, à terceira onda renovatória, que enfoca a busca de técnicas extraprocessuais e processuais voltadas ao alcance da solução dos conflitos havidos no seio social de forma mais célere e efetiva (DINAMARCO, 2003, p. 112).

Na negociação, os envolvidos diretamente e, assim, sem qualquer auxílio ou intervenção de terceiros, tentam pôr fim ao conflito instaurado[9]. Na mediação, um terceiro auxilia os litigantes com vistas à composição amigável do conflito. Na conciliação, o interveniente conduz a tentativa de autocomposição mediante propostas concretas de solução do litígio a serem apreciadas pelas partes envolvidas (MARTINS, 2023, p. 48-49). Nessa ordem de ideias, em linha de princípio, a autocomposição é espontânea na negociação e induzida na conciliação e na mediação[10].

A disseminação da composição amigável propicia a solução dos conflitos com maior rapidez e sua efetiva pacificação, com resultados sociais expressivos, de sorte a se substituir "a atual 'cultura da sentença' pela 'cultura da pacificação'" (WATANABE, Kazuo. *Cognição no processo civil.* 4. ed. São Paulo: Saraiva, 2012, p. 31). A elevação do número de sentenças prolatadas traz como consequências ínsitas um maior número de recursos e de execuções judiciais, congestionando as instâncias ordinárias e, igualmente, os tribunais superiores. O esforço para mudança da mentalidade, no entanto, deve abarcar não só os profissionais do direito, mas também os jurisdicionados[11].

Desta forma, como alude Marco Antônio Garcia Lopes Lorencini, há que se

---

multiportas de resolução de disputas, em resumo, oferecerá aos litigantes diversos métodos, sendo necessário que o operador saiba escolher aquele mais adequado ao caso concreto" (CARMONA, 2009, p. 33).

(9) É cabível, entretanto a existência de um representante ou terceiro "que auxiliará os envolvidos a solucionarem a disputa ou demanda. Portanto, são partes da negociação as pessoas com interesses, direta ou indiretamente, no resultado ou na solução da disputa posta, mediante um acordo" e, nesse mesmo sentido, "o modelo de negociação de Harvard, por exemplo, defende as vantagens dos ganhos mútuos na negociação e inova ao sistematizar a presença do terceiro auxiliar da negociação, bem como ao reconhecer como aspecto serem superadas as emoções das partes" (ZAPPAROLLI, 2021, p. 107).

(10) Adolfo Braga Neto ensina que "a mediação de conflitos significa atender a pessoas e não a casos". E pessoas no sentido de suas próprias perspectivas individuais, partindo "do pressuposto da existência de dificuldades e limitações momentâneas das pessoas em administrar seus conflitos e, em razão disso, um terceiro poderá lhes auxiliar na sua gestão" (BRAGA NETO, 2021, p. 163).

(11) Fernanda Tartuce dá conta de que "associada a entidades sociais, a Unesco vem fomentando intensamente a cultura de paz: conjunto de valores, atitudes, tradições, modos de comportamento e estilos de vida sob os marcos dos direitos humanos, da educação e da transdisciplinaridade. Por tal visão, busca-se abordar as controvérsias pelo diálogo, pela negociação e pela mediação com vistas a inviabilizar a violência" (TARTUCE, 2021, p. 228).

privilegiar o chamado sistema multiportas, que é aquele em que há um "complexo de opções, envolvendo diferentes métodos, que cada pessoa tem à sua disposição para tentar solucionar um conflito". A sua articulação pode, ou não, ocorrer pelo Estado, envolver métodos de heterocomposição ou autocomposição, adjudicatórios ou consensuais, com ou sem a participação de agentes estatais (LORENCINI, 2021, p. 59). Cada conflito, com as suas características, determinará qual a melhor opção para a sua efetiva resolução.

As vantagens das soluções autocompositivas consistem no menor custo; maior celeridade; maior informalidade; melhor conhecimento do *thema decidendum* pelos conciliadores e mediadores; menor apego à rigidez da lei; bem como ausência de publicidade, preservando a privacidade e os segredos empresariais (DINAMARCO, 2003, p. 122). Validamente, a incorporação de meios adequados de resolução de conflitos reduz não só o número de processos em tramitação, mas também propicia a sua solução mais adequada, com a consideração de suas peculiaridades e das pessoas envolvidas. Confere às partes participação decisiva na busca dos resultados que satisfarão aos seus interesses, com o fito de preservar o seu relacionamento.

Filtra-se a litigiosidade, de modo a garantir aos jurisdicionados o acesso à ordem jurídica justa. Assim, afirma-se que "a justiça tradicional se volta para o passado, enquanto a justiça informal se dirige ao futuro. A primeira, julga e sentencia; a segunda compõe, concilia, previne situações de tensões e rupturas, exatamente onde a coexistência é um relevante elemento valorativo" (GRINOVER, 2013, p. 4).

Como anota Cândido Rangel Dinamarco, do ponto de vista puramente jurídico, os meios adequados de solução de conflitos e a jurisdição ostentam notáveis diferenças, uma vez que somente esta "tem entre seus objetivos o de dar efetividade ao ordenamento jurídico substancial". Todavia, da perspectiva teleológica do sistema processual, todas as atividades se equivalem, porquanto buscam "a pacificação das pessoas e grupos por meio da eliminação de conflitos que os envolvam" (DINAMARCO, 2003, p. 122).

Ada Pellegrini Grinover defende, pois, que a conciliação e a mediação "podem ser enquadradas numa acepção mais ampla de jurisdição, vista numa perspectiva funcional e teleológica" (GRINOVER, 2013, p. 3). Nessa linha de ideias, a inafastabilidade da tutela jurisdicional deve ter seu papel reavaliado. De fato, a composição "não consiste em estabelecer normas, mas em produzir resultados socialmente úteis, representados pela concreta atribuição de bens ou definição de condutas permitidas ou vedadas — ou seja, a eliminação do conflito e pacificação dos litigantes" (DINAMARCO, 2003, p. 121-122).

O emprego dos mecanismos adequados de solução de conflitos tem aptidão de debelar a crise do Poder Judiciário decorrente da explosão da litigiosidade a causar excessiva morosidade ao desfecho dos processos. Assim, a conciliação e a mediação devem ser colocadas entre os instrumentos de política judiciária como "verdadeiros equivalentes jurisdicionais" (GRINOVER, 2013, p. 3). Racionaliza-se a justiça e, primordialmente, leva-se solução a conflitos que frequentemente deixam se ser submetidos à justiça tradicional, combatendo a litigiosidade contida(12).

Como aponta, ainda, Ada Pellegrini Grinover, a mediação e a conciliação têm fundamentos funcionais, sociais e políticos. Funcionalmente, atacam a inacessibilidade, morosidade e alto custo da jurisdição tradicional. Socialmente, pacificam de forma mais ampla e profunda a lide do que a sentença prolatada em um processo e as partes, como protagonistas da solução do conflito, terão maior consciência da necessidade de cumprimento das obrigações contraídas no acordo entabulado. Politicamente, permitem a participação popular na administração da justiça "pela colaboração do corpo social nos procedimentos de mediação e conciliação" (GRINOVER, 2013, p. 2-4).

A conciliação e a mediação comportam introdução no curso dos processos judiciais, o que vem ao encontro do imperativo de seu adequado gerenciamento, a fim de galgar uma solução justa, célere e efetiva. Entretanto, indica Kazuo Watanabe que, no Brasil, a sua implementação tem se deparado com obstáculos "dos quais os mais sérios são o imobilismo e a estrutura mental marcada pelo excessivo conservadorismo, que se traduz no apego irracional às fórmulas do passado, de um lado, e à inexistência, por outro, de qualquer pesquisa interdisciplinar sobre os conflitos de interesses e as demandas", o que permitiria o "melhor entendimento da realidade social por parte dos responsáveis pela melhor organização da justiça" (WATANABE, 2012, p. 29).

2. Reminiscências históricas

A conciliação como forma de solução de conflitos remonta ao surgimento das primeiras organizações sociais e precede ao exercício da jurisdição estatal. No Oriente, nas tradições confucionista, judaica, islâmica, hinduísta e budista, a composição amigável estava presente, tanto quanto no Ocidente, na Grécia antiga e no Direito Romano (DEMARCHI, 2007, p. 43-44). Guido Fernando Silva Soares noticia que mesmo entre Estados, "na base da especulação sobre as possíveis soluções de contendas entre Egito, Kheta, Assíria e Babilônia, supõe-se que a mediação fosse empregada" (SOARES, 1976, p. 163).

Ariel Engel Pesso revelou que, "nos primórdios do direito canônico, os fiéis das comunidades primitivas renunciavam à justiça oficial do Império Romano e submetiam suas contendas à autoridade de um padre, bispo ou até mesmo do Papa, conforme ensina o apóstolo Paulo às comunidades de Corinto (1Cor., 6:1 – 7)". Resolviam-se os conflitos "entre os próprios cristãos, em consonância com o segundo maior mandamento de Jesus

---

(12) A litigiosidade contida consubstancia-se em "conflitos que não chegam ao Poder Judiciário e que por isso constituem fatores de crescente insatisfação pessoal das pessoas e possível deterioração de suas relações" (DINAMARCO, 2003, p. 769).

no Evangelho: 'Amarás o teu próximo como a ti mesmo'" (PESSO, 2016). Na Idade Média, a atividade conciliadora da Igreja ganhou força, com o texto cristão Didaché, propugnando-a como condição prévia à comunhão (DEMARCHI, 2007, p. 44).

Nas Ordenações Filipinas, em seu Livro III, Título 20, § 1º, "no começo da demanda dirá o Juiz a ambas as partes, que antes que façam despezas, se sigam entre elles os odios e dissensões, se devem concordar, e não gastar suas fazendas por seguirem suas vontades, porque o vencimento da causa sempre he duvidoso. E isto, que dissemos de reduzirem as partes à concordia, não he de necessidade, mas sómente de honestidade nos casos, em que o bem podérem fazer". Destarte, a tentativa de conciliação não era providência necessária, mas conveniente (PACHECO, 1972).

Na Constituição Política do Império do Brasil, de 25 de março de 1824, em seu art. 161, foi estabelecido que, "sem se fazer constar, que se tem intentado o meio da reconciliação, não se começará Processo algum" e, em seu art. 162, "para este fim haverá juizes de Paz, os quaes serão electivos pelo mesmo tempo, e maneira, por que se elegem os Vereadores das Camaras. Suas attribuições, e Districtos serão regulados por Lei". A tentativa de conciliação prévia era considerada condição indispensável à admissibilidade do processamento de qualquer causa (LOBO DA COSTA, 1970, p. 3; PAULA BAPTISTA, 1901, p. 96; RAMALHO, 1861, p. 34-35). Em observância ao mandamento constitucional, a conciliação era imposta no art. 23 do Regulamento n. 737 e no art. 183 da Consolidação das Leis do Processo Civil. Com a Proclamação da República, foi abolida a conciliação como formalidade essencial pelo Decreto n. 359, de 26 de abril de 1890.

O Código de Processo Civil do Estado de São Paulo estabelecia o procedimento para a conciliação perante o juiz de paz, o qual era incumbido da sua tentativa (arts. 368 a 371).

O Código de Processo Civil de 1939 dela não cuidava. O Código de Processo Civil de 1973, em sua redação original, estabelecia como momento da tentativa de conciliação o início da audiência de instrução e julgamento, em seus arts. 447 a 449. A Lei n. 8.952/94 antecipou a tentativa de composição amigável para a audiência preliminar, ao fim de fase postulatória, ao alterar o art. 331. A Lei n. 9.245/95, na redação que deu aos arts. 277 e 278, regulou o procedimento sumário prevendo audiência de tentativa de conciliação no seu início e, caso resultasse infrutífera, com a oferta de contestação no seu curso.

Com o advento do Código de Processo Civil de 2015, a tentativa de conciliação voltou a se revestir de caráter obrigatório(13). Não se trata, porém, de condição de procedibilidade. Assim, recebida a petição inicial, é designada audiência para tentativa

(13) STJ, REsp 1769949/SP, rel. Ministro Napoleão Nunes Maia Filho, Primeira Turma, j. 08.09.2020.

de composição amigável (arts. 334 e 695, *caput*). A audiência não será realizada apenas se ambas as partes manifestarem, expressamente, desinteresse na composição consensual ou se não a admitirem os direitos objeto do processo (art. 334, § 4º, incisos I e II).

3. A conciliação e a mediação no panorama atual

Na linha de valorização da solução autocompositiva dos conflitos, o Conselho Nacional de Justiça, cuja incumbência é o planejamento estratégico do Poder Judiciário nacional, editou a Resolução n. 125/2010, instituindo a Política Judiciária Nacional de tratamento adequado dos conflitos de interesse. O ato normativo institucionalizou o tratamento dos conflitos por meios consensuais, disciplinou a atividade dos conciliadores e mediadores e buscou implementar na grade curricular das faculdades de direito curso de conciliação e mediação, com vista à criação de uma nova cultura entre os futuros profissionais. Os jurisdicionados passaram, então, a "ter direito a esses meios alternativos, que devem ter qualidade e razoável uniformidade" (WATANABE, 2012, p. 42).

O Código de Processo Civil de 2015 fincou a composição amigável como um de seus pilares. Reconheceu, em sua exposição de motivos, "que a satisfação efetiva das partes pode dar-se de modo mais intenso se a solução é por elas criada e não imposta pelo juiz". Assinalou, em seu art. 3º, que a conciliação, a mediação e outros meios consensuais de solução de litígios devem ser estimulados por todos os operadores do direito, no curso do processo e fora dele. São concitados não só o Poder Judiciário, mas também o Ministério Público, a Defensoria Pública e toda sorte de advogados, públicos e privados, a abraçar a autocomposição. A promoção da composição amigável dos conflitos é, de mais a mais, arroladas entre os poderes-deveres do juiz (art. 139, inciso V). Não é "uma simples recomendação aos juízes mais sensíveis ao valor da pacificação, mas um autêntico dever a ser cumprido" (DINAMARCO, 2002, p. 233).

O estímulo ao consenso entre as partes também é previsto no Código de Ética e Disciplina da OAB como um dever, cabendo "ao advogado estimular, a qualquer tempo, a conciliação e a mediação entre os litigantes (prevenindo, sempre que possível, a instauração de litígios) e desaconselhar lides temerárias (art. 2º, parágrafo único, VI e VII)" (TARTUCE, 2021, p. 232). Enfim, os advogados à luz do art. 133 da Constituição Federal exercem função essencial à administração da Justiça e devem envidar esforços para alcançar a composição amigável do litígio.

O diploma processual vigente, em seu art. 694, *caput*, reforçou nas "ações de família" que "todos os esforços serão empreendidos para a solução consensual da controvérsia, devendo o juiz dispor do auxílio de profissionais de outras áreas de conhecimento para a mediação e conciliação". O parágrafo único do dispositivo, permite que, a requerimento das partes, o processo seja suspenso enquanto se "submetem a mediação extrajudicial ou a atendimento multidisciplinar". A suspensão não se sujeita a limite temporal, o que denota o valor conferido pelo legislador nas causas de natureza familiar à solução consensual em detrimento da imposta pelo Estado-juiz. A regra especial excepciona o disposto pelo art. 313, § 4º, que restringe a suspensão do processo ao prazo de seis meses.

Nos processos em geral, o diploma processual, em seu art. 334, impôs, antes da oferta de resposta à demanda, a designação de audiência para tentativa de composição amigável. Nos processos versando sobre questões de família a audiência foi prevista, especificamente, no art. 695, *caput*. O dispositivo impõe que o mandado de citação seja privado de cópia da petição inicial (§ 1º). A medida visa a garantir o sigilo da sua intimidade e atenuar a litigiosidade entre as partes, resguardado ao demandado o direito de examinar os autos do processo em que deduzida contra si a demanda. A citação deve ocorrer com antecedência de quinze dias da data designada para a audiência (§ 2º). Caso não observe o prazo, a audiência pode ser realizada, desde que não haja oposição do réu. O desrespeito do lapso de mínimo de quinze dias impede a imposição de multa em seu desfavor pela ausência, assim como lhe confere o direito de pleitear seja marcada nova data para a solenidade. No ato, as partes devem estar acompanhadas de seus patronos (§ 4º).

Aplicam-se as disposições do art. 334 no que não contrariar regramento do art. 695. A audiência não será realizada apenas se ambas as partes manifestarem, expressamente, desinteresse na composição consensual ou se os direitos objeto do processo não a admitirem (§ 4º, incisos I e II)(14). A preferência da condução dos trabalhos para a composição amigável é por conciliador ou mediador, quando existente na estrutura do órgão judiciário (§ 1º). A despeito da letra da lei, não se deve reputar por absoluta a restrição no sentido de que a tentativa de acordo seja encabeçada pelo juiz, sobretudo diante do requerimento dos litigantes. A tentativa de composição amigável pode se desenvolver em mais de uma sessão, com prazo de dois meses para término dos trabalhos (§ 2º).

O limite temporal deve ser visto *cum grano salis* nas "ações de família", em especial quando envolvida a guarda e a convivência com incapaz. Por vezes, é necessária a celebração de pactos provisórios, por prazos mais dilatados. Para que efetivamente as partes estejam de acordo e com a satisfação mais próxima da ideal, deverão ocorrer tantas "conversas" entre partes, com ajuda do mediador, quanto se fizerem necessárias, não sendo possível prefixar, legalmente, em todos os casos, o seu lapso temporal.

A audiência de conciliação ou de mediação pode realizar-se por meio eletrônico, nos termos da lei (§ 7º), o que se tornou imperativo diante da pandemia do vírus Covid-19 que acometeu o mundo a partir de março de 2020. A ausência injustificada é reputada ato atentatório à dignidade da justiça e faz incidir multa de até dois por cento da vantagem econômica pretendida ou do valor da causa, revertida em favor da União ou

(14) O conflito aparente com a norma inserta no art. 27 da Lei n. 13.140/15, que é posterior e especial, deve ser solvido pelo diálogo de fontes (MARQUES, 2012, p. 32). Por conseguinte, a audiência para tentativa de composição amigável deve ser designada apenas na ausência de oposição de todas as partes (TARTUCE, 2020, p. 15-16). Está presente na doutrina, entretanto, posição em sentido oposto (DUARTE, 2020).

do Estado (§ 8º). A parte, porém, poderá constituir representante, por meio de procuração específica, com poderes para transigir (§ 10). As audiências devem ser marcadas com intervalo mínimo de vinte minutos entre si. Causas de maior complexidade exigem lapso mais dilatado e até que sejam a única solenidade a se realizar no dia.

Excepcionalmente, a tentativa de composição amigável pode ser suprimida do arco procedimental. Presente histórico de violência entre as partes, há grandes empecilhos para o exercício pleno da autonomia da vontade, que é um dos princípios fundantes dos meios consensuais, como previsto, aliás, no art. 2º, inciso V, Lei n. 13.140/15. Nesses casos, a audiência pode deixar de ser designada pelo juiz. A reforçar a conclusão, o art. 699-A do Código de Processo Civil, introduzido pela Lei n. 14.713/23, trouxe previsão no sentido de que, nas "ações de guarda, antes de iniciada a audiência de mediação e conciliação de que trata o art. 695 deste Código, o juiz indagará às partes e ao Ministério Público se há risco de violência doméstica ou familiar, fixando o prazo de 5 (cinco) dias para a apresentação de prova ou de indícios pertinentes".

No processo do trabalho, a conciliação é igualmente estimulada, como pode ser visto no art. 764 da Consolidação das Leis do Trabalho, que, em seu § 1º, impõe que os juízes e tribunais empregarão seus bons ofícios e persuasão no sentido de uma solução conciliatória dos conflitos. Além disso, a conciliação é obrigatória em dois momentos, antes da contestação e após as razões finais (arts. 846 e 850).

4. O método

Tendo assumido o coautor deste artigo a judicatura nas Varas de Família e Sucessões do Foro Central da Comarca da Capital do Estado de São Paulo, o objetivo primordial era privilegiar a solução consensual. Nas ações de família, a ideia era dar cumprimento ao art. 695 do Código de Processo Civil, com a designação de audiência de mediação e conciliação antes da oferta de resposta à demanda pelo réu, a fim de diminuir a litigiosidade entre as partes. Sem embargo de ostentar procedimento especial previsto na legislação extravagante, os processos em que se debatiam alimentos teriam a inserção da solenidade nos moldes estampados no art. 695 do diploma processual[15]. Nas ações de sucessões, as audiências para tentativa de composição amigável seriam marcadas caso houvesse interesse das partes ou se vislumbrasse a possibilidade de acordo. Assim ocorreu.

A colocação do projeto em prática foi simples. Logo no início da sua elaboração, o Centro Judiciário de Solução de Conflitos e Cidadania — CEJUSC colocou à dis-

(15) A designação da audiência na hipótese veio a ser objeto de impugnação pela via recursal. O Tribunal de Justiça do Estado de São Paulo negou provimento ao agravo de instrumento, sob o fundamento de que "nas ações de família reguladas pelos arts. 693 a 699, na esteia do que faz todo o CPC atual (arts. 3º, §§ 2º e 3º e 334), prioriza-se a solução consensual dos litígios" (Agravo de Instrumento 2096036-17.2016.8.26.0000, relator Alvaro Passos, 2ª Câmara de Direito Privado, julgado em 15.08.2016).

posição duas duplas de mediadores[16]. Na sequência, as bases iniciais da condução das audiências foram fixadas em uma reunião.

Uma das duplas era formada por uma socióloga e um advogado. A outra era composta por uma psicóloga e uma advogada. Buscava-se conciliar os conhecimentos de ciências diversas com o direito. A psicóloga e a socióloga atacariam o conflito subjacente ao processo e os advogados cuidariam de apresentar o arcabouço normativo que rege o caso concreto. A conjugação foi exitosa. Uma das duplas já se conhecia anteriormente. A outra, não. Todavia, houve a harmonia nos trabalhos de ambas.

Os mediadores foram instruídos a utilizarem tanto técnicas de conciliação como de mediação. Foram aplicadas, como permite o art. 166, 3º, do Código de Processo Civil, técnicas negociais, em especial pelo magistrado[17]. A doutrina reconhece que a conciliação e a mediação não seguem a técnica adversarial (GRINOVER, 2013, p. 1). Contudo, acentua a diferença de método e das hipóteses de emprego de cada uma[18]. Na prática, a diferenciação entre uma e outra técnica não é clara e por mais que a mediação, em tese, mostre-se mais adequada para tratamento de conflitos familiares, ordinariamente, os mediadores são levados a proporem soluções para a reflexão das partes. Com acerto, então, se diz que "não há uma regra absoluta que recomende a conciliação para conflitos objetivos e a mediação para conflitos subjetivos" (DEMARCHI, 2013, p. 55).

Foram marcadas de uma a três audiências[19] por dia em consonância à complexidade dos processos. Sempre se respeitava o período mínimo de uma hora entre elas. Do total de 136 designadas, foram realizadas 78 audiências. Alcançaram-se o total de 40 acordos integrais, 1 acordo provisório e 2 acordos parciais. Resultaram infrutíferas 35 tentativas. Restaram prejudicadas 24, por ausência de uma ou mais partes, e 3 audiências

---

(16) Ficam aqui registrados os agradecimentos pelo empenho na consecução dos trabalhos aos mediadores Alina Pachelli de Carvalho, Ernesto Neto, Margarida Alves Toledo e Angélica de Assis de Almeida.

(17) Aplicou-se, entre outras, a teoria dos jogos. Por exemplo, em ações de guarda, o princípio *minimax* e o *equilibrium* de John Nash foram utilizados. Indagava-se qual o regime de convivência os pais estabeleceriam, caso o domicílio do incapaz fosse fixado em conjunto com o do outro. Em geral, a reflexão permitia que um dos genitores se colocasse na posição do outro, facilitando o acordo. Sobre o tema ALMEIDA, 2003.

(18) Adolfo Braga Neto assinala que a conciliação é dotada de maior simplicidade, contendo quatro etapas: abertura, esclarecimentos, criação de opções e acordo. Por sua vez, a mediação envolve sete etapas: pré-mediação, investigação, criação de opções, escolha das opções, avaliação das opções, preparação para o acordo e acordo (BRAGA NETO, 2013, p. 65-66). Juliana Demarchi aduz que a conciliação é técnica mais adequada para a solução de conflitos objetivos, isto é, aqueles em que "as partes não se conheciam anteriormente e o único vínculo existente entre elas" é circunstancial, como, por exemplo, em um acidente de trânsito a ensejar a necessidade de reparação dos danos causados. Nos conflitos "com aspectos subjetivos preponderantes, nos quais há uma inter-relação entre os envolvidos, tais como os conflitos que envolvem questões familiares, mostra-se mais adequado o emprego da mediação, que exige melhor preparo do profissional de solução de conflitos" (DEMARCHI, 2013, p. 54-55).

(19) De se anotar que não há consenso se o termo a ser utilizado seria audiência ou sessão, porque "vale lembrar que a mediação pode se verificar não apenas em ambientes judiciais, mas também na seara extrajudicial em que geralmente há referências a reuniões, encontros e sessões" (TARTUCE, 2023, p. 267).

foram redesignadas. Foram canceladas 20 audiências e, em 11 casos, nova sessão foi marcada para continuidade das tratativas. O tempo médio de duração atingiu, aproximadamente, 1 hora, 12 minutos e 30 segundos. A audiência com menor tempo foi de 2 minutos, tratando da nova regulamentação do estágio de convivência, em que partes e advogados chegaram à solenidade com o acordo praticamente fechado. A audiência com maior tempo durou 4 horas, pactuando os herdeiros de espólio, o plano de partilha.

Como a média de duração das audiências atingiu 1 hora, 12 minutos e 30 segundos, é recomendável que o tempo entre elas seja de, no mínimo, 1 hora. Nas audiências do espaço amostral examinado, melhor seria que tivessem intervalo de pelo menos 1 hora e 30 minutos entre as sessões, possibilitando que os mediadores se preparassem para a próxima. Um caso visto de antemão como complexo deve ser o único da pauta no dia. Profissionais cansados tendem a se empenhar menos no alcance do acordo. Litigantes que aguardam longos períodos para sua solenidade, provavelmente, terão menos paciência na obtenção da solução do seu conflito.

Os trabalhos eram iniciados pelo juiz. As partes e seus advogados eram recebidos e os mediadores apresentados. Após, realizava-se uma breve exposição da pretensão exercida e dos benefícios da solução consensual frente àquela imposta pelo Poder Judiciário por uma decisão de mérito. Então, o julgador informava que estava à disposição, caso necessário, e deixava a sala onde os trabalhos aconteceriam.

Optou-se por deixar os mediadores darem os primeiros passos sozinhos, ajustando-se a rota conforme os resultados fossem contabilizados. Os primeiros resultados foram alarmantes. Das 7 sessões realizadas, nenhum acordo. Ao contrário, em 2 delas, um dos litigantes e o advogado do adversário chegaram próximos das vias de fato[(20)]. Verificou-se que a tentativa de solução de todo o conflito subjacente ao processo, revivendo, muitas vezes, fases já superadas, afastava, ao invés de aproximar as partes. Se a ação era de alimentos, retrocedia-se aos motivos da separação dos pais. Feridas mal curadas acentuavam o dissenso. O tempo médio de duração das solenidades foi maior, mesmo sem acordos, de 1 hora e 45 minutos.

Foi necessária uma mudança no método.

Introduziu-se uma breve reunião com os mediadores antes do início da sessão. Eram informados da pretensão exercida, das peculiaridades do caso concreto e qual o foco da tentativa de composição amigável. Todos foram instruídos a somente abordarem questões que não eram objeto do processo se estritamente necessárias para a celebração do acordo. Ao final, não obtida a composição amigável, o magistrado retornava à sala para tentativa de resolução do conflito, o que não acontecia inicialmente. Celebrado o

(20) Eram duas ações revisionais de alimentos. Os advogados eram parente e companheiro das partes em cada um dos casos. A relação não era estritamente profissional com o processo. Sem embargo, nessas situações, as audiências de mediação seguiram longe do seu desiderato de pacificar.

acordo, o juiz o redigia-o em conjunto com as partes e seus advogados, adequando, se necessário, obrigações que poderiam ser de difícil cumprimento ou ir de encontro ao interesse de incapazes. O Ministério Público, quando deveria intervir como fiscal da ordem jurídica, era chamado até a sala somente se bem-sucedida a autocomposição para se manifestar sobre seu conteúdo.

O índice de acordos elevou-se, por mais que o espaço amostral seja exíguo para uma conclusão. Do total insucesso das sete primeiras tentativas, as 71 seguintes resultaram em 40 acordos integrais, 1 acordo provisório e 2 acordos parciais. Excluídos os acordos parciais e provisórios do cálculo, alcançou-se o índice de 58,82% de soluções amigáveis nas 68 sessões.

5. Os resultados

O índice geral de acordo foi de 53,33%, tomando em conta as 75 audiências realizadas, com subtração das 3 em que consumados acordos parciais e provisórios. A dupla formada por psicóloga e advogada conseguiu 21 acordos em 39 audiências (53,84%). A dupla composta por socióloga e advogado alcançou 19 acordos em 36 audiências (52,77%). Esta dupla utilizava-se da disposição em círculo dos participantes da sessão, a fim de atenuar a litigiosidade; enquanto a aquela mantinha as partes em polos opostos da mesa. Portanto, entre as duas duplas de mediadores não houve diferença substancial nos resultados alcançados, a despeito da diversidade de formação profissional de um dos seus integrantes e das técnicas empregadas.

Em 14 pedidos de alimentos, as sessões de mediação atingiram a solução consensual em 6 (42,85%). Em 1 oferta de alimentos, foi frutífero o acordo entre as partes (100%). Foram feitas 10 audiências em processos que tratavam de revisão de alimentos, com o alcance de 5 acordos (50%). Foram realizadas 10 audiências em processos que versavam sobre exoneração de alimentos, com a celebração de 6 acordos (60%). Foi marcada 1 audiência que cuidava da revisão de alimentos de um alimentante e da exoneração de alimentos de outro, cuja mediação foi malsucedida (0%). Em 3 sessões em execuções de alimentos, as partes chegaram à regulação de seus direitos e obrigações em 2 oportunidades (66,66%).

Nas 2 audiências em que se debatiam alimentos e estágio de convivência com os filhos(21), deu-se a composição amigável em ambas (100%). Nas 2 audiências que envolviam alimentos, guarda e estágio de convivência, 1 teve a mediação com sucesso (50%). Nas 4 audiências em que se discutia guarda e estágio de convivência, 2 galgaram acordo, 1 acordo provisório e 1 processo teve que se desenrolar (50% acordo e 25% acordo provisório). Nas 3 audiências de demandas voltadas, exclusivamente, à fixação do estágio de convivência, 2 atingiram a solução consensual (66,66%).

(21) Sobre as diferentes formas de guarda e regime de convivência entre pais e filhos, MENDES; KÜHL; VICENTE, 2018.

Em 8 sessões tendo por objeto o reconhecimento e a dissolução de união estável, com partilha de bens, ocorreram 3 acordos (37,5%)[22]. Em 4 sessões tratando do reconhecimento e a dissolução de união estável, com partilha de bens, guarda, estágio de convivência e alimentos, foram alcançados 1 acordo integral e 1 acordo parcial (25% e 25%). Em 10 sessões cuidando de divórcio e seus consectários, verificou-se a celebração de 5 acordos totais e 1 acordo parcial (50% e 10%).

Em 1 investigação de paternidade, a mediação não obteve sucesso (0%). Nos processos sucessórios, as audiências eram designadas, exclusivamente, caso presente o interesse de todas as partes ou se vislumbrada a possibilidade de acordo. Diante do filtro posto, das 5 tentativas de composição amigável, em 4 ela foi alcançada (80%)[23].

Com base na narrativa das petições iniciais e dos documentos que as acompanhavam, a complexidade das demandas e, por conseguinte, o grau de dificuldade da solução negociada foi dividido em alto, médio e baixo. Não se buscava medir a probabilidade de solução consensual, mas, sim, o tempo necessário para a sessão de mediação. Evidentemente, a apreciação do magistrado era subjetiva, com base na sua experiência profissional e de vida, assim como tomava em conta, exclusivamente, a narrativa da parte autora e as provas existentes. A título de exemplo, pedido de alimentos com pai empregado e com renda comprovada era qualificado de baixa complexidade. Por sua vez, o inventário e partilha de variados bens e com dissenso entre os herdeiros era reputado de alta complexidade.

Das 15 demandas classificadas com alta complexidade, foram conseguidos 7 acordos integrais e 1 parcial (46,66% e 6,66%). Das 29 demandas classificadas com média complexidade, a mediação foi totalmente frutífera em 13 e em 1 parcialmente frutífera (44,82% e 3,44%). Das 34 demandas classificadas com baixa complexidade, foram constatados 20 acordos definitivos e 1 acordo provisório (58,82% e 2,94%).

Em 2016, das 25 sessões, ocorreram 18 acordos (72%). Em 2017, das 38 sessões, foram entabulados 17 acordos integrais, 1 acordo parcial e 1 acordo provisório (44,73% acordos integrais, 2,63% acordos parciais e 2,63% acordos provisórios). Em 2018, das 15 sessões, atingiu-se 5 acordos integrais e 1 acordo parcial (33,33% acordos integral e 6,66% acordos parciais).

---

(22) Um dos acordos formulados correspondia ao reconhecimento e dissolução de uma união estável homoafetiva, partilhas de bens amealhados no curso da convivência e "estágio de convivência" com uma gata de estimação. Outro pacto selou o restabelecimento da convivência dos companheiros.

(23) No processo em que não houve acordo, dois irmãos litigavam pela partilha dos bens do falecido pai. Não conversavam entre si há anos. A mediação em sua primeira sessão foi bem-sucedida, aproximando, novamente, as partes, que voltaram a se falar. Nova sessão foi designada e, antes, os herdeiros se encontraram, com seus advogados no escritório do inventariante dativo. Faltavam detalhes para a consecução do pacto. Na véspera da segunda sessão de mediação, em uma ação de investigação de paternidade ajuizada contra os herdeiros, veio aos autos exame de DNA reconhecendo o falecido como pai da parte autora. O novo elemento reascendeu as rusgas entre os irmãos e o processo voltou a se tornar palco da discórdia entre ambos.

Em 27 audiências, permitiu-se o acompanhamento por estudantes que realizavam curso de preparação de mediadores. Em 22 destas audiências, os mediadores em formação foram autorizados a atuar com um dos mediadores experientes. Com os estudantes assistindo, das 5 sessões, 2 resultaram em acordo (40%). Com os estudantes participando efetivamente da mediação, das 22 sessões, a solução consensual foi alcançada integralmente em 6 casos, parcialmente em 2 casos e provisoriamente em 1 caso (27,27% acordos integrais, 9,08% acordos parciais e 4,54% acordos provisórios).

A mediação nas varas com competência na área de família e sucessões assume particular importância. Em geral, a solução adotada pelas próprias partes tem maior probabilidade de observância espontânea, suprimindo a necessidade de instauração de fase de execução. O número de acordos foi significativo, suplantando 50%. A par dos processos extintos em razão da composição amigável, sua adoção tem aptidão de eliminar o conflito subjacente ao processo. Como muitas das relações familiares são continuativas, novas demandas podem ser evitadas. Muitos acordos mudam substancialmente a vida das partes. Dentre tantos casos, em um pedido de alimentos de uma filha contra o pai, que não a via fazia dezesseis anos, a relação entre ambos foi restabelecida e a pensão a ser paga possibilitaria a conclusão do ensino superior.

6. Conclusão

1. É necessário maior uso da estatística na administração da Justiça no Brasil e a produção legislativa não pode deixar de tomá-la em consideração. Sem dados a efetividade do modelo previsto pelo legislador na regulação dos conflitos não pode ser medida.

2. A conciliação e a mediação assumem vestes de meios adequados de solução de conflitos. Devem ser colocadas à disposição das partes com vistas a propiciar que alcancem, por si, a solução do litígio havido. Ambas têm aptidão de solucionar o conflito subjacente ao processo e de desafogar o aparato jurisdicional. Sem embargo da sua diferença conceitual, as duas técnicas devem ser utilizadas para consecução da composição amigável, caso exigido.

3. O tempo entre as audiências deve ser, no mínimo, de 1 hora, mostrando-se o lapso de pelo menos 1 hora e 30 minutos uma medida adequada. Não obstante, o juiz deve aferir a complexidade da demanda e a litigiosidade das partes em cada caso antes de designar a sessão, se o caso, marcando uma única no dia.

4. O juiz deve atuar em conjunto com os mediadores no estabelecimento do método a ser aplicado nas sessões. Todos sempre devem estar atentos à necessidade de mudança de rota. O magistrado nunca deve ver a tentativa de composição amigável como mera opção para desafogar sua unidade de trabalho e, sim, dela participar efetivamente.

5. O índice superior a 50% de sucesso nos acordos nas sessões de mediação não deixa dúvidas da imperiosidade da tentativa de composição amigável nos processos que cuidem de matérias de família e sucessões. O modelo descrito pode ser, perfeitamente, replicado nas mais variadas realidades. O tempo gasto com a inserção da audiência antes da oferta da resposta à demanda é compensado. Os atos subsequentes são suprimidos. Participando da solução, os litigantes têm mais chances de cumprir as obrigações que assumiram do que quando impostas, evitando a exigência de sua execução.

6. Pedidos de alimentos, que, em tese, envolveriam menor complexidade, obtiveram índices de acordo menores que a média. De seu turno, inventários e arrolamentos, embora eleitos aqueles com maior probabilidade de sucesso, alcançaram excelentes taxa de desfecho por composição amigável. Todas os processos, com espaço amostral relevante dentro da amostra, tiveram bom número de soluções negociadas. Portanto, o fechamento do sistema multiportas de solução de controvérsias pela classe da ação pode não se justificar.

7. Com o passar do tempo, o percentual de acordos foi se reduzindo. A causa da queda da taxa de sucesso pode ter sido o desgaste do juiz e dos mediadores. O contato contínuo entre os profissionais é necessário. Todavia, o estabelecimento de rodízio dos mediadores entre os diversos juízos, por exemplo, anualmente, pode conduzir a melhores resultados.

Referências

ALMEIDA, Fábio Portela Lopes de. *A teoria dos jogos:* uma fundamentação teórica dos métodos de resolução de disputa. Estudos de arbitragem, mediação e negociação, v. II. Organização: AZEVEDO, André Gomma de. Brasília: Grupos de Pesquisa, 2003. p. 175-200.

BEZERRA LEITE, Carlos Henrique. Curso de direito do trabalho. 10. ed. São Paulo: LTr, 2012.

BRAGA NETO, Adolfo. Alguns aspectos relevantes sobre a mediação de conflitos. In: *Mediação e gerenciamento do processo:* revolução na prestação jurisdicional e guia prático para a instalação do setor de conciliação e mediação. Coordenação: GRINOVER, Ada Pellegrini; WATANABE, Kazuo; LAGRASTA NETO, Caetano São Paulo: Atlas, 2013. p. 63-70, p. 65-66.

______. Mediação de conflitos: conceito e técnicas. In: *Negociação, mediação, conciliação e arbitragem.* Coordenação: SALLES, Carlos Alberto de; LORENCINI, Marco Antônio Garcia Lopes; SILVA, Paulo Eduardo Alves da. 4. ed. Rio de Janeiro: Gen, 2021. p. 151-190. p. 163.

CAPPELLETTI, Mauro; GARTH, Bryant. *Acesso à justiça.* Tradução de Ellen Gracie Northfleet. Porto Alegre: Sérgio Antonio Fabris, 1988.

CARMONA, Carlos Alberto. *Arbitragem e processo.* 3. ed. São Paulo: Atlas, 2009.

CARNELUTTI, Francesco. *Teoria geral do Direito.* Tradução Antonio Carlos Ferreira. São Paulo: Lejus, 2000.

CASTILLO, Niceto Alcalá-Zamora y. *Proceso, autocomposición e autodefensa.* 3. ed. Cidade do

México: Universidade Nacional Autônoma de México, 2000.

DEMARCHI, Juliana. *Mediação:* proposta de implementação no processo civil brasileiro. Tese de Doutorado. São Paulo: Faculdade de Direito da Universidade de São Paulo, 2007.

______. Técnicas de conciliação e mediação. In: *Mediação e gerenciamento do processo:* revolução na prestação jurisdicional e guia prático para a instalação do setor de conciliação e mediação. Coordenação: GRINOVER, Ada Pellegrini; WATANABE, Kazuo; LAGRASTA NETO, Caetano São Paulo: Atlas, 2013. p. 49-62.

DINAMARCO, Cândido Rangel. *Instituições de direito processual civil.* v. I. 3. ed. São Paulo: Malheiros, 2003.

DUARTE, Zulmar. A difícil conciliação entre o NCPC e a Lei de Mediação. *Jota.* Disponível em: https://www.jota.info/paywall?redirect_to=//www.jota.info/opiniao-e-analise/artigos/a-dificil-conciliacao-entre-o-novo-cpc-e-a-lei-de-mediacao-17082015. Acesso em: 24 set. 2020.

GRINOVER, Ada Pellegrini. O minissistema brasileiro de justiça consensual: compatibilidade e incompatibilidades. Publicações da Escola AGU. Brasília: *Fórum*, v. 8, n. 1, p. 15-36, jan./mar. 2016.

______. Os fundamentos da Justiça Conciliativa. *Mediação e gerenciamento do processo:* revolução na prestação jurisdicional e guia prático para a instalação do setor de conciliação e mediação. Coordenação: GRINOVER, Ada Pellegrini; WATANABE, Kazuo; LAGRASTA NETO, Caetano São Paulo: Atlas, 2013. p. 1-5.

LOBO DA COSTA, Moacyr. *Breve notícia histórica do direito processual civil brasileiro e de sua literatura.* São Paulo: Revista dos Tribunais, 1970.

LORENCINI, Marco Antônio Garcia Lopes. "Sistema Multiportas": opções para tratamento de conflitos de forma adequada. In: *Negociação, mediação, conciliação e arbitragem.* Coordenação: SALLES, Carlos Alberto de; LORENCINI, Marco Antônio Garcia Lopes; SILVA, Paulo Eduardo Alves da. 4. ed. Rio de Janeiro: Gen, 2021. p. 43-72.

MARTINS, Sérgio Pinto. *Direito processual do trabalho.* 45. ed. São Paulo: Saraiva, 2023.

MARQUES, Claudia Lima. O "diálogo das fontes" como método da nova teoria geral do direito: um tributo a Erik Jayme. In: *Diálogo das fontes:* do conflito à coordenação de normas do direito brasileiro. Coordenação: MARQUES, Claudia Lima. São Paulo: Revista dos Tribunais, 2012.

MENDES, Anderson Cortez; KÜHL Emílio Frederico Perilo; VICENTE, Gustavo Palagi Gonzalez. Quem tem medo da guarda compartilhada? *Revista de Direito Privado*, São Paulo: Revista dos Tribunais, 2018, n. 86, fev. 2018, p. 121-136.

PACHECO, José da Silva Pacheco. *Evolução do processo civil brasileiro.* Rio de Janeiro: Borsoi, 1972.

PAULA BAPTISTA, Francisco de. C*ompendio de theoria e pratica do processo civil comparado com o commercial e de hermeneutica jurídica, para uso das faculdades de direito do Brasil.* 6. ed. Rio de Janeiro: H. Garnier Livreiro-Editor, 1901.

PESSO, Ariel Engel. A conciliação no direito hebraico e no direito canônico: uma abordagem comparativa. *Revista da Faculdade de Direito de São Bernardo do Campo.* São Bernardo: Faculdade de Direito de São Bernardo do Campo, v. 22, n. 2, jul./dez. 2016.

PUOLI, José Carlos Baptista. *Os poderes do juiz e as reformas do processo civil*. São Paulo: Juarez de Oliveira, 2001.

RAMALHO, José Ignacio. *Practica civil e comercial*. São Paulo: Typografia Imparcial de Joaquim Roberto de Azevedo Marques, 1861.

SOARES, Guido Fernando Silva. Introdução histórica ao estudo das soluções pacíficas de litígios e das arbitragens comerciais internacionais. *Revista da Faculdade de Direito*. São Paulo: Faculdade de Direito da Universidade de São Paulo, n. 71, p. 163-208, 1976.

TARTUCE, Fernanda. Conciliação em juízo: o que (não) é conciliar? In: *Negociação, mediação, conciliação e arbitragem*. Coordenação: SALLES, Carlos Alberto de; LORENCINI, Marco Antônio Garcia Lopes; SILVA, Paulo Eduardo Alves da. 4. ed. Rio de Janeiro: Gen, 2021. p. 213-246.

______. *Mediação nos conflitos civis*. Rio de Janeiro: Gen, 2023.

______. *O novo marco legal da mediação no direito brasileiro*. Disponível em: http://www.fernandatartuce.com.br/wp-content/uploads/2017/01/O-novo-marco-legal-da-mediacao-no-direito-brasileiro-2016-Fernanda-Tartuce.pdf. Acesso em: 24 set. 2020.

WATANABE, Kazuo. *Cognição no processo civil*. 4. ed. São Paulo: Saraiva, 2012.

ZAPPAROLLI, Célia Regina. Procurando entender as partes nos meios de resolução pacífica de conflitos, prevenção e gestão de crises. In: *Negociação, mediação, conciliação e arbitragem*. Coordenação: SALLES, Carlos Alberto de; LORENCINI, Marco Antônio Garcia Lopes; SILVA, Paulo Eduardo Alves da. 4. ed. Rio de Janeiro: Gen, 2021. p. 93-128.

Velhices Brasileiras de 2030: Direitos Humanos, Cultura de Paz e Anti-Idadismo na Agenda Mundial, sob o Prisma da Gerontologia

Kathya Beja Romero[1]

Resumo: Nos dias de hoje é desafiador estar na velhice, mas os anos 2030 prometem ser mais acolhedores com as pessoas que vencerem as barreiras da longevidade e chegarem lá. As pessoas idosas são o grupo populacional que mais aumenta em número. Não obstante, apesar da proteção da Declaração Universal dos Direitos Humanos (1948) e dos Princípios específicos aprovados pela Assembleia Geral da ONU em 1991, as pessoas idosas permanecem invisibilizadas e alvo de violências e abusos agravados pelo idadismo. A Gerontologia vem se ocupando de desmistificar o processo natural do envelhecimento e reduzir os estereótipos e os preconceitos contra a velhice, vindo somar aos esforços dos organismos internacionais e locais para alcançar melhores resultados para um envelhecer adequado. A proposta deste estudo é trazer os contrapontos entre esse preocupante cenário e os vários documentos, planos e programas pautados nos direitos humanos mais recentes, convidando à reflexão sobre o motivo pelo qual a existência de leis e convenções internacionais que proíbem e punem as atitudes discriminatórias e maus tratos contra pessoas idosas não foram capazes de promover mudanças positivas. Porém, as esperanças são renovadas pela Agenda 2030 e seus Objetivos de Desenvolvimento Sustentável reforçados pelas ações da Década do Envelhecimento Saudável 2021-2030, porque abrem espaço para mecanismos da cultura de paz, como a mediação de conflitos, que têm vocação para promover transformações culturais e sociais, abrindo novas perspectivas de solidariedade, tolerância e respeito às diferenças, fortalecendo o movimento mundial empenhado em mudar a forma como pensamos, sentimos e agimos em relação à idade e ao envelhecimento. O novo paradigma da cultura de paz que empodera as pessoas idosas em seus direitos humanos vai além de um horizonte na redução do idadismo, porque pode favorecer a sociedade como um todo em direção a um mundo com menos desigualdades

(1) Mestranda em Gerontologia pela Escola de Artes, Ciências e Humanidades da USP. Defensora pública aposentada e Pesquisadora do Idadismo e seu impacto nos conflitos familiares.

e mais dignidade, mas principalmente com uma cultura transformada, sem discriminação de qualquer natureza.

Palavras-chave: Direitos Humanos — Gerontologia — Mediação de conflitos — Década do Envelhecimento Saudável — Anti-idadismo.

Abstract: In today's world, ageing is challenging, but the 2030s promise to be more welcoming to those who overcome the barriers of longevity and reach that stage. Older adults are the fastest-growing population group. However, despite the protection offered by the Universal Declaration of Human Rights (1948) and the specific Principles approved by the UN General Assembly in 1991, older individuals remain invisible and are often targets of violence and abuse exacerbated by ageism. Gerontology has been working to demystify the natural ageing process and reduce stereotypes and prejudices against older people, complementing the efforts of international and local organizations to achieve better outcomes for healthy ageing. This study aims to highlight the contrasts between this concerning scenario and the various recent documents, plans, and programs based on human rights, inviting reflection on why the existence of laws and international conventions that prohibit and punish discriminatory attitudes and mistreatment of older people have not been able to promote positive changes. However, hopes are renewed by the 2030 Agenda and its Sustainable Development Goals, reinforced by the actions of the Decade of Healthy Aging 2021-2030, as they create space for mechanisms of a culture of peace, such as conflict mediation, which have the potential to promote cultural and social transformations. These initiatives open new perspectives of solidarity, tolerance, and respect for differences, strengthening the global movement committed to changing how we think, feel, and act towards age and ageing. The new paradigm of a culture of peace that empowers older adults in their human rights goes beyond merely reducing ageism. It can benefit society as a whole, moving towards a world with less inequality and more dignity, but most importantly, towards a transformed culture without discrimination of any kind.

Keywords: Human Rights — Gerontology — Conflict mediation — Decade of Healthy Ageing — Tackle ageism.

1. Introdução

Ser velho ou velha no Brasil não é para amadores. E, ainda que se trate de pessoas pertencentes ao grupo da população mais longo e heterogêneo do curso de vida, é possível dizer que há uma característica comum às velhices: resiliência[2] para seguir em frente, acreditando em tempos melhores.

Antes de mais nada, segue um aviso: este não é um texto ficcional. Também não resulta da leitura rasa dos planos das Nações Unidas (ONU) para um mundo mais palatável. Vamos mirar na quase surreal terceira década deste século XXI — os anos 30 — que promete ser alvissareira para os habitantes do planeta, caso as agendas globais decolem

(2) Conceito emprestado da Física, no contexto deste trabalho, resiliência pode ser compreendida como a capacidade da pessoa para lidar ou recuperar-se dos efeitos estressores externos e internos, adaptando-se para o enfrentamento e superação das adversidades que ocorrem no curso de vida (Neri, 2019, p. 304).

tão bem quanto foram delineadas nos muitos documentos pactuados nas organizações internacionais.

Para um bom debate, teremos foco no paradoxo abissal existente entre a realidade mundial e as agendas de direitos humanos, que parecem nunca ter encontrado correspondência ou proximidade entre si até os tempos atuais. O intuito, no entanto, é fazer um convite à reflexão crítica sobre o planeta que sonhamos e queremos para as gerações presentes e futuras. A proposta é partir de uma perspectiva pouco valorizada — a das pessoas velhas de hoje — e o que está ao alcance do Brasil e seu povo para que seja selada a paz em prol da empatia e da harmonia intergeracional, ao menos em terras nacionais.

Esse recorte etário justifica-se no fato de ser um grupo populacional em franco e destacado crescimento (ONU, 2022; IBGE, 2023), que poderia vislumbrar um cenário mundial bastante sustentável e pacífico tão apenas com a efetiva implantação da Agenda 2030, mas que também foi contemplado em outro plano igualmente audacioso — e em pleno curso desde 2021 — visando ao envelhecimento saudável de todas as pessoas. São, respectivamente, os Objetivos de Desenvolvimento Sustentável (ODS) para 2030 (ONU, 2015) e a Década do Envelhecimento Saudável 2021-2030 da Organização Panamericana da Saúde (OPAS, 2022b).

Vamos, por amor ao debate, trazer contrapontos que permitirão analisar as perspectivas das pessoas que envelhecem no Brasil de terem seus direitos humanos respeitados e, principalmente, considerar o potencial da mediação de conflitos — aqui tomada como via promotora da cultura de paz — para contribuir na redução dos preconceitos, das crenças equivocadas e das atitudes discriminatórias que historicamente afligem as pessoas idosas[(3)].

Considerando a objetividade da proposta deste estudo, serão pinçados alguns dispositivos dos diferentes Planos e Agendas internacionais para alinhá-los às políticas públicas do Brasil voltadas ao envelhecimento digno e direcionado ao modelo ideal de velhice[(4)].

---

(3) Pessoa idosa é aquela inserida na categoria social da velhice, assim entendida como uma das etapas do curso de vida, organizado a partir da infância, seguindo pela adolescência e pela fase adulta, no fluxo contínuo do processo de envelhecimento. Segundo a Organização Mundial de Saúde, o critério cronológico é utilizado mundialmente para definir o momento em que a pessoa é categorizada como idosa, sendo considerados 65 anos de idade nos países desenvolvidos e 60 anos nos que estejam em desenvolvimento (OPAS, 2005)

(4) Sob o prisma gerontológico, o envelhecimento referido ao longo deste estudo é tomado como um processo natural, universal, progressivo e heterogêneo, impactado pela interação de fatores biológicos, psicológicos, sociais e culturais (NERI, 2019). O desenvolvimento das pessoas durante o curso desse processo, se conduzido com políticas públicas garantidoras dos direitos humanos fundamentais e genuínos, pode resultar em uma velhice com qualidade de vida e preservação da capacidade funcional, permitindo a cada pessoa o desempenho das atividades diárias com independência e autonomia. Vale dizer, é o modelo de envelhecimento ativo, saudável e autônomo almejado pela OMS e todos os organismos nacionais e internacionais dedicados ao tema (ILC-Br, 2015).

Espera-se encontrar algum espaço de esperança para que os velhos e velhas de hoje e do futuro próximo sejam, de fato, integrados na sociedade e beneficiados pelas políticas públicas implementadas no país. Para isso, podemos contar com o efetivo funcionamento dos mecanismos da cultura de paz, em especial a mediação de conflitos, cujas contribuições têm vocação para promover transformações culturais, sociais e políticas (BRAGA NETO, 2014; FREITAS JÚNIOR, 2014; HIGHTON e ÁLVAREZ, 2008).

2. Direitos humanos das pessoas idosas: Breve panorama da regulação internacional e brasileira

Para quem transita na área acadêmica do envelhecimento e se envereda nos estudos da Gerontologia Social[(5)], é quase intuitivo enxergar sua interface com os direitos humanos. Isso porque todas as pessoas de qualquer idade, desde a concepção até o último sinal vital, devem ter seus direitos garantidos, protegidos de ameaças e restaurados nas violações. No entanto, por mais óbvia que seja a afirmativa, não tem sido suficiente a edição de normas e mais normas, internacionais e locais, explicitando e fortalecendo tais direitos de modo que o final do percurso da vida seja marcado pela indeclinável dignidade humana.

Para além da quase octogenária Declaração Universal dos Direitos Humanos de 1948 (DUDH), temos visto uma sucessão de iniciativas, planos, estratégias, regramentos e ações globais pautadas na ONU, OMS e diferentes organismos de larga abrangência, visando à mudança da cultura que deprecia quem logrou envelhecer. A forma como é vista e tratada a população idosa, invariavelmente em todos os continentes, tem sido uma das grandes preocupações. Com efeito, temos que lidar com um fenômeno recente na história da humanidade, consistente na transição demográfica, ante o aumento da expectativa de vida e redução das taxas de natalidade e de mortalidade. O resultado é o propagado crescimento significativo do número de pessoas que superam os 60 anos de idade em comparação aos demais grupos etários no mundo e aos dados do relatório anterior (ONU, 2022). No Brasil o panorama é semelhante, mas nota-se um incremento de idosos acima de 80 anos, segundo o último Censo Demográfico (IBGE, 2023).

Porém, essa maior longevidade humana, que deveria ser celebrada como uma grande conquista, paradoxalmente, veio acompanhada por desafios gigantescos para a sustentabilidade da espécie humana e do próprio planeta. Ocorre que o envelhecimento populacional generalizado, conforme alerta feito pelas Nações Unidas em seu relatório crescimento da população global e desenvolvimento sustentável[(6)] (ONU, 2021), traz demandas urgentes sobre a sustentabilidade econômica e da saúde, passando por questões

(5) Gerontologia Social é um dos ramos das Ciências do Envelhecimento que aborda fatores não orgânicos, tendo por foco os "aspectos antropológicos, psicológicos, legais, sociais, ambientais, econômicos, éticos e políticas de saúde" (NERI e PAVARINI, 2017).

(6) Em tradução livre do original *"Global Population Growth and Sustainable Development"*.

como produção e distribuição de alimentos, impactos climáticos decorrentes dos sistemas produtivos de bens em geral, além de adoção de medidas sanitárias e humanitárias para controle de pandemias e, em particular, a redução das desigualdades entre os povos e grupos populacionais internos a cada país.

Pois bem. Retornando à DUDH (1948), é evidente que tal tratado internacional já se prestaria a agasalhar os direitos das pessoas idosas — assim como agasalha os das pessoas de todas as idades — ao preconizar que todo ser humano nasce com liberdade e com igualdade em dignidade e direitos, sem qualquer tipo de distinção, com igual proteção contra qualquer discriminação.

Não obstante, no final de 1991, por meio da Resolução n. 46/91 da Assembleia Geral das Nações Unidas, foram adotados princípios específicos em prol desse grupo etário, reforçando os objetivos do Plano de Ação Internacional sobre os Idosos e as convenções, recomendações e resoluções da Organização Internacional do Trabalho, da Organização Mundial de Saúde e de outros organismos das Nações Unidas. O Plano encorajou as nações a incorporarem em seus programas nacionais aspectos indispensáveis à proteção e preservação da dignidade humana, como independência para acesso a bens e serviços, ao trabalho, educação, segurança e, enfim, a todas as dimensões para o desempenho das capacidades humanas; participação social e política; direito e acesso ao sistema de assistência, com fruição dos direitos humanos e liberdades fundamentais em todo e qualquer espaço, seja familiar, comunitário ou institucional; possibilidade de realização pessoal em todas as dimensões da existência, preconizando que todos esses direitos estejam assegurados e exercidos com dignidade e segurança. É expressa a garantia à valorização pessoal, dignidade e segurança física e psíquica, mediante tratamento justo, independentemente da idade, gênero, origem racial ou étnica, condição física, mental, intelectual ou econômica. Pode-se dizer que, pouco a pouco, foram sendo estabelecidos os pilares do envelhecimento ativo e saudável, como se vê ao longo do Marco Político em Resposta à Revolução da Longevidade: saúde, aprendizagem ao longo da vida, participação e segurança/proteção, na perspectiva do curso de vida (ILC-Br, 2015).

Em âmbito nacional, há que ser reconhecida a relevância das políticas públicas que contemplam as pessoas idosas, tais como a Política Nacional do Idoso (PNI) e o Estatuto da Pessoa Idosa, reguladas, respectivamente, nas Leis ns. 8.842/94 e 10.741/2003. Estreitando o breve panorama deste tópico em direção ao recorte proposto para o estudo do idadismo, merecem destaque dois princípios da PNI: um, que destaca textualmente que a pessoa idosa não deve sofrer discriminação de qualquer natureza (art. 3º, III); outro, que aponta a pessoa idosa como a principal agente e destinatária das transformações visadas pelas políticas que lhes são destinadas (art. 3º, IV).

Desnecessário dizer que todo esse arcabouço legal está fortemente afinado com os documentos internacionais, porém era mesmo de extrema importância que a pessoa idosa fosse reafirmada internamente como protagonista das decisões e planos governamentais que a atinjam, além de expressa salvaguarda da vedação às discriminações, até porque ambas as normas estão no patamar de princípios. Aliás, este último foi o lastro para que o Estatuto da Pessoa Idosa pudesse punir os transgressores. Fato é que o art. 4º do Estatuto evidencia que "nenhuma pessoa idosa será objeto de qualquer tipo de negligência, discriminação, violência, crueldade ou opressão, e todo atentado aos seus direitos, por ação ou omissão, será punido" (art. 4º, EPI). Em decorrência, é tipificada como crime a prática de discriminação que dificulte ou impeça, em razão da idade, o exercício de direitos como contratar, locomover-se com liberdade ou exercer a cidadania, assim como pode ser punido, igualmente, aquele ofensor que "desdenhar, humilhar, menosprezar ou discriminar pessoa idosa, por qualquer motivo" (art. 97, *caput* e § 1º). Ademais, foi dada maior força à vedação dessas condutas, com o agravamento da pena, nas hipóteses de quebra do dever de cuidado, de responsabilidade ou da relação de confiança entre agressor e a vítima (art. 97, § 2º, EPI). Além dessas condutas típicas, há diversas outras reguladas no Estatuto da Pessoa Idosa, mas o intuito aqui é o de dar ênfase àquelas que se aproximam da prática do idadismo, que será mais bem abordado em tópico específico deste estudo.

Em arremate, antes de se ingressar propriamente em como a cultura de paz pode, por meio de seus mecanismos e técnicas, honrar a dignidade das velhas e velhos dos anos 2030, marco temporal que já bate às nossas portas, a reflexão aqui pretendida precisa trazer à tona a existência de uma Convenção Interamericana sobre os Direitos Humanos da Pessoa Idosa aprovada em 15 de junho de 2015 pela Organização dos Estados Americanos/OEA (2015), a qual, apesar de ter sido assinada pelo Brasil desde então, ainda não foi ratificada e inserida no ordenamento jurídico brasileiro. A ratificação traria um grande reforço para políticas internas mais eficazes no sentido da plena inclusão, integração e participação das pessoas idosas na sociedade e, em consequência, poderia intensificar o processo de transformação cultural direcionada à redução dos estereótipos e preconceitos que rondam e permeiam o processo de envelhecer.

Finalizando este tópico, o mais relevante a ser considerado no tocante à sucessão de planos, ações e normas é o potencial desse pacto de nações interamericanas para promover a inadiável mudança no panorama do envelhecimento. Tal é sua importância, que deveria ser ampliado para um acordo mundial. Espera-se que a ONU atenda à demanda das organizações civis de abrangência global que vêm clamando por isso, inclusive porque seria uma alavanca poderosa para que o próximo Relatório Mundial sobre o Idadismo seja completamente diferente da versão de 2021 (OMS, 2021). Conforme será observado neste estudo, trata-se de um relatório lastreado em evidências coletadas em diferentes países de todos os continentes, que mostram um quadro preocupante pelos impactos humanos, econômicos e de saúde incidentes sobre as pessoas já idosas e também dos grandes contingentes populacionais que vão se aproximando da velhice em ritmo acelerado.

3. Direitos humanos das pessoas idosas como ferramenta facilitadora da Década do Envelhecimento Saudável 2021-2030

Dada a relação indissociável que existe entre a Convenção Interamericana sobre os Direitos Humanos da Pessoa Idosa (OEA, 2015) e os resultados esperados para os anos 30 deste século XXI, é crucial que se faça o alinhamento do atual panorama demográfico mundial com os grandes desafios da humanidade para lidar com o já mencionado paradoxo do aumento da população envelhecida em contraposição à sistemática, generalizada e estrutural incidência do idadismo contra essa mesma população.

Não é por acaso que a Organização Pan-Americana da Saúde (OPAS) vem acompanhando *pari passu* a evolução das mudanças promovidas pela Década do Envelhecimento Saudável 2021-2030, que não apenas incorpora os marcos fundamentais relacionados às pessoas idosas como os consolida e ajusta para atender às exigências da atual conjuntura. Uma vez que a "Década" seja reforçada pelas diretrizes e comandos vinculantes da Convenção Interamericana em comento, ainda que por hora limitada às Américas, espera-se possam ser sentidos os avanços decorrentes, o que contribuirá na intensificação da demanda para uma oportuna expansão global dos direitos humanos a quem envelheceu no modelo discriminatório e preconceituoso retratado no Relatório Mundial sobre o Idadismo.

A assertiva está baseada em recente publicação da Organização Pan-Americana da Saúde (OPAS. 2023) que faz parte da série intitulada "A Década do Envelhecimento Saudável nas Américas: Situação e desafios", dedicada ao monitoramento do projeto em prol da qualidade das velhices atuais e em curso. Basta lembrar que a "Década" teve por mote um quadro de discriminação, maus tratos e abandono, que não arrefeceu apesar das diretrizes e protocolos vigentes ao longo da coleta de evidências nesse sentido. Ao contrário do ritmo da transição demográfica, o processo para o desenvolvimento e aprovação de um documento com força vinculante é lento e repleto de barreiras políticas e econômicas, bastando que se reflita na complexidade e amplitude da empreitada. Um tratado com tal magnitude vai muito além de questões assistenciais, previdenciárias ou sociossanitárias de cada país que intenciona vincular-se ao instrumento desse porte.

A publicação é uma ferramenta vocacionada a concretizar o preconizado pela Década do Envelhecimento Saudável, adotando como estratégia a sensibilização para as consequências das violações dos direitos humanos das pessoas idosas. Para tanto, dentre outros aspectos, aborda conceitualmente o idadismo, explicitando de forma clara e direta que a discriminação por idade na velhice é definida como:

> Qualquer distinção, exclusão ou restrição baseada na idade que tenha como objetivo ou efeito anular ou restringir o reconhecimento, gozo ou exercício em igualdade de condições dos direitos humanos e liberdades fundamentais na esfera política, econômica, social e cultural ou em qualquer outra esfera da vida pública e privada (OPAS, 2023, p. 6).

À medida que dá destaque aos 27 direitos específicos contemplados na Convenção Interamericana em estudo, detalhando as ações afirmativas e instrumentos de proteção para que tais direitos sejam respeitados e efetivamente garantidos, a publicação da OPAS (2023) põe foco na intersecção entre a própria Convenção Interamericana e a "Década", descrevendo envelhecimento ativo e saudável como:

> Processo pelo qual se otimizam as oportunidades de bem estar físico, mental e social; de participar em atividades sociais, econômicas, culturais, espirituais e cívicas; e de contar com proteção, segurança e atenção, com o objetivo de ampliar a esperança de vida saudável e a qualidade de vida de todos os indivíduos na velhice e permitir-lhes assim seguir contribuindo ativamente para suas famílias, amigos, comunidades e nações. O conceito de envelhecimento ativo e saudável se aplica tanto a indivíduos como a grupos de população (OPAS, 2023, p. 10).

Portanto, a Década do Envelhecimento Saudável 2021-2030 é estruturada em quatro áreas de ação que têm correspondência direta com dispositivos da Convenção aqui discutida(7). Ou seja, sobressai que a força deste instrumento vinculante é determinante do sucesso da "Década", desde que, evidentemente, uma e outra sejam de fato postas em prática pelos Estados Membros envolvidos.

Pede-se vênia para observar que a publicação referida neste tópico detalha com esmero os diversos pontos de contato entre esses dois documentos, sendo fortemente recomendada a leitura e cotejo de todos eles. Todavia, considerando que o objeto mais estreito deste estudo está mais concentrado na área de ação I da "Década", passa-se a fazer referência mais direta ao seu conteúdo.

A ação I é aquela voltada às três dimensões do idadismo(8), sendo focada em mudar a forma como pensamos, sentimos e agimos em relação à idade e ao envelhecimento (OPAS, 2022b, p. XIII). Conforme concluiu a OEA, para encurtar os caminhos que levem ao alcance dessa mudança devem ser implementadas as medidas do art. 32 da Convenção Interamericana sobre os Direitos Humanos das Pessoas Idosas, como, por exemplo, agir pelo fomento de atitudes positivas e respeitosas em relação à velhice e às

(7) A Década do Envelhecimento Saudável está estruturada em 4 grandes áreas de ação, sendo elas: "1) Mudar a forma como pensamos, sentimos e agimos em relação à idade e ao envelhecimento; 2) Garantir que as comunidades promovam as capacidades das pessoas idosas; 3) Prestar serviços de cuidados integrados e de atenção primária à saúde centrados na pessoa e adequados às pessoas idosas, e 4) Propiciar acesso a cuidados de longo prazo às pessoas idosas que necessitem" (OPAS, 2022b).

(8) Segundo o Relatório Mundial da OPAS, as três dimensões do idadismo são os estereótipos (como pensamos), os preconceitos (como nos sentimos) e a discriminação (como agimos) que quando "direcionados aos outros ou a nós mesmos em função da idade, tem sérias consequências para a saúde, o bem-estar e os direitos humanos" (OPAS, 2022, p. XVII-XVIII).

pessoas idosas, seja por meio de programas de sensibilização da sociedade, seja pelas medidas dirigidas às próprias pessoas idosas para que conheçam seus direitos e sejam encorajadas a exercê-los e defendê-los. A tônica do comando normativo vinculante atua com ênfase na educação sobre o envelhecimento, de modo a desmistificar a velhice e afastar estereótipos que rondam o próprio processo do envelhecer.

São muitas as linhas de enfrentamento ao idadismo consolidadas na Convenção Interamericana que se coadunam com a primeira área de ação da "Década", mas o que será ressaltado em outro tópico deste estudo é a ênfase dada à cultura de paz para impulsionar cada uma dessas linhas, sendo inarredável que, dentre as possibilidades, está a mediação de conflitos como estratégia de transformação social e, por conseguinte, de concretização do direito fundamental de acesso à justiça.

Antes, porém, serão explorados os pontos de entrelaçamento entre a "Década", a Agenda 2030 e os direitos humanos da pessoa idosa consagrados internacionalmente sob o prisma da justiça e sua contribuição para soluções adequadas às questões dessa população.

4. Diálogos entre a Década do Envelhecimento Saudável 2021-2030 e as ODS da Agenda 2030: A justiça no caminho da proteção dos direitos fundamentais das pessoas idosas

Avançando para a Agenda 2030, trata-se da pauta de ações da ONU delineada em 17 objetivos voltados ao desenvolvimento sustentável, os chamados ODS 2030. A finalidade desse plano de ação é alcançar a paz universal em um planeta humanamente mais digno, próspero e com menos desigualdade entre as pessoas e populações. O pactuado entre as nações está bem detalhado nos fundamentos e valores humanos que levaram ao desejo de firmar o compromisso de cooperação mútua em direção aos objetivos então traçados.

Foge ao propósito deste estudo aprofundar nesse riquíssimo arcabouço, razão pela qual serão destacados e transcritos três dos seus enunciados que mais contribuem para este diálogo:

> Objetivo 3. Assegurar uma vida saudável e promover o bem-estar para todos, em todas as idades (ONU, 2015).
>
> Objetivo 10. Reduzir a desigualdade dentro dos países e entre eles (ONU, 2015).
>
> Objetivo 16. Promover sociedades pacíficas e inclusivas para o desenvolvimento sustentável, proporcionar o acesso à justiça para todos e construir instituições eficazes, responsáveis e inclusivas em todos os níveis (ONU, 2015).

A razão do destaque acima é justamente a afinidade com os demais documentos discutidos neste estudo, sem olvidar-se que os 17 Objetivos de Desenvolvimento Sustentável e suas respectivas metas são indivisíveis e correlacionados (ONU, 2015, item 71).

Iniciando pelo Objetivo 3 e suas nove metas, vê-se a correlação direta com as quatro áreas de ação da "Década", porque destinados à redução da mortalidade por meio de medidas preventivas, curativas e educativas aptas a promover saúde e qualidade de vida durante todo o curso de vida das pessoas. Aliás, é o grande intuito das organizações internacionais e nações envolvidas nesses planos tão arrojados, sendo que os aspectos ambientais, os riscos e as ameaças à vida e à saúde miram alvos individuais e coletivos, locais e globais, com investimentos e aplicação dos recursos científicos, tecnológicos e epidemiológicos mais atuais.

A aproximação do ODS n. 3 com a ação pelo anti-idadismo justifica-se em um dos achados nas pesquisas que embasaram o Relatório Mundial sobre o Idadismo, que é o impacto negativo na saúde das pessoas idosas e, por decorrência, nos dispêndios associados. Apenas para ilustrar a afirmação, esse relatório traz uma revisão sistemática global das consequências do idadismo sobre a saúde, consolidando 422 estudos de 45 países, cujo resultado mostra que em 405 (96%) desses estudos o idadismo foi associado a piores desfechos em todas as áreas da saúde avaliadas (OPAS, 2022, p. 52). Segundo a OMS, o idadismo é um determinante social da saúde e seu enfrentamento é essencial para o sucesso da "Década" em benefício da qualidade de vida das pessoas idosas e também da população que chegará à velhice nos futuros anos 30. Sem dúvida, essa meta depende da eficácia dos meios de pacificação social atuantes, primordialmente, na transformação da cultura estereotipada sobre quem envelheceu ou está quase lá.

Quanto ao ODS n. 10 e suas sete metas, todas de inquestionável importância para o mais adequado envelhecimento das populações, é imperioso que se reflita sobre a real inviabilidade de qualquer ideia de um modelo de humanidade saudável, se persistirem as tantas e quantas desigualdades existentes desde sempre ao longo da nossa história. Possivelmente, esse é o maior de todos os desafios para um efetivo desenvolvimento sustentável e, sem exageros, se não for superado, é fazer letra morta cada uma das iniciativas globais em busca de um mundo melhor. Entram aqui os diferentes tipos de desigualdade, como de idade, gênero, condição física e mental, raça, etnia, origem, religião, condição econômica ou qualquer outra, tal como elencado na meta 10.2, para que haja empoderamento e inclusão social, econômica e política de todas as pessoas. As desigualdades são determinantes das inúmeras formas de discriminação e já é bastante tarde para que sejam identificadas e aplicadas estratégias adequadas para que as relações humanas se aproximem do ideal de igualdade e dignidade, tal como os mecanismos da cultura de paz se propõem.

Por fim, quando se fala em redução de desigualdade é natural que, de imediato, venha à mente o sonhado propósito de justiça social, diretamente afinado ao ODS n. 16, que traz em seu enunciado a inclusão social como alvo e o acesso à justiça como via.

Antes da abordagem mais atenta a esse objetivo que cultua a paz, é conveniente uma breve referência à situação de extrema vulnerabilidade das pessoas idosas no Brasil e de que modo a Agenda 2030 pode contribuir para que a sociedade como um todo se aproxime do ideal de igualdade e inclusão.

5. Velhices brasileiras maltratadas: o idadismo por trás da violência contra pessoas idosas

A provocação que abriu este trabalho vai se justificar agora: o porquê de ser velha ou velho no Brasil não ser para amadores. Quem já venceu a barreira dos 60 anos de idade pode se identificar com o quadro que será exposto. Quem ainda não venceu, é só seguir vivendo até lá, esperar para ver e, talvez, sentir na própria pele. O "talvez" fica condicionado à permanência do *status quo* retratado no grande volume de estudos aos quais se dedica a Gerontologia e seus cientistas que, vislumbrando a bancarrota da humanidade que envelhece aceleradamente, produzem dados e evidências sobre os desdobramentos da transição demográfica que vem ocorrendo desde meados do século passado em todos os continentes.

Em breve navegação pelo painel interativo da Ouvidoria Nacional de Direitos Humanos sobre denúncias realizadas apenas no primeiro semestre de 2023(9), aplicando-se os filtros disponíveis para selecionar pessoas idosas como grupo vulnerável, a ferramenta contabiliza mais de 65 mil denúncias e quase 385 mil violações associadas. Ao se filtrar quem são os supostos ofensores, o resultado é desolador, apontando que mais da metade foi praticada por filhas e filhos. Aparece, também, significativo volume de agressores com vínculos familiares de diferentes espécies e graus, assim como profissionais, integrantes da comunidade e até mesmo instituições de cuidado.

A comparação desse primeiro semestre de 2023 com o mesmo período de anos anteriores aponta a tendência de crescimento da violência contra essa categoria de vulneráveis, revelando um quadro preocupante e que exige profundas reflexões para identificação dos fatores que contribuem para tal cenário(10).

---

(9) Acesso aos dados do Painel por meio do *link*: https://www.gov.br/mdh/pt-br/ondh/painel-de-dados/primeiro-semestre-de-2023.

(10) Um dos fatores que ficou evidenciado na etapa de levantamento de dados e referencial teórico para embasamento deste trabalho foi justamente a escassez de literatura e recortes estatísticos específicos para o grupo populacional com 60 anos ou mais. A título de exemplo, a Edição 2023 do Anuário Brasileiro de Segurança Pública, o compêndio mais atual sobre os dados nacionais da violência produzido pelo Fórum Brasileiro da área, trouxe capítulos inteiros sobre violência doméstica e sexual, com ênfase às mulheres vítimas; violência contra crianças e adolescentes; violência sexual infantil e injúria racial e LGBTQIA+, com abordagem do racismo pela etnia e racismo por homofobia ou transfobia, mas nenhum sobre as pessoas com 60 anos ou mais (FÓRUM BRASILEIRO DE SEGURANÇA PÚBLICA, 2023). O Anuário andou muito bem nesse trabalho de fôlego ao cuidar de tantos grupos vulneráveis, porém foi omisso quanto às pessoas idosas que sofrem violência, em especial quando há intersecção entre a idade e os demais fatores fundantes do racismo, sexismo, capacitismo, homofobia e transfobia, ou seja, a interseccionalidade dos "ismos", agravando seriamente o

Conforme já visto neste trabalho, as políticas públicas vigentes e positivadas têm vedações e reprimendas para todo tipo de violência, abuso e discriminação contra as pessoas idosas. Vale dizer, há diferentes instituições equipadas para proteger as vítimas, apurar a materialidade das práticas vedadas e punir os agressores. O sistema de justiça tem as chamadas multiportas disponíveis para receber denúncias de violações aos direitos humanos de pessoas de toda e qualquer idade ou condição, mas, ainda assim, as políticas e leis, as instituições e todo o aparato existente têm sido incapazes de dar conta de um fenômeno que é real, está nas mídias e faz vítimas fatais todos os dias.

Talvez, o Relatório Mundial sobre o Idadismo, que acena para outros caminhos, possa contribuir na melhor compreensão dos fatores que desencadeiam as atitudes discriminatórias e violentas que os documentos de direitos humanos se dispõem a enfrentar(11). Mas, neste espaço, interessam os efeitos que tais atitudes produzem sobre a vida de cada pessoa atingida. Enquanto o idadismo for ignorado, aponta o relatório, uma série de consequências sistemáticas e multifacetadas sobre a população idosa podem ser associadas a aspectos de saúde e questões de bem-estar social e econômicas.

Por exemplo, na saúde, foi verificada piora no desenvolvimento e desfecho de doenças físicas e mentais, incluindo a negligência com os cuidados de saúde, o aumento de comportamentos de risco e até a baixa adesão às recomendações clínicas, resultando em maior número de doenças crônicas não transmissíveis, além de depressão, redução no desempenho cognitivo, dentre muitos outros resultados danosos (OPAS, 2022b, p. 52-56). No campo do bem-estar social, há rebaixamento na qualidade de vida de modo geral, aumento da solidão e isolamento, sufocamento da sexualidade e maior risco de violências e abusos (OPAS, 2022b, p. 56-59). E, ainda, sobre os reflexos econômicos e sociais, podem ser mencionadas a pobreza, insegurança financeira e perdas econômicas para toda a sociedade, considerados os custos econômicos dos investimentos necessários para enfrentar todos esses impactos (OPAS, 2022b, p. 59-61).

Não obstante a falta de estudos empíricos que apontem a força de associação entre o idadismo e tais desfechos, fica fácil vislumbrar que as pessoas discriminadas, desvalorizadas e invisíveis tornam-se alvos fáceis de todos os tipos de violações em seus direitos

processo de envelhecer para um grande número de pessoas. Portanto, a invisibilidade da população idosa, que é mais lembrada em função de suas perdas biopsicossociais do que pelas contribuições à sociedade, é um reflexo da cultura idadista e torna evidente o anseio da Década do Envelhecimento Saudável 2021-2030 em prol da valorização das velhices e da inclusão social de cada pessoa idosa.

(11) Dentre as três estratégias apresentadas pela OMS para o enfrentamento do idadismo no mundo, duas delas saem da lógica eminentemente jurídica. Já se viu que o combate de qualquer tipo de discriminação e preconceitos por meio de políticas e leis não tem sido suficiente para reduzir o idadismo e o histórico de violações dos direitos das pessoas idosas. As outras estratégias são o aprofundamento e qualificação das relações intergeracionais em todos os âmbitos, além da promoção de ações educativas sobre o processo de envelhecimento e a velhice. O relatório sobre o idadismo aponta para a necessidade de maiores estudos sobre possíveis resultados mais eficazes na conjugação destas duas últimas (OPAS, 2025, p. 142-142)

mais básicos e fundamentais. Os dados exibidos no painel da Ouvidoria Nacional de Direitos Humanos são fortes indicativos disso, se relacionarmos os altos percentuais de agressões cotidianas a vítimas idosas com casos de abandono e negligência e das violências psicológica, moral, financeira e física.

Portanto, as velhices brasileiras somente deixarão de ser maltratadas por meio de mudanças culturais, da educação gerontológica e da ampla educação em direitos, com mais cobranças da sociedade para que as políticas públicas existentes sejam implementadas e ampliadas. É inadiável que se promovam intervenções estruturais para incorporação de tudo o que é preconizado pela Agenda 2030, pela Década do Envelhecimento Saudável 2021-2030 e na Convenção Interamericana sobre os Direitos Humanos das Pessoas Idosas (2015), a qual, espera-se, seja urgentemente ratificada pelo Brasil.

Em comum, esses documentos acenam para a necessidade de pacificação social, com inclusão de grupos vulneráveis, tal qual o das pessoas idosas. O texto introdutório da Agenda 2030 enfatiza a necessidade de se "construir sociedades pacíficas, justas e inclusivas que ofereçam igualdade de acesso à justiça e que são baseadas no respeito aos direitos humanos (incluindo o direito ao desenvolvimento), em um efetivo Estado de Direito", discorrendo sobre os "fatores que dão origem à violência, insegurança e injustiça, como a desigualdade, a corrupção, a má governança e os fluxos financeiros e de armas ilegais". Conclui, a esse respeito, que é preciso redobrar esforços para resolver ou prevenir conflitos (ONU, 2015, p. 12). Esse trecho da Agenda reflete um sumário do próprio ODS n. 16 e suas dez metas.

Dentre as metas, merecem destaque aquelas voltadas à redução de todas as formas de violência e à garantia de meios adequados para tomada de decisões. Aqui está um campo fértil para a migração do paradigma do confronto e do litígio, pautado no desequilíbrio das relações de poder entre violadores dos direitos humanos das pessoas idosas e suas vítimas, com ingresso em outro paradigma, agora situado no horizonte da cultura de paz.

Chega-se, assim, ao principal foco deste estudo.

6. Mediação de conflitos: Potência na redução das desigualdades e na transformação das relações

Mediação é uma das modalidades autocompositivas de conflitos(12) que tem por finalidade operar na transformação das relações interpessoais, intergrupais e interinstitucionais. Diferente do modelo heterocompositivo(13), em que um terceiro decide uma

(12) A mediação, assim como a negociação e a arbitragem, são os meios alternativos de resolução de disputas (ADRs-Alternative Dispute Resolutions), ou de resolução adequada de disputa (RAD), como é designada por alguns autores (VASCONCELOS, 2008).

(13) A via judicial, a administrativa e a arbitragem pertencem ao modelo heterocompositivo (AZEVEDO, 2016).

disputa adversarial, com foco na culpa e seguindo um formalismo rígido para ajustar a lei aos fatos, o modelo autocompositivo tem foco em interesses e na solução das controvérsias pelas próprias partes, que participam ativamente com a facilitação de um terceiro (AZEVEDO, 2016).

Pode parecer pretensão ingênua acreditar que a mediação de conflitos tenha tamanha potência capaz de transformar *discriminação* pelas diferenças em *compreensão* das diferenças, mas há uma constatação histórica que é inegável: não basta ter lei e severa punição para humanos que matam humanos; não têm sido suficientes sucessivos tratados e convenções globais para que a humanidade viva com dignidade e equidade. Mas não se prega aqui o abandono dos esforços empenhados nesse objetivo, por evidente, tanto que os ODS da Agenda 2030 que vêm sendo monitorados por inúmeras organizações, refletem-se em nível global de ações e planos nesse mesmo sentido. E mais, estamos aqui, neste exato instante, pensando em alternativas que possam, de algum modo, encurtar os caminhos para que haja alguma mudança estrutural, por mínima que seja, na forma de pensar, sentir e agir em relação aos múltiplos fatores que geram as discriminações e ampliam as desigualdades.

O recorte feito para o diálogo proposto entre as diretrizes de direitos humanos com a Agenda 2030 em favor de um grupo vulnerável específico, pessoas idosas, é direcionado para a mediação de conflitos e não foi por acaso. Vem crescendo o número de acadêmicos e profissionais que se dedicam aos meios alternativos de resolução de conflitos, as ADRs. Suas contribuições acenam, verdadeiramente, para novos paradigmas relacionais capazes de atuar sobre os valores que guiam as diferentes culturas, permitindo a compreensão e identificação de como migrar, pouco a pouco, da postura de dominação para outra de pacificação fundada nos direitos humanos.

Vasconcelos (2016) dedicou-se a diferenciar essas perspectivas, partindo da análise dos conflitos em tempos de comunicação globalizada para descrever dois modelos de cultura. Uma, é a cultura de dominação, em que prevalece a desigualdade, a verticalidade de poder, a exclusão dos diferentes e valorização das riquezas. Outra, é a cultura de paz e direitos humanos, fundada na igualdade, liberdade, autonomia, cooperação e respeito às diferenças. Naquela, impera a imposição de decisões dos grupos dominantes; nesta, pratica-se a composição fundada em interesses comuns, alcançadas por meio de negociação e mediação. É nesta última que ocorre o reconhecimento do "ser humano em si e o meio ambiente saudável, afastando-se os preconceitos, rótulos e estereótipos" (VASCONCELOS, 2016, p. 28).

É exatamente esse o enfoque do plano de ação I da Década do Envelhecimento Saudável para o enfrentamento do idadismo. Igualmente, é ao que se propõe o modelo transformativo de mediação de conflitos, em especial as práticas que envolvem as pessoas idosas em suas relações intersubjetivas de natureza continuada, palco de maior incidência de discriminação etária. A mediação transformativa distingue-se de outros tipos na medida em que conjuga uma série de técnicas comuns a diferentes formatos, com ênfase na comunicação clara e efetiva, e no respeito à autodeterminação das partes e à compreensão recíproca dos pontos de vista compartilhados. Conforme explica Vasconcelos (2016), é por meio da mediação transformativa e suas técnicas que as pessoas em conflito ganham protagonismo e, auxiliados pelo mediador, conseguem recontextualizar as questões e mirá-las com mais empatia, facilitando a transformação das relações interpessoais (VASCONCELOS, 2016, p. 88).

No mesmo sentido, Highton e Álvarez (2008), em obra clássica sobre mediação, tratam do poder transformador da modalidade, afirmando que o alcance dos resultados vai além das pessoas e é capaz de transformar também a sociedade, inclusive promovendo um crescimento moral tanto dos indivíduos quanto da população em geral. Segundo as autoras, a mediação torna as pessoas mais capazes de lidar com seus problemas e aprender a resolvê-los de forma criativa e pacífica, mudando assim, não apenas a situação em disputa, mas as próprias pessoas envolvidas, criando ambiente propício para um mundo melhor. Ou seja, tem-se um método promissor para transformar a sociedade como um todo (HIGHTON E ÁLVAREZ, 2008, p. 222).

Braga Neto (2014), explicita a dinâmica atuante da mediação transformativa ao dizer que não é o conflito que se resolve, mas é transformado pela nova forma de interação entre as pessoas envolvidas, as quais se reconhecem como sujeitos de direitos e deveres e são conduzidas à mais adequada administração, transformação e resolução de suas controvérsias (BRAGA NETO, 2014, posição 403).

Nas Notas Introdutórias da mesma obra, que cuida de imbricar os direitos humanos ao modelo mediativo da cultura de paz, Freitas Junior faz importante ressalva no sentido da necessidade de se reconhecer "os sujeitos do conflito como atores capazes e responsáveis, eles próprios, pela definição dos parâmetros de entendimento e pacificação", assim considerada sob a ótica da gestão do conflito, aspecto que contribui "para a difusão de uma atitude de reconhecimento e de aceitação da alteridade, de respeito às diferenças, de aprendizado das possibilidades de comunicação e de diálogo", ou seja, "uma perspectiva orientada pela promoção da solidariedade e da tolerância, em lugar da adversariedade e da exclusão" (FREITAS JUNIOR, 2014, posição 70).

Chegamos, aqui, ao entendimento de que a mediação é, de fato, mais que um mecanismo efetivo de acesso à justiça, mas uma ferramenta cujos efeitos são projetados para o futuro, com grande potencial de pacificação social e, principalmente, de transformação cultural. Coincide, portanto, com tudo o que as nações almejam e precisam ao unirem seus esforços em torno de instrumentos como os trazidos em diálogo ao longo deste trabalho.

Desnecessário ressaltar que, não obstante o grupo vulnerável eleito nas reflexões aqui trazidas seja o das pessoas idosas, todos os possíveis ganhos promovidos pelas ferramentas da cultura de paz são adequados e transformadores das diversas espécies de discriminação descritas nos ODS da Agenda 2030.

7. Considerações finais

Se envelhecer é um processo natural pelo qual todas as pessoas que avançam em sua longevidade irão trilhar, pode-se afirmar que todos os consensos internacionais destinados a aumentar a proteção a esse grupo etário podem se somar à Década do Envelhecimento Saudável e às recomendações do Relatório mundial sobre o idadismo, engrossando a Campanha Mundial contra o Idadismo, que é um movimento mundial empenhado em mudar a forma como pensamos, sentimos e agimos em relação à velhice e ao envelhecimento (OPAS, 2023, p. 6).

É um horizonte para se forjar um mundo digno para todas as pessoas, como expressa a ONU em sua Agenda 2030:

> O desenvolvimento sustentável não pode ser realizado sem paz e segurança; e paz e segurança estarão em risco sem o desenvolvimento sustentável. A nova Agenda reconhece a necessidade de construir sociedades pacíficas, justas e inclusivas que ofereçam igualdade de acesso à justiça e que são baseadas no respeito aos direitos humanos (incluindo o direito ao desenvolvimento), em um efetivo Estado de Direito e boa governança em todos os níveis e em instituições transparentes, eficazes e responsáveis. Fatores que dão origem à violência, insegurança e injustiça, como a desigualdade, a corrupção, a má governança e os fluxos financeiros e de armas ilegais, são abordados na Agenda. Devemos redobrar os nossos esforços para resolver ou prevenir conflitos e para apoiar os países em situação de pós-conflito, incluindo por meio da garantia de que as mulheres tenham um papel na construção da paz e do Estado (ONU, 2015, item 35).

Mais que um convite, fica neste trabalho um verdadeiro apelo à paz para pessoas de todas as idades.

Referências

AZEVEDO, André Gomma de (Org.). *Manual de Mediação Judicial.* 6. ed. (Brasília/DF: CNJ), 2016. (390 p.) Disponível em: https://www.cnj.jus.br/wp-content/uploads/2015/06/f247f5ce60df2774c59d6e2dddbfec54.pdf. Acesso em: 06 dez. 2023.

BRAGA NETO, Adolfo. Direitos Humanos, Reconhecimento do sujeito de direitos e mediação de conflitos individuais e coletivos. In: *Mediação e Direitos Humanos:* temas atuais e controvertidos. Coordenador: Antônio Rodrigues Freitas Junior; organizador: Marco Aurélio Serau Junior. São Paulo: LTr, 2014. *E-book*. Acesso em: 07 dez. 2023.

BRASIL. *Lei n. 8.842, de 4 de janeiro de 1994.* Dispõe sobre a política nacional do idoso, cria o

Conselho Nacional do Idoso e dá outras providências. Disponível em: http://www.planalto.gov.br/ccivil_03/leis/L8842.htm. Acesso em: 30 nov. 2023.

______. Estatuto do Idoso. *Lei n. 10.741, 1º de outubro de 2003*. Dispõe sobre o Estatuto do Idoso e dá outras providências. Disponível em: http://www.planalto.gov.br/ccivil_03/leis/2003/L10.741.htm: Acesso em: 30 nov. 2023.

FÓRUM BRASILEIRO DE SEGURANÇA PÚBLICA. *17º Anuário Brasileiro de Segurança Pública*. São Paulo: Fórum Brasileiro de Segurança Pública, 2023. Disponível em: https://forumseguranca.org.br/wp-content/uploads/2023/07/anuario-2023.pdf. Acesso em: 06 dez. 2023.

FREITAS JÚNIOR, Antonio Rodrigues. Notas Introdutórias. In: *Mediação e Direitos Humanos:* temas atuais e controvertidos. Coordenador: Antônio Rodrigues Freitas Junior; organizador: Marco Aurélio Serau Junior. 1. ed. São Paulo: LTr, 2014. *E-book*. Acesso em: 07 dez. 2023.

HIGHTON, Elena I.; ALVAREZ, Gladys S, Elena. *Mediación para resolver conflictos*. 2. ed. 3ª reimp. Buenos Aires: Ad Hoc, 2008. 436 p.

IBGE — Instituto Brasileiro de Geografia e Estatística. *Censo Demográfico 2022:* população por idade e sexo: pessoas de 60 anos ou mais de idade. Resultados do universo. Brasil, Grandes Regiões e Unidades da Federação. Rio de Janeiro. 2023. Disponível em: https://biblioteca.ibge.gov.br/visualizacao/livros/liv102038.pdf. Acesso em: 29 nov. 2023.

ILC-Br. Centro Internacional de Longevidade Brasil. *Envelhecimento ativo:* um marco político em resposta à revolução da longevidade. Rio de Janeiro: Centro Internacional de Longevidade 1. ed. Rio de Janeiro, RJ, Brasil. 119 p. Disponível em: https://ilcbrazil.b-cdn.net/wp-content/uploads/2020/07/Envelhecimento-Ativo-Um-Marco-Pol%C3%ADtico-ILC-Brasil_web.pdf. Acesso em: 29 nov. 2023.

NERI, Anita Liberalesso. *Palavras-chave em Gerontologia*. 4. ed. 1. reimp. Campinas, SP: Editora Alínea, 2019. 334 p.

NERI, Anita Liberalesso; PAVARINI, Sofia Cristina Iost. Formação de recursos humanos em Gerontologia e Desenvolvimento da Profissão. O Brasil em Face da Experiência Internacional. In: FREITAS, Elizabete Viana de; PY, Ligia (Orgs.). *Tratado de geriatria e gerontologia*. 4. ed. Rio de Janeiro: Guanabara Koogan, 2017. p. 2.459-2.481.

OEA. *Convenção Interamericana sobre a Proteção dos Direitos Humanos dos Idosos:* AG/RES.2875 (XLV-O/15): (Aprovada na segunda sessão plenária, realizada em 15 de junho de 2015). Disponível em: https://www.oas.org/en/sare/documents/CIPM_POR.pdf. Acesso em: 30 nov. 2023.

ONU — Organização das Nações Unidas. *Transformando o nosso mundo:* a agenda 2030 para o desenvolvimento sustentável. Resolução A/RES/70/1 [internet]. Nova Iorque: UN; 2015. Disponível em: https://brasil.un.org/pt-br/91863-agenda-2030-para-o-desenvolvimento-sustent%C3%A1vel. Acesso em: 30 nov. 2023.

______. *United Nations Department of Economic and Social Affairs, Population Division* (2021). Global Population Growth and Sustainable Development. UN DESA/POP/2021/TR/NO. 2. Disponível em: https://www.un.org/development/desa/pd/sites/www.un.org.development.desa.pd/files/undesa_pd_2022_global_population_growth.pdf. Acesso em: 30 nov. 2023.

______. United Nations Department of Economic and Social Affairs, Population Division (2022). World Population Prospects 2022: Summary of Results. UN DESA/POP/2022/TR/NO. 3 Disponível em: https://www.un.org/development/desa/pd/sites/www.un.org.development.desa.pd/files/wpp2022_summary_of_results.pdf. Acesso em: 29 nov. 2023.

OPAS. *Envelhecimento ativo:* uma política de saúde. World Health Organization. Tradução Suzana Gontijo. Brasília: Organização Pan-Americana da Saúde, 2005. 60p. : il. Disponível em: https://www.paho.org/en/documents/active-aging-policy-framework. Acesso em: 29 nov. 2023.

______. *Relatório mundial sobre o idadismo.* Washington, D.C.: Organização Pan-Americana da Saúde; 2022. Licença: CC BY-NC-SA 3.0 IGO. Disponível em: https://doi.org/10.37774/9789275724453. Acesso em: 29 nov. 2023.

______. Organização Pan-Americana da Saúde. *Década do Envelhecimento Saudável:* Relatório de Linha de Base. Washington, DC: OPAS; 2022b. Disponível em: https://doi.org/10.37774/9789275726587. Acesso em: 29 nov. 2023.

______. Organização Pan-Americana da Saúde. *A Convenção Interamericana sobre a Proteção dos Direitos Humanos dos Idosos como ferramenta para promover a Década do Envelhecimento Saudável.* Washington, DC: OPAS; 2023. Disponível em: https://doi.org/10.37774/9789275726945. Acesso em: 29 nov. 2023.

VASCONCELOS, Carlos Eduardo de. *Mediação de Conflitos e Práticas Restaurativas.* 6. ed. Rio de Janeiro: Forense, São Paulo: Método, 2018. 209 p.

Ensaio sobre o Potencial da Mediação como Técnica para a Composição de Horizontes Hermenêuticos Conflitantes, no Contexto de Crise da Razão Comunicativa

Kleber Henrique Facchin[1]

Resumo: Com o avanço da globalização e da comunicação mediada por plataformas digitais, o potencial de entendimento entre os membros duma mesma comunidade jurídica vem sendo dilapidado. Caracterizadas pelo intercâmbio de perspectivas símiles em câmaras de eco dedicadas a reafirmar identidades, as redes sociais têm sufocado os canais de diálogo tradicionais, representando uma ameaça à democracia e ao projeto civilizatório. Em grande medida, o déficit de entendimento intersubjetivo decorre da limitação ideológica dos horizontes hermenêuticos. Neste contexto, sob a metodologia indutivo-dedutiva, pretende-se avaliar a possibilidade teórica de aplicar técnicas de mediação para promover a abertura de interfaces entre interlocutores antagônicos, costurando um tecido social formado por valores incontroversos e resgatando os parâmetros para um consenso social mínimo. Pela fusão de horizontes (Gadamer) propriamente mediada, projeta-se reconstruir um mundo da vida (*Lebenswelt*), recobrando este esfacelado pressuposto da razão comunicativa e abrindo caminhos para formar consensos e promover a paz social.

Palavras-chave: Conflitos — Mediação — Hermenêutica — Razão comunicativa.

Abstract: The advancement of globalization and platform-mediated communication is undermining the potential for understanding between the members of a same legal

(1) Mestrando em Filosofia e Teoria Geral do Direito, sob orientação do Professor Associado Dr. Eduardo C. B. Bittar, pelo PPG da Faculdade de Direito da Universidade de São Paulo (USP). Bacharel em Direito pela Universidade Federal de Mato Grosso do Sul (UFMS), Campus Três Lagoas. Analista Judiciário do Tribunal Regional Eleitoral de São Paulo (TRE-SP). E-mail: kleberfacchin@usp. br. https://orcid.org/0000-0001-5391-0276.

community. Characterized by the exchange of simile perspectives into echo chambers for reassuring identities, social media has suffocated traditional channels of communication, comprising a threat against democracy and the civilizing process. It becomes evident that the actual deficit on intersubjective understanding arises largely from an ideological limitation of hermeneutical horizons. In this context, under the sieve of inductive-deductive methodology, this essay intends to evaluate the theoretical possibility to apply mediation techniques in order to open interfaces between antagonistic interlocutors, sewing a social tissue made by uncontroversial values, therefore, rescuing the parameters for a minimum social consent. Towards a properly mediated fusion of horizons (Gadamer), it's projected to reconstruct the lifeworld (*Lebenswelt*), recovering this crumbled prerequisite of communicative reason and opening ways to settle consensus and to promote social peace.

Keywords: Conflicts — Mediation — Hermeneutics — Communicative reason.

Introdução

No mundo natural, os minerais e a matéria orgânica morta apenas existem, embora cumprindo funções próprias para a reprodução ecossistêmica. Já dentre os seres vivos, os vegetais competem pela sobrevivência involuntariamente, por força de mecanismos projetados acidentalmente e reproduzidos pela seleção natural. Os animais, por sua vez, lutam instintivamente pela sobrevivência, confrontando uns aos outros fisicamente, mas somente na medida em que tenham que disputar recursos escassos ou caso sejam eles próprios o objeto de uma disputa. Assim, na natureza, eventuais conflitos se resolvem pela superioridade dos competidores em relação aos seus oponentes. Trata-se do que a doutrina clássica convenciona denominar *autotutela*(2). Sob esse sistema, a justiça se baliza sobre o critério da aptidão natural e se resolve, automaticamente, com o resultado da contenda. O equilíbrio, neste cenário, é assegurado pela moderação natural dos interessados, que se guiam pelo princípio da necessidade(3).

Acontece que o desenvolvimento da fala elevou os conflitos a um novo patamar e, no rastro da instituição da propriedade privada, os seres humanos deixaram de se orientar pela necessidade imediata, passando a adotar um novo paradigma de justiça, modelado pelo diferimento de valores no tempo (se orientando pelo passado, com vistas ao futuro), e passando a considerar contornos políticos antes irrelevantes. Mais adiante,

(2) "Nas fases primitivas da civilização dos povos, inexistia um Estado suficientemente forte para superar os ímpetos individualistas dos homens e impor o direito acima da vontade dos particulares (...). Assim, quem pretendesse alguma coisa que outrem o impedisse de obter haveria de, com sua própria força e na medida dela, tratar de conseguir, por si mesmo, a satisfação de sua pretensão. (...) A esse regime chama-se *autotutela* (ou autodefesa) e hoje, encarando-a do ponto-de-vista da cultura do século XX, é fácil ver como era precária e aleatória, pois não garantia a justiça, mas a vitória do mais forte, mais astuto ou mais ousado sobre o mais fraco ou mais tímido" (CINTRA *et al*, 2006, p. 27).

(3) Refletindo neste mesmo sentido, Francesco Carnelutti assinala que, quando as partes de um conflito "são incivis, se converte numa luta: em virtude desta, o mais forte se sacia e o outro continua com fome. Em contrapartida, se fossem inteiramente civis ou civilizados, dividiriam o pão entre eles, não segundo suas forças, mas segundo suas necessidades" (CARNELUTTI, 2014, p. 26).

com o progresso da filosofia moral, da ética e do Direito, a *justiça* foi alçada a tema de relevância central para a humanidade, de tal modo que temas relacionados à justiça tornam-se cada vez mais intrincados. Nessa mesma medida, o potencial de divergência vem se aprofundando continuamente, ensejando um alto grau de controvérsia e discórdia social.

Segundo afirma Francesco Carnelutti (2014, p. 25-6), "o gérmen da discórdia é o *conflito de interesses*. Quem tem fome, tem interesse de dispor de pão com que se saciar. Se forem dois os que têm fome e o pão basta apenas para um, surge o conflito entre eles". Neste excerto, Carnelutti distingue um fator elementar dos conflitos, consistente numa circunstância objetiva de escassez de bens. Atualmente, a perspectiva sobre esse aspecto econômico dos conflitos vai além, para abarcar os ônus que, inevitavelmente, precisem ser atribuídos a alguém. De forma geral, o conflito intersubjetivo se estabelece devido a um desacordo, a respeito da melhor (ou mais *justa*) solução para distribuir os objetos da disputa, encetado pela pretensão inconciliável de haver para si mais bens ou menos encargos. Assim, sob uma visão teórica mais refinada, retomando a compreensão germinada no ensaio "Conflitos de justiça e limites da mediação para a difusão da cultura da paz" (FREITAS JÚNIOR, 2009, p. 518), o Professor Antonio Rodrigues de Freitas Júnior irá conceituar *conflitos intersubjetivos de justiça* como sendo

> [...] situações em que estejam presentes, simultaneamente, (1) no plano objetivo: um problema alocativo incidente sobre bens tidos por escassos ou encargos tidos por inevitáveis, sejam tais bens e encargos de natureza material ou imaterial; (2) no plano comportamental: consciente ou inconscientemente, intencional ou não, contraposição no vetor de conduta entre dois ou mais sujeitos; (3) no plano moral: percepções não convergentes sobre como tratar o problema alocativo, sob o ângulo dos valores de justiça (FREITAS JÚNIOR, 2014, p. 49).

Nessa concepção, conflitos intersubjetivos de justiça seriam quaisquer situações em que dois ou mais sujeitos evoquem condutas contrapostas, diante de uma divergência *moral* a respeito de um problema alocativo, resumindo-se, basicamente, a uma discordância eficaz sobre a distribuição mais adequada de benefícios ou encargos entre os sujeitos do *conflito*. Partindo desta definição, é possível intuir que o ponto mais sensível dos conflitos residiria no desacordo sobre os critérios da *justiça*. Não por outra razão, desenhando contornos teleológicos que distinguem a mediação da jurisdição, Freitas Júnior (2014, p. 49) considera que a possibilidade de conduzir a mediação com respeito aos *valores morais* dos sujeitos da disputa, postergando o controle de legalidade do acordo para uma etapa ulterior, constituiria "uma das mais relevantes notas diferenciais entre a mediação e a jurisdição".

Aliás, vale dizer que, embora o processo jurisdicional ainda se paute predominantemente pela dicotomia segundo a qual se a pretensão de uma das partes é *justa*, então a pretensão oposta seria *injusta*[4], essa concepção de justiça, gestada sob o paradigma juspositivista, revela-se deveras limitada frente à multifacetada realidade contemporânea, pois ignora tanto a complexidade social do conflito quanto a interação dinâmica entre a *facticidade* das relações jurídicas concretas e a *validade* das normas, que estão permanentemente sujeitas a mudanças legislativas motivadas pela evolução histórica de valores morais que, após debatidos na esfera pública, emergem como matéria suscetível de apreciação parlamentar e deliberação democrática. Sobre este aspecto, merece menção o entendimento de Norberto Bobbio (2013, p. 29), que considera essencial a uma sociedade democrática a recepção pacífica de novos valores, oriundos de adaptações sociais a novos modos de vida e do processo gradual de renovação da Moral por meio do debate e — permito-me acrescentar — da *ação comunicativa.*

O que se quer dizer com isto é que a legislação vigente nem sempre irá corresponder à cultura jurídica predominante na sociedade, num dado momento histórico. De fato, a autolegislação passa pela construção coletiva da Moral, enquanto fonte social do Direito, num processo em que

> [...] *cada um* indica ao *outro* as razões por que ele pode querer que um modo de agir seja tornado socialmente obrigatório. Cada pessoa concernida tem que poder convencer-se de que a norma proposta é, nas circunstâncias dadas, "igualmente boa" para todos. E é a semelhante processo que chamamos justamente de Discurso prático (HABERMAS, 1996, p. 91).

É precisamente sob este prisma que se pretende explorar a possibilidade de tirar proveito das técnicas de mediação para restabelecer os pressupostos da *razão comunicativa*, presumidamente tomada como condição para o regime democrático e, por conseguinte, da maior equivalência possível entre as normas positivadas e os sentidos de *justiça* introjetados pelos participantes do debate público.

Considerando a pressuposta relação causal entre a democracia e a paz social, pretende-se demonstrar que, ao promover a reconexão entre interlocutores divergentes, restabelecendo o potencial de diálogo na esfera pública, a mediação desponta como instrumento de promoção da paz não só em conflitos redutíveis a uma relação processual, mas também na dimensão política, revelando-se uma ferramenta apta a rebocar uma retomada do projeto civilizatório pela via dialógica.

1. O crucial papel da democracia na garantia da paz social

Na introdução a sua obra "*Il futuro della democrazia*", Norberto Bobbio equaciona a estabilidade da paz com a estabilidade da democracia. Segundo ele, a paz no mundo

(4) Conforme reputava Carnelutti (2014, p. 27).

(na perspectiva das relações internacionais, como antítese das guerras entre Estados-nação) seria garantida pela fórmula de uma ordem universal democrática formada por Estados também democráticos (BOBBIO, 2013, p. XV-XVII). Além disso, Bobbio (2013, p. 29) reconhece que a democracia logrou também assegurar a paz no âmbito interno dos Estados democráticos, graças à conversão de potenciais inimigos em adversários que podem ser confrontados pacificamente numa arena política guarnecida pelo ideal de renovação gradual da sociedade através do livre debate de ideias, assim cultivando no seio das sociedades democráticas o *ideal da não violência*. Segundo avalia:

> Le cosí spesso derise regole formali della democrazia hanno introdotto per la prima volta nella storia delle tecniche di convivenza, volte a risolvere i conflitti sociali senza ricorrere alla violenza. (BOBBIO, 2013, p. 29).

Com efeito, são as regras procedimentais dos sistemas eleitoral e legislativo que promovem um ambiente propício à convivência pacífica na sociedade moderna, constituindo a pedra angular que garante a imparcialidade no que toca aos conteúdos democraticamente convertidos em Direito positivo. Conforme assinala Jürgen Habermas (2002c, p. 113), se cada cidadão está inexoravelmente enredado em suas próprias visões de mundo, o caráter formal desses processos teria o condão de impelir "os participantes a assumir o ponto de vista da formação imparcial de juízos", de tal maneira que a sua participação na construção consensual de normas gerais viria a ser qualificada pela busca mútua do entendimento, inscrita numa perspectiva suscetível de ser intersubjetivamente partilhada. Afinal, "uma razão prática que se corporifica em processos e não em conteúdos não assumirá ela mesma nenhum papel paternalista se lhe for conferida uma autoridade pós-metafísica, independente de imagens de mundo em particular" (HABERMAS, 2002c, p. 113). Sendo assim, resta clara a importância dos processos democráticos para assegurar a paz social.

Aprofundando essas reflexões ao campo dos desafios suscitados pelo pluralismo da sociedade pós-moderna e pela consequente multidimensionalidade das demandas por reconhecimento de direitos, vale acompanhar a visão do Professor Freitas Júnior (2019, p. 327) para compreender que o elemento de "aceitação do conflito, como ingrediente natural da vida em sociedade, é característico das sociedades abertas e democráticas". Decisivamente, se a democracia ensejou o maior período de paz em âmbito global, destacando-se como uma das mais importantes conquistas da civilização humana, não há dúvida de que um dos principais aspectos que contribuiu para assegurar a paz sob a égide da democracia foi a tolerância mútua entre ideias divergentes, admitindo-se os conflitos como fenômenos normais da convivência humana, assumindo que as controvérsias podem ser solucionadas através do diálogo e aceitando conviver com as diferenças que ainda não puderam ser consensualmente superadas.

Neste sentido, infere-se que a preservação do regime democrático e da paz que dele decorre dependerá da constante abertura para o diálogo racional, visando ao entendimento mútuo, desenvolvido numa *esfera pública* em que todos possam participar igualmente. Não por acaso, essas condições para o funcionamento ideal da democracia encontram nítida correspondência com os pressupostos do sistema de direitos imbricado no processo de autolegislação. Conforme indica Habermas (1997, p. 158-160), a Constituição do Estado nacional deve reconhecer *direitos fundamentais de cidadania* que permitam aos cidadãos desempenhar seu papel político, livremente e em igualdade de condições, assegurando iguais oportunidades de participação no debate público e na formação da vontade legislativa.

Dentro desse mesmo contexto, Habermas (2002b, p. 58-9) ainda irá apontar que, se não através "de um discurso racional e simultaneamente aberto para o futuro não é possível para nós, seres falíveis, situados no mundo da vida, a *certificação da verdade*". Da citada proposição, é possível extrair importantes conclusões: em primeiro lugar, a noção de que nenhum participante do debate público é portador "da verdade". Dessa premissa, deriva tanto o reconhecimento da contingência inerente a todas as divergentes conjecturas com pretensão de verdade, quanto a consequente disposição para produzir conjecturas coletivamente aceitas como instâncias justificadas de uma *verdade* razoável. Todas essas presunções se inscrevem no princípio geral de reconhecimento do *outro* como igual em direitos, boa-fé política, razão e cidadania, conferem fundamento moral às regras procedimentais de eleição sazonal de representantes políticos e de adaptação gradual das leis, e, assim, subscrevem a garantia da paz pela via democrática.

A propósito, segundo narra Bobbio, Karl Popper teria explicado a democracia, a partir de sua oposição às tiranias, compreendendo como democrático todo sistema de governo em que os cidadãos possam depor os governantes, substituindo-os por outros, sem derramamento de sangue (POPPER *apud* BOBBIO, 2013, p. 29). Ora, é sobre a alternância de poder e a mutabilidade da legislação que repousa a esperança da comunidade política de promover mudanças positivas por meios não violentos. Através dessa abertura para o futuro, a democracia tem o potencial de aplacar eventuais divergências, contendo os conflitos políticos ao âmbito do debate de ideias na sociedade civil.

Similarmente ao governo democrático em oposição à imposição autocrática, também a mediação se distingue da imposição jurisdicional, dentre outros fatores, por seu direcionamento para o futuro. Por exemplo, no caso de uma ação indenizatória por danos morais, o valor pago a título de indenização vem reparar um dano do passado, tendo por finalidade compensar a vítima e inibir o infrator de recorrer na mesma conduta – todavia, deixa intactas as desavenças produzidas na relação social que deu origem ao dano moral. Ou, analisando um litígio sobre um bem imóvel, pode-se supor que de um lado existem um ou mais sujeitos convictos de que um título de propriedade lhes assegura o direito subjetivo de exigir a desocupação e reintegração da posse de um lote de terras, enquanto, de outro lado, um ou mais sujeitos entendem que detêm justa posse sobre a área e que o mais correto seria que lhes fosse reconhecido o direito sobre aquele bem. Com efeito, o Direito estabelece objetivamente os requisitos da usucapião, para que a Jurisdição possa pronunciar o *justo segundo a lei*. Já o tratamento de um conflito de justiça, através da mediação, deve considerar "a justiça na acepção mais trivial de convicção acerca da equidade de possíveis escolhas e decisões no terreno alocativo; não, necessariamente, relacionado [...] com o repertório objetivamente positivado da legalidade" (FREITAS JÚNIOR, 2009, p. 521).

Acontece que uma decisão transitada em julgado num processo jurisdicional sedimenta, juridicamente, apenas a relação entre o bem em disputa e os sujeitos que o reivindicavam, mas não logra solucionar a relação de oposição entre os próprios sujeitos. Significa dizer que a ordem social ainda pode permanecer ameaçada pela percepção subjetiva de que uma injustiça foi chancelada pelo Estado-Juiz. A mediação, por outro lado, ressai como um instrumento notadamente democrático de solução pacífica dos conflitos, uma vez que se vale da elaboração hermenêutica de controvérsias, através do diálogo. Nessa esteira, Freitas Júnior reputa que,

> [...] na promoção da cultura da paz, ferramentas não adversariais como a mediação constituem importantes instrumentos a se ter presentes no imperativo de administração dos conflitos intersubjetivos, especialmente daqueles em que seus protagonistas comportem-se por vetores contrapostos enquanto função da circunstância de serem portadores de valores distintos de justiça (FREITAS JÚNIOR, 2009, p. 529).

Por conseguinte, considerando a imensa relevância da democracia para a paz social e o potencial vislumbrado na mediação para promover o diálogo e a cultura da paz, tudo indica que vale aprofundar os conhecimentos sobre a dinâmica da mediação, envidando esforços para que as suas técnicas possam ser aproveitadas na reconstrução do *mundo da vida*.

2. O papel tradicional da mediação na solução de conflitos

No ínterim do século XX para o século XXI, na obra "Teoria geral do processo", os professores Antônio Carlos de Araújo Cintra, Ada Pellegrini Grinover e Cândido Rangel Dinamarco conceberam a mediação a partir de suas semelhanças e diferenças em relação à *conciliação*, definindo-a como um meio de autocomposição em que os *interessados* trabalham a divergência de perspectivas sobre o problema, contando com a "intermediação de um terceiro, particular, para chegarem à pacificação de seu conflito [...], surgindo o acordo como mera consequência" (CINTRA *et al*, 2006, p. 34). Numa linha semelhante, Bernard Mayer (2000, p. 191) conceitua a mediação como uma abordagem da resolução de conflitos em que um terceiro ajuda as partes a chegarem à sua própria solução.

Sob um prisma geral, a mediação pode ser entendida como a atividade de intervenção de um terceiro imparcial sobre uma interação intersubjetiva conflituosa, com o escopo de encetar uma relação diplomática entre as partes do conflito. De acordo com Mayer, isso seria possível devido a quatro frentes pelas quais os mediadores alteram a dinâmica dos conflitos:

> What is the essence of what mediators bring to a conflict to limit its destructiveness and promote effective resolution efforts? I believe there are four major ways in which mediators alter a conflict dynamic. *They alter the structure of the interaction.* [...] The disputants have to alter their approach to the conflict simply to accommodate the participation of someone with whom they are not in conflict. [...] *They bring their personal commitment, vision and humanity to the interaction.* [...] The energy and optimism of a mediator are often the most important contribution that he or she can make. [...] A mediator's warmth, sense of humor, commitment to the disputants, and the ability to establish rapport with them are critical to effective mediation. *They bring a set of skills and procedures* [...] including abilities in communication, reframing, conflict analysis, problem solving, negotiation, crisis management, maintenance of neutrality and conflict resolution design. [...] They usually have a particular sequence of stages they try to take parties through, a set of ground rules, and a specific approach to identifying issues, interests, opinions, and relevant information. [...] The very existence of a clear approach is comforting to many disputants and adds a certain predictability and definition to the interaction process. [...] *They bring a set of values and ethics.* [...] Disputants not necessarily adopt these values, but by entering into mediation they implicitly acknowledge them and therefore cannot help but buy into them to some extent. For example, a mediator is generally committed to helping parties search for an outcome that adequately addresses each of their key concerns [...] These ethical commitments are a foundation on which parties can develop trust, respect, and comfort whit the mediation process (MAYER, 2000, p. 192-3).

Acontece que, na prática, o que se observa, de forma geral, é que a mediação remanesce restrita mormente ao campo dos conflitos entre indivíduos ou grupos específicos, enquanto "nas arenas políticas, quem se defronta são agentes coletivos, que discutem sobre objetivos coletivos e acerca da distribuição dos bens coletivos" (HABERMAS, 2002a, p. 230). Particularmente, este ensaio visa examinar o alcance da mediação para além dessas fronteiras institucionais, como atividade humana comunicativa dedicada à elaboração de soluções políticas, visando a paz social.

3. A mediação como ferramenta política

Retomando a antiga ideia de Cintra, Grinover e Dinamarco, segundo a qual a mediação poderia ser definida em oposição à conciliação, distinguindo-se pelo seu foco na elaboração do conflito, ao invés de se orientar pela negociação de um acordo (CINTRA *et al*, 2006, p. 34), pode-se bem intuir que, quanto mais o diálogo entre as partes conflitantes se desloca da esfera dos *interesses* para a esfera dos *valores morais*, na qual se acham inscritos os variados critérios da justiça, mais perto se parece chegar da real vocação da mediação, qual seja a de fomentar o entendimento e promover a fusão de horizontes hermenêuticos dissonantes. Na visão de Freitas Júnior (2009, p. 513), "a hermenêutica pode constituir a ferramenta metodológica e o fundamento teórico nuclear dos saberes direcionados ao desenvolvimento da mediação".

A partir dessa compreensão, assumindo que o *medium* da mediação é o diálogo e que o seu intuito é promover o *entendimento*, e não simplesmente um acordo chancelado pela autoridade estatal, a prática da mediação vem assumir um papel de relevância cardial para o desenvolvimento da democracia em sociedades plurais, revelando-se como uma útil ferramenta para concretizar a concepção habermasiana de democracia deliberativa. Eis que, de acordo com Jürgen Habermas,

> [...] A prática de *entendimento* distingue-se da prática de *negociação* através de sua finalidade: num caso, a união é entendida como consenso, no outro como pacto. No primeiro, se apela para a consideração de normas e valores; no segundo, para a avaliação de situações de interesses (HABERMAS, 1997, p. 178).

No rastro dessa distinção, não é difícil notar que a mediação tem uma vocação geralmente ignorada para aprimorar o processo democrático. Acompanhando a conclusão do Professor Freitas Júnior (2009, p. 526) a respeito de experiências narradas por Bernard Mayer, entende-se que "a mediação pode constituir um extraordinário instrumento de calibração responsável na implementação da agenda da democracia participativa, compondo, por exemplo, um quadro de viabilidade para experimentos análogos aos do chamado orçamento participativo e outros de semelhante inspiração".

Neste sentido, aliada a instâncias de participação popular direta no governo democrático, tais como as audiências públicas[5], os conselhos participativos[6] e assembleias

(5) Previstas pelo art. 32 da Lei n. 9.784/1999, para debate de matérias de reconhecida relevância, antes da tomada de decisão em processos administrativos.

(6) A exemplo dos conselhos populares, criados pela Presidente Dilma Rousseff através do Decreto presidencial n. 8.243, de 23 de maio de 2014, extintos pelo Decreto n. 9.759, de 11 de abril de 2019, de Jair Bolsonaro, e substituídos pelos Conselhos de Participação Social, criados pelo Decreto n. 11.406, assinado pelo Presidente Lula em 31 de janeiro de 2023.

cidadãs(7), parece efetivamente promissor explorar o potencial da mediação para alcançar o entendimento, aplicando-se técnicas tais como as abordadas por Bernard Mayer (2000, p. 191-3) a fim de fomentar consensos que possam ser comunitariamente partilhados.

4. O contexto de fragmentação do mundo da vida e crise da razão comunicativa, no paradigma das mídias sociais

O *mundo da vida* (*Lebenswelt*) é explicado por José Bolzan (2005, p. 106), em seu livro sobre *Habermas*, "como um horizonte de sentido, o qual permite aos sujeitos, capazes de falar e agir, entenderem-se sobre algo, seja do mundo objetivo, do mundo social ou do mundo subjetivo". Consoante leciona Habermas:

> [...] o mundo se revela e é interpretado de modo diferente segundo as perspectivas dos diversos indivíduos e grupos — pelo menos num primeiro momento. [...] É essa multiplicidade de perspectivas interpretativas que explica por que o sentido do princípio da universalização não se esgota numa reflexão monológica segundo a qual determinadas máximas seriam aceitáveis como leis universais *do meu ponto de vista*. É só na qualidade de participantes de um diálogo abrangente e voltado para o consenso que somos chamados a exercer a virtude cognitiva da empatia em relação às nossas diferenças recíprocas na percepção de uma mesma situação (HABERMAS, 2007, p. 9-10).

Ora, qual não será a pluralidade de perspectivas de significação do mundo, num cenário marcado precisamente por abraçar a diversidade? O pós-modernismo, conforme descreve David Harvey (2013, p. 49), "nada, e até se espoja, nas fragmentárias e caóticas correntes da mudança, como se isso fosse tudo o que existisse". Portanto, se a *convergência* é um pressuposto para a dissuasão dos conflitos, a pluralidade de ideias e informações que caracteriza o que se convencionou chamar de pós-modernidade, evidentemente, constitui um embaraço para o convívio harmônico entre os indivíduos. Veja-se que, conforme vem advertir Byung-Chul Han (2021, p. 57), a digitalização e a globalização da cultura ensejam o esfacelamento das tradições culturais que compõem um *mundo da vida* comum.

> Não estamos mais *lançados* [*geworfen*] em um mundo-da-vida que percebemos como evidente e sem problemas. [...] Ao lado da globalização, a digitalização e a conexão aceleram a desintegração do mundo da vida. A *desfatualização* e a *descontextualização* crescentes do *mundo da vida* destroem esse "pano de fundo holístico" da ação comunicativa (HAN, 2021, p. 57).

(7) Experiências capitaneadas por Universidades e organizações da sociedade civil em defesa da democracia, a fim de fomentar a participação popular no debate de questões complexas, rumo à realização do modelo de democracia deliberativa.

Constitui-se um ciclo vicioso: quanto mais os indivíduos observam a erosão da cultura comum na sociedade em que se encontram materialmente inseridos, maior é a necessidade psicológica de encontrar referenciais de identidade. O sentimento de liberdade para escolher cada aspecto da identidade individual vem acompanhada de um acolhimento virtual. A abertura para inscrever-se em canais ou comunidades em redes sociais satisfaz uma necessidade social de pertencimento a um coletivo, pois permite que o indivíduo se identifique como membro de determinada prática social, seita religiosa, corrente filosófica ou movimento cultural. "No campo da direita, até mesmo teorias conspiratórias são retomadas como *ofertas de identidade*. As tribos digitais tornam possível uma experiência forte de identidade e pertencimento. Para elas, informações não constituem *fontes de saber, mas de identidade*" (HAN, 2021, p. 58).

Conforme adverte Habermas, o problema vem sendo acentuadamente agravado pela alarmante constituição de esferas *semipúblicas*, deslocando o debate político para uma dimensão que parece mais privada do que pública, imersa nas profundezas das redes sociais, constituindo as assim chamadas "*self-supporting echo chambers*": câmaras em que todos repetem percepções similares, sustentando reciprocamente as convicções e identidades uns dos outros. Por conseguinte, as esferas *semipúblicas* das mídias sociais, simulando uma pluralidade de esferas públicas, rebaixam virtualmente a *esfera pública política* à categoria de apenas mais uma dentre tantas esferas públicas concorrentes (HABERMAS, 2022, p. 166). Decorre, então, que este fenômeno tem banalizado explicitamente a figura de importantíssimos *mediadores* do debate público, tais como os jornalistas profissionais e os intelectuais, filósofos, acadêmicos professores ou cientistas. Sob o nivelamento das mídias sociais, toda *opinião* tem o mesmo peso.

5. Reflexões à guisa de conclusão: A mediação como via de reintegração do mundo da vida

Pois bem. Ao mesmo tempo que os fatores de fragmentação da esfera pública e esfacelamento do *mundo da vida* dificultam a realização de processos de entendimento, suscitam a urgente necessidade de implementar procedimentos e técnicas que venham otimizar e harmonizar a interação comunicativa, aplacando animosidades determinadas afetivamente e agregando níveis mínimos de racionalidade à prática argumentativa.

Segundo se extrai das lições de Mayer (2000, p. 199-201), o caráter procedural da prática de mediação tem uma importância própria, pois funciona como artifício prático que assegura o funcionamento da interação. Em cada caso, as próprias regras do processo podem ser objeto de argumentação e serem definidas mediante um arranjo consensual das partes, mas, conforme considera, a existência de um processo é normalmente mais importante do que o processo em si, pois predefinição de regas proporciona clareza e previsibilidade à dinâmica de interação, além de possibilitar maior controle por parte do mediador (MAYER, 2000, p. 193). Essa ideia vai bem ao encontro do papel central atribuído por Habermas aos processos comunicativos:

> Qualidades procedimentais do processo de argumentação fundamentam a esperança racional de que as informações e fundamentos decisivos sejam "postos na mesa" e "venham à tona". Desde que os participantes da argumentação partam de que este é o caso, não existe para eles nenhum fundamento para se deixar perturbar pelas qualidades procedimentais insuficientes do processo de comunicação (HABERMAS, 2002b, p. 69).

Notadamente, a grande virtude dos processos é descentrar o resultado dos sujeitos envolvidos para uma estrutura formal, objetiva e palpável, à qual os participantes creditam *confiabilidade*. Ora, entre partes que estão em conflito é natural que não haja um nível de confiança mútua suficiente para sustentar, no plano subjetivo, o desenvolvimento de uma interação saudável e de resultados que venham a ser invariavelmente aceitos como válidos.

Tradicionalmente, aos cientistas era confiado o mister de proceder estudos visando validar epistemologicamente hipóteses sobre a realidade do mundo. Já o papel de conduzir o desvelamento dos fatos rumo à realidade histórica, por sua vez, era atribuído a jornalistas e historiadores. Similarmente, desde a criação da Justiça Eleitoral, o eleitorado depositara nas suas instituições a confiança para a condução do processo de escolha popular dos representantes políticos. E, ainda, no modelo de democracia representativa o povo outorgaria a seus mandatários o múnus de institucionalizar o debate público e tecer a trama do Direito através da deliberação parlamentar e do processo legislativo, visando ao bem-comum. Acontece que a confiança normalmente atribuída a essas instituições está abalada, no bojo de uma crise de legitimação que põe em dúvida todas as certezas outrora consolidadas.

No paradigma moderno, dentro do qual se enquadra o modelo das mídias de massa, cada um desses atores institucionais costumava exercer a função de tutelar *"uma verdade"* aceita de modo mais ou menos generalizado, germinando no seio social um arcabouço de subentendimentos e, destarte, facilitando a construção de consensos. Intui-se que tal capacidade de coesão do mundo da vida decorre de dois fatores principais: o primeiro deles é a aceitação quase universal do pressuposto formal de *imparcialidade* desses mediadores, durante o exercício de suas funções. O segundo, do qual se nutre o primeiro, é a profissionalização dessas funções. Ora, conforme bem apontou Mayer (2000, p. 190-3), os mediadores se distinguem pela sua competência, pelas suas habilidades de comunicação, análise de conflitos, resolução de problemas, manutenção da *neutralidade*, assim como pela sua bagagem ética. Pode-se inferir que tais atributos devem ser construídos ao longo de uma formação profissional. Afinal, segundo assinala, "*mediation is a role, a skill, an approach, and a practice specialty*" (MAYER, 2000, p. 190).

De outro lado, tem-se observado que, no protótipo de comunicação concebido nas mídias sociais, inexiste papel equivalente ao qual tenha sido atribuída qualidade de imparcialidade ou neutralidade *performativa*. Logo, trata-se de um modelo descentralizado que carece de mediadores.

Nesta toada, sugere-se a necessidade de regulamentar as mídias sociais e de resgatar o prestígio profissional do jornalismo e estimular a profissionalização dos serviços de mídia(8) que, afinal, atuam como mediadores na esfera púbica. Trata-se de um esforço para restabelecer uma categoria de entidades comunicacionais, dotadas de imparcialidade performativa e que gozem da confiança da sociedade.

Na perspectiva da "*fusão de horizontes*", tal como concebida por Hasn-Georg Gadamer, projeta-se que, na qualidade de participantes do debate público, especialmente no âmbito das Assembleias Cidadãs e de outras instâncias participativas, possamos "... ultrapassar reflexivamente nossas posições de partida hermenêuticas a cada vez diferentes e chegar a concepções partilhadas sobre uma coisa disputada" (HABERMAS, 2002b, p. 55-6). Desde que as variadas concepções hermenêuticas sejam propriamente mediadas por atores profissionalmente capacitados, dotados de *imparcialidade performativa*, e — sobretudo — universalmente reconhecidos por esses atributos, tudo indica que a atuação de tais mediadores, intermediando desde conflitos individuais até amplas disputas políticas, vem abrir um novo caminho para a reintegração dos mundos da vida e para a consequente restauração de um *ethos* comunicativo saudável, pautado pela racionalidade, pela empatia e respeito ao *outro*.

Partindo do quanto exposto até aqui, conclui-se que a mediação, como prática para fomentar a reconexão de interlocutores discordantes, tende a obter resultados democraticamente profícuos, como o sentimento de pertencimento a uma mesma comunidade política e a revitalização do diálogo, naturalmente sucedidos pelo fortalecimento da democracia e da noção de autolegislação, do que são consectários, a seu turno, o aumento da estabilidade social e a disposição para buscar soluções não violentas para os conflitos, assim fomentando a fraternidade e a paz social.

Referências

BOBBIO, Norberto. *Il futuro della democrazia:* il comune denominatore di tutte le questioni politicamenti rilevanti. 7. ed. Torino: Giulio Einaudi editore, 2013.

(8) A respeito, Habermas assinala que "the *public communication* steered by *mass media* is the only domain in which the noise of voices can condense into relevant and effective public opinions. Our topic is how digitalisation has changed the media system that steers this mass communication. The technically and organisationally highly complex media system requires a professionalised staff that plays the *gatekeeper* role (as it has come to be called) for the communicative currents from which the citizens distil public opinions. This staff comprises journalists who work for the news services, the media and the publishing houses – in other words, specialists who perform authorial, editorial, proofreading and managerial functions in the media and publishing business" (HABERMAS, 2022, p. 157).

BOLZAN, José. *Habermas:* razão e racionalização. Ijuí, RS: editora Unijui, 2005.

CARNELUTTI, Francesco. *Como se faz um processo.* Leme, SP: Edijur, 2014.

CINTRA, Antônio Carlos de Araújo; GRINOVER, Ada Pellegrini; DINAMARCO, Cândido Rangel. Teoria geral do processo. Prefácio do Prof. Luís Eulálio de Bueno Vidigal. 22. ed., rev. e atualizada, de acordo com a EC n. 45, de 8.12.2004 e com a Lei n. 11.232, de 22.12.2005. São Paulo: Malheiros, 2006.

FREITAS JÚNIOR, Antonio Rodrigues de. Conflitos de justiça e limites da mediação para a difusão da cultura da paz. In: *As grandes transformações do processo civil brasileiro:* homenagem ao Professor Kazuo Watanabe. Coord. Carlos Alberto de Salles. São Paulo: Quartier Latin, 2009. p. 509-534.

______. Entendendo os conflitos: para um conceito de conflito intersubjetivo de justiça. In: *Revista Parlamento e Sociedade*, São Paulo, v. 2, n. 3, p. 39-50, 2014.

______. Teoria geral do conflito — visão do Direito. In: *Conciliação e Mediação* — Ensino e Construção. Organização de Valeria Ferioli Lagrasta e Roberto Portugal Bacellar. 2. ed. São Paulo: Instituto Paulista de Magistrados – IPAM, 2019. p. 343-353.

HABERMAS, Jürgen. *A ética da discussão e a questão da verdade.* Organização e introdução Patrick Savidan. Trad. Marcelo Brandão Cipolla. 2. ed. São Paulo: Martins Fontes, 2007.

______. A luta por reconhecimento no Estado democrático de direito. Tradução de Paulo Astor Soethe. In: *A inclusão do outro: estudos de teoria política.* São Paulo: Loyola, 2002a. p. 229-267.

______. *Agir comunicativo e razão destranscendentalizada.* Tradução de Lúcia Aragão. Rio de Janeiro: Tempo Brasileiro, 2002b.

______. *Direito e democracia:* entre facticidade e validade. vol. 1. Tradução de Flávio Beno Siebeneichler. Rio de Janeiro: Tempo Brasileiro, 1997.

______. O que é a pragmática universal? In: *Racionalidade e comunicação.* Tradução de Paulo Rodrigues. Lisboa: Edições 70, 1996. p. 9-101.

______. "Racional" *versus* "Verdadeiro": ou a moral das imagens de mundo. Tradução de Paulo Astor Soethe. In: *A inclusão do outro:* estudos de teoria política. São Paulo: Loyola, 2002c. p. 89-119.

______. Reflections and hypotheses on a further structural transformation of the political public sphere. In: *Theory, Culture & Society*, v. 39 (4), 2022, p. 145-171. Disponível em: https://doi.org/10.1177/02632764221112341.

HAN, Byung-Chul. *Infocracia:* digitalização e a crise da democracia. Tradção de Gabriel S. Philipson. Petrópolis, RJ: Vozes, 2021.

HARVEY, David. *Condição pós-moderna:* uma pesquisa sobre as origens da mudança cultural. Tradução de Adail Ubirajara Sobral e Maria Stela Gonçalves. 24. ed. São Paulo: Loyola, 2013.

MAYER, Bernard. *The dynamics of conflict resolution:* a practitioner's guide. San Francisco: Jossey-Bass, 2000.

Bullying, Mediação e Justiça Restaurativa: Considerações sobre Conflitos Intersubjetivos de Justiça Escolar em Perspectiva Antissubordinatória

Ligia Pereira Braga Vieira[1]

Resumo: O *bullying* escolar é modalidade de violência que nos dias atuais tem-se revelado um grande obstáculo à concretização do direito à educação de crianças, adolescentes e jovens no mundo todo. Caracterizando-se, principalmente, por um tipo de intimidação sistemática que pressupõe uma relação de desequilíbrio de poder que é validada, voluntária ou involuntariamente, pelo grupo social em que os envolvidos estão inseridos, o *bullying* no ambiente escolar reproduz, com as intensidades próprias do peculiar estágio de desenvolvimento dos atingidos, dinâmicas culturais e estruturais de poder que crianças, adolescentes e jovens vivenciam em suas relações sociais em geral. Expressando conflitos estruturais em perspectiva infantil e juvenil, o *bullying* escolar desafia não apenas os métodos tradicionais, como também os métodos alternativos de resolução de conflitos, dentre outras razões que passam pela peculiar condição de pessoas em desenvolvimento dos atingidos, pela necessidade de estabelecer bases mínimas que permitam não apenas cessar a violência, como também promover a neutralização das hierarquizações que autorizaram o contexto ensejador da intimidação, de forma a viabilizar a retomada da convivência diuturna entre envolvidos, assim como também entre estes e toda a comunidade escolar, em contexto pedagógico de equidade, de cultura de paz e de respeito à dignidade. Mediação e justiça restaurativa despontam, neste contexto, como possibilidades de métodos alternativos de resolução dos conflitos presentes no *bullying* escolar, mas exigem, como o presente trabalho pretende propor, metodologias de *justiça escolar* que contemplem não apenas o

(1) Procuradora do Estado de São Paulo. Mestranda pela Faculdade de Direito da Universidade de São Paulo, sob a orientação da Professora Doutora Eunice Maria de Jesus Prudente. Especialista em Direito do Estado e em Direitos Fundamentais e Políticas Públicas pela Escola Superior da Procuradoria Geral do Estado de São Paulo.

empoderamento de indivíduos e de grupos em perspectiva antissubordinatória de raça, gênero e classe social, mas, também e principalmente, a perspectiva e o protagonismo infanto-juvenis.

Palavras-chave: *Bullying* — Justiça escolar — Hierarquização — Mediação — Justiça restaurativa — Empoderamento.

Introdução: a escola e as experiências de justiça

A escola, como instituição que materializa a educação institucional, guarda ambiguidades: se, por um lado, é equipamento que revela vocação democratizadora ao viabilizar o acesso ao patrimônio cultural, científico e tecnológico acumulado pela humanidade, por outro lado, contraditoriamente, reproduz autoritarismos, desigualdades e violências, e, portanto, suas próprias experiências de injustiça. Ao longo da história da humanidade, protagoniza papel importante na "ofensiva civilizatória" empreendida pela modernidade ocidental, em si reservando uma operacionalidade industrial que é, porém, contraposta pela própria capacidade de ensejar a crítica, a inquietação e a contestação que a veia educacional produz. Calado (2020, p. 1) debruça-se sobre uma determinada concepção de educação escolar que bem explicita a questão:

> Aqui, adotamos uma específica concepção de educação. Consideramos a educação escolar uma prática social contraditória, uma vez que é objeto de interesses antagônicos. A sua peculiaridade política, por exemplo, reside na combinação do conhecimento construído historicamente e sistematizado com os interesses de classe (FRIGOTTO, 2010). Deste modo, tanto pode reproduzir o status social vigente, como pode contribuir para transformá-lo. Essa perspectiva explica a aposta em uma educação para a democracia, isto é, que prepara o homem para o exercício da cidadania plena, na qual o cidadão é entendido não apenas como o portador de direitos, mas sim como aquele em condições de compreender esses direitos e fazê-lo objeto de debate e de reivindicações (grifos nossos).

É dessa arena de contraposições que a escola é feita. É no exercício do direito à educação que se efetivam eficazmente direitos atuais e se conquistam direitos potenciais.

A hipótese tratada nestas linhas parte da premissa de que a escola, como instituição que exerce tutela sobre crianças e adolescentes, pode se apresentar como um campo de realização ou de produção de experiências de justiça[2], no que diz respeito aos conflitos,

(2) A expressão "experiências de justiça" é aqui empregada em um esforço de abranger tanto a possibilidade de produzir, perante a comunidade escolar, a percepção de que se experimenta o justo (subjetivamente considerado) nas relações empreendidas no ambiente escolar, como, também, a prerrogativa institucional de exercer jurisdição, editando comandos ou sanções que visam a regular, conduzir ou induzir comportamentos.

às violências e às disputas(3) que atingem a comunidade escolar nas relações havidas no contexto da concretização da educação como um direito.

Na dinâmica que busca desvendar a interlocução entre a educação, o direito e as experiências de justiça no ambiente escolar, é primordial lançar luz sobre a vocação primeira da escola, que é a de proporcionar acesso ao conhecimento humano acumulado no decorrer da história e, por meio dele, a habilidade de raciocinar criticamente, de descortinar os vieses implícitos e os diferentes enquadres (CALADO, 2020) subalternizantes — tais como o racismo, a branquitude, o sexismo, a lgbtfobia, o capacitismo, e etc. – que permeiam a cultura, os discursos, as políticas, e mesmo as leis e as normas (COOMBE, 2001).

Uma percepção sobre o justo produzida em contexto cultural e jurídico estruturado por direitos humanos depende, de fato, de que o direito à educação crítica e plural, prescrito na Constituição Federal de 1988, seja implementado no chão da escola de maneira a viabilizar a exposição desses enquadres(4) e das iniquidades por eles induzidas.

Bullying escolar e a "pedagogia das hierarquias": Conflitos violentos afligindo a(o) educanda(o) em desenvolvimento

O fenômeno que se popularizou sob a denominação de *bullying* escolar é importante expressão dos conflitos que podem engatilhar a percepção da justiça como valor e como jurisdição no contexto das relações empreendidas no ambiente escolar, inclusive no que diz respeito ao ambiente escolar virtual. Caracterizando-se, principalmente, por um tipo de intimidação sistemática que pressupõe uma relação de desequilíbrio de poder(5) que é validada, voluntária ou involuntariamente, pelo grupo social em que os envolvidos estão inseridos, o *bullying* no ambiente escolar reproduz, com as intensidades próprias do peculiar estágio de desenvolvimento dos atingidos, dinâmicas culturais e estruturais de poder que crianças, adolescentes e jovens vivenciam em suas relações sociais em geral, dentre elas incluindo-se as que estabelecem com os próprios agentes escolares adultos, detentores que são dos poderes de tutela, educação e cuidado em relação aos educandos, por um lado, e de gestão e de decisão perante as instâncias institucionais do ambiente

---

(3) Adota-se, na distinção entre conflito e disputa, a posição de Bruno Takahashi (Takahashi, 2019), que, descrevendo as etapas do conflito, afirma ser a disputa a etapa em que o conflito se torna público através da reivindicação perante alguma instituição que detenha função decisória, não necessariamente o Judiciário.

(4) Empregado aqui no sentido de fazer adaptação, ajuste ou, ainda, corrigir, disciplinar; Em Costa (2012) como sendo as normas que possibilitam as ações e os comportamentos dos sujeitos, bem como o desenvolvimento dos fenômenos, o estabelecimento de relações e a expressão de comportamentos. (p. 22).

(5) O § 1º do art. 1º da Lei n. 13.105/86 destaca a presença de uma relação de desequilíbrio de poder na definição legal de *bullying* ali trazida: "[...] § 1º No contexto e para os fins desta Lei, considera-se intimidação sistemática (***bullying***) todo ato de violência física ou psicológica, intencional e repetitivo que ocorre sem motivação evidente, praticado por indivíduo ou grupo, contra uma ou mais pessoas, com o objetivo de intimidá-la ou agredi-la, causando dor e angústia à vítima, *em uma relação de desequilíbrio de poder entre as partes envolvidas*." (sem itálicos no original).

escolar, por outro lado. Ellen de Lima Souza (Souza, 2016) cita Colorosso para apontar os 3 (três) elementos nucleares da prática do *bullying*:

> O *bullying* é uma atividade consciente, desejada e demasiadamente hostil orientada pelo objetivo de ferir, induzir o medo pela ameaça de futuras agressões e criar terror. Seja premeditada ou aleatória, óbvia ou sutil, praticada de forma evidente ou às escondidas, identificada facilmente ou mascarada na relação de aparente amizade, o *bullying* incluirá sempre três elementos: desequilíbrio de poder, intenção de ferir e ameaças de futuras agressões. Quando o *bullying* se desenvolve e se torna mais sério, um quarto elemento é acionado: o terror.

Viabiliza-se o *bullying*, assim, em ambiente escolar onde predominam as dinâmicas de hierarquização social, ou de atribuição de *status* social segundo o grau de estima ou de valorização social havida junto ao grupo. De uma certa maneira, a intimidação sistemática praticada pelo(s) agressor(es) se dá não apenas em relação ao indivíduo ou ao grupo que é o alvo expresso da intimidação, mas, sim, em relação ao corpo social que integra(m) como um todo, já que este, justamente em razão do alto grau de *status* social e de poder de influência ostentados pelo(s) agressor(es), acaba por validar a prática ofensiva, direta ou mesmo indiretamente, tanto pelo medo, como pela afinidade ou admiração[6].

Se, por um lado, porém, as agressões são comumente exercidas pelos mais "fortes" ou por aqueles que ostentam grau mais elevado na escala de "*status*" social, é verdadeiro afirmar que os alvos das agressões são aqueles que padecem com a falta de *status* ou de estima social no contexto do grupo em que se inserem.

Gênero, raça, classe social e etnia, religião, identidade e orientação sexual, ser pessoa portadora de deficiência, pessoa gorda, magra, alta ou baixa, subsumir-se aos padrões ou aos estereótipos de beleza, de comportamento, de expressão estética. As categorias elencadas, verdadeiros valores arraigados socialmente por todo um passado histórico colonial que é, na idade contemporânea atual, consagrado pelos valores predominantes no Ocidente, determinam lugares sociais estabelecidos pela corrente cultural majoritária e predominante, produzem estigmas e estereótipos que induzem o grau de valorização

(6) Não raro a validação se dá através do riso. Tratando da psicologia social do humor, Moreira (2019) explica que o efeito cômico depende do contexto cultural e de uma certa subversão das expectativas sobre como as pessoas deveriam se comportar em certos lugares ou situações (teorias da incongruidade). Tem, portanto, uma dimensão comparativa que constrói reputações e exige a afirmação da superioridade do grupo cujo riso é induzido (teorias da superioridade). E enseja sensação de prazer que decorre da possibilidade de expressar uma agressividade até então dissimulada em relação ao outro (teorias psicanalíticas do humor), de maneira que esse tipo de humor hostil ou derrogatório é forma de violência que, substituindo o impulso agressivo, aumenta a indisposição em relação a outros grupos, reforçando estereótipos e estigmas sociais subalternizantes. Daí a importância do papel do humor no contexto dos conflitos que ocorrem no ambiente escolar.

social a ser usufruído nas relações, independentemente do mérito ou das oportunidades de cada um.[7]

Mas há uma categoria pouco lembrada como fator estruturante das relações de poder em sociedade: a da pessoa infanto-juvenil. Ellen de Lima Souza bem ilustra a questão ao afirmar que "Enquanto um ser humano não é adulto, a sociedade não o considera pleno." (*ibidem*, 2016, p. 82). Apesar dos avanços trazidos com a Constituição Federal de 1988, que, nos tópicos em que cuidou dos interesses da infância, da adolescência e da juventude (no Capítulo VII do Título VIII, arts. 227 a 229), trouxe disposições que incumbiram à toda a sociedade o dever de resguardá-los de agressões e de opressões, e de cuidar do seu pleno desenvolvimento, inclusive através da edição de marcos legais que consagram o sistema dos direitos fundamentais das crianças, adolescentes e jovens[8], Souza explica (*ibidem*, 2016, p. 83) que, no espectro da corrente social predominante e majoritária, prevalecem ainda os valores adultocêntricos:

> As relações travadas entre adultos *versus* crianças e adolescentes não são necessariamente naturais como nos foram ensinadas, mas foram historicamente construídas, a fim de fortalecer uma sociedade de valores adultocêntricos. Por isso, o comportamento do adulto para com crianças e adolescentes é alicerçado por uma percepção desumanizadora e absolutamente ligada a um imaginário de dependência e escravidão.

Não há, portanto, como desenvolver e aplicar, na escola, possíveis metodologias de resolução dos conflitos presentes no *bullying* escolar, sem desvendar o funcionamento das dinâmicas estruturantes de hierarquização social que viabilizam o contexto de intimidação através da educação e de seus recursos pedagógicos. Há o risco, em verdade, de, negligenciando o estudo das opressões e hierarquizações estruturais, se reproduzir, nas pedagogias escolares, a cultura majoritária afeiçoada às dinâmicas de subalternização prevalecentes, promovendo educação orientada por uma pedagogia das hierarquias.[9]

---

(7) Em última instância, pensar a hierarquização social sob a ótica dos estigmas e dos estereótipos é aplicar a teoria da discriminação interseccional que, segundo Moreira (2020, p. 413), "[...] está baseada na premissa de que a luta requer a consideração das diferentes formas de discriminação a que muitos sujeitos sociais estão submetidos."

(8) Dentre as leis editadas a partir dos comandos insculpidos nos arts. 227 a 229 da Constituição Federal a propósito da proteção integral e prioritária de crianças, adolescentes e jovens estão o Estatuto da Criança e do Adolescente (Lei n. 8.069/90), o Estatuto da Juventude (Lei n. 12.852/13) e o Marco Legal da Primeira Infância (Lei n. 13.257/2016).

(9) É a problemática revelada, por exemplo, pelas dificuldades em dar efetividade às Leis ns. 10.639/09 e 11.645/08, que alteraram a Lei de Diretrizes e Bases da Educação (Lei n. 9.394/96) para, em cumprimento ao art. 242, § 6º, da Constituição Federal, determinar que o ensino da História da África e das contribuições dos povos africanos e indígenas originários para a formação e o desenvolvimento do estado brasileiro permeiem transversalmente todo o currículo escolar.

Outro aspecto importante a se considerar é o da própria caracterização do conflito que envolve sujeitos infanto-juvenis como atores protagonistas, e os sujeitos adultos (educadores e agentes escolares) e institucional (escola propriamente dita) como atores tutores. Embora a definição de conflito intersubjetivo de justiça trazida pelo Prof. Antonio Rodrigues de Freitas Jr. (2019)[(10)] pareça se ajustar ao cenário dos embates presentes no *bullying* escolar, a peculiar condição de pessoas em desenvolvimento presente nos protagonistas traz complexidades, por exemplo, quanto a terem sido adquiridos ou não, pelos sujeitos infanto-juvenis envolvidos, os recursos orgânicos e psíquicos que permitam detectar e perceber o movimento de contraposição no vetor de conduta do outro, ou mesmo a divergência quanto aos valores de justiça. Caberia falar em conflito se no plano comportamental e no plano moral, as percepções não convergentes sobre como lidar com o problema alocativo fossem percebidas apenas pelos tutores (agentes escolares e escola), e não pelo sujeito infanto-juvenil atingido? E quanto a eventuais observadores infanto-juvenis coadjuvantes em postura de validação, voluntária ou não, da intimidação sistemática: que papel lhes caberia no conflito?

Parece importante considerar, no mais, a recente criminalização da prática do *bullying*[(11)], que se dá, em verdade, subsidiariamente, desde que a conduta não constitua crime mais grave, consoante se extrai da letra expressa do tipo penal. A ressalva é importante, uma vez que os atos de intimidação sistemática não raro traduzem-se na prática de crimes (ou de atos infracionais correlatos) de racismo e de homofobia, além de outros crimes graves que possam atentar, por exemplo, contra a vida, contra a liberdade sexual e contra a integridade física, tudo de maneira a indicar que a experiência de justiça a ser vivenciada no ambiente escolar resvalará, para além do esforço em resgatar as possibilidades (i) de convivência pacífica, (ii) de usufruir a educação em contexto de coletividade e (iii) do tratamento protetivo dos sujeitos infanto-juvenis envolvidos, em uma exigência de contenção de comportamento através da medida punitiva mais gravosa.

---

(10) Segundo Freitas Jr. (2019), "Denominam-se conflitos intersubjetivos de justiça situações em que estejam presentes, simultanteamente, 1. no plano objetivo, um problema alocativo, incidente sobre bens tidos por escassos ou encargos tidos por inevitáveis, sejam tais bens e encargos de natureza material ou imaterial; 2. no plano comportamental, consciente ou inconsciente, intencional ou não, a contraposição no vetor de conduta entre dois ou mais sujeitos e; 3. no plano moral: percepções não convergentes, sobre como tratar o problema alocativo, sob o ângulo dos valores de justiça."

(11) Lei n. 14.811, de 12 de janeiro de 2024, que introduz no Código Penal (Decreto-lei n. 2.848, de 7 de dezembro de 1940, o art. 146-A, *in verbis*: "*Intimidação sistemática (bullying)*. Art. 146-A. Intimidar sistematicamente, individualmente ou em grupo, mediante violência física ou psicológica, uma ou mais pessoas, de modo intencional e repetitivo, sem motivação evidente, por meio de atos de intimidação, de humilhação ou de discriminação ou de ações verbais, morais, sexuais, sociais, psicológicas, físicas, materiais ou virtuais: Pena – multa, se a conduta não constituir crime mais grave. *Intimidação sistemática virtual (cyberbullying)*. Parágrafo único. Se a conduta é realizada por meio da rede de computadores, de rede social, de aplicativos, de jogos *on-line* ou por qualquer outro meio ou ambiente digital, ou transmitida em tempo real: Pena – reclusão, de 2 (dois) anos a 4 (quatro) anos, e multa, se a conduta não constituir crime mais grave."

Justiça escolar e a pedagogia da justiça: A perpsectiva antissubordinatória ensinada e enunciada

Fraser (2007) fala de uma justiça "anormal" como um tipo de funcionamento da justiça para situações em que há conflitos entre interesses que parecem estar igualmente protegidos, e em que a resolução da controvérsia não consegue se esgotar em propostas adversariais de justiça econômica de distribuição e de justiça cultural de reconhecimento (*Idem*, 2003), como é sem dúvida o caso da justiça que tem lugar na escola. No decorrer do debate desenvolvido com Axel Honneth (*ibidem*, 2003) sobre sua teoria do reconhecimento, em que questiona se o reconhecimento não dependeria antes de tudo de uma redistribuição de renda, Fraser (2007) propõe o elemento da paridade de participação, que permite expor e balancear desigualdades sociais estruturais como medida do que Moreira (2020) chama de igualdade em perspectiva antissubordinatória[(12)].

A seu turno, Fanon (2022) sugere a cura por meio da revolução da linguagem, do dizer o mundo pela voz do colonizado. Embora cuidando de contexto histórico e social bem distinto dos de Fraser nos EUA e de Honneth na Alemanha, a perspectiva por ele trazida permite ressignificar as propostas dos estudiosos do hemisfério norte ao colocar como protagonista a epistemologia dos povos colonizados em África, assim demonstrando que, como valor e como jurisdição, a justiça só pode funcionar se contemplar a dignidade do colonizado. Trata-se de perspectiva que, além de corroborar a proposta de igualdade antissubordinatória, se coaduna com as ideias de Schilling (2014) quanto ao protagonismo infanto-juvenil nas relações escolares, no sentido de permitir ao tutelado — repita-se, uma das posições jurídicas que enquadram crianças, adolescentes e jovens no contexto escolar — "tomar a palavra", falar a escola, e não ser por ela falado tão somente, em uma proposta de gramática de não violência. A experiência de justiça escolar com paridade de participação exige que a gestão da escola desenvolva mecanismos de escuta atenta, para além daqueles que devem ser desenvolvidos para instigar e acolher a fala e a iniciativa dos alunos.

---

(12) Para Adilson Moreira (2020, p. 289), a perspectiva antissubordinatória seria um princípio interpretativo da igualdade formulado como alternativa ao princípio da razoabilidade e da proporcionalidade, centrada em uma concepção substantiva que aborda a igualdade como um preceito estruturante comprometido com a emancipação de grupos (e não apenas de indivíduos), ao lançar luz sobre as desvantagens que atingem grupos designados por identidades atribuídas (e não apropriadas voluntariamente) pela circulação automatizada de estereótipos e de estigmas no meio cultural, circulação esta que conecta o destino da pessoa ao grupo a que ela acaba pertecendo ainda que involuntariamente, tão somente por ostentar as mesmas características. A perpsectiva antissubordinatória se preocupa em promover a igualdade de *status* entre grupos sociais; leva em consideração as desvantagens que assolam certos grupos sociais para considerar se determinadas práticas ou mesmo se uma ordem jurídica encontra fundamento de validade sob o preceito da igualdade. Nas palavras do autor, "Essa perspectiva interpretativa institui a consideração da condição social efetiva de um grupo como elemento central para a análise da compatibilidade de normas com o sistema constitucional."

Outrossim, há que se considerar que a experiência de justiça na comunidade escolar também produzirá uma experiência pedagógica ao ser apreendida e enunciada no exato cenário em que se produz e se promove educação trocada entre educadores e educandos. Assim, precisa fazer refletir criticamente sobre a relação entre humilhação social — tanto a pontual, que se apresenta caso a caso, como a que opera segundo uma lógica coletiva de circulação de estereótipos e de estigmas sociais — e a dignidade humana, com especial atenção para como a cultura ocidental do humor incrementa essa dinâmica(13). A ideia de dignidade humana presente no imaginário social do Ocidente é fortemente localizada em padrões eurocêntricos (SANTOS, 2002) que são empregados como referência de uma humanidade com identidade homogênea. Partindo-se da ideia de Mirandola (2006), que pensa a dignidade como localização dentro de um espaço de liberdade proporcionado pela capacidade do ser humano de constituir-se segundo a própria vontade, mas superando-a para pensar a dignidade também como um local, mas principalmente como um local em que o ser humano não seja rebaixado ou humilhado, alcança-se a noção de que a dignidade humana é a localização em que o ser humano está livre de rebaixamentos e de humilhações.

Por fim, a experiência de justiça escolar deve cuidar para que os indivíduos e grupos da comunidade escolar que se encontram desfavorecidos pelas várias camadas de subalternização estrutural (raça, gênero, classe, religião, origem e etc) não sejam revitimizados nos processos de resolução de conflitos, o que exige que tais processos sejam o tempo todo atravessados por etapas e medidas que contemplem as perspectivas contra-majoritárias(14), tudo de maneira a buscar neutralizar o impacto que os viéses implícitos e preconceitos introjetados por estereótipos e estigmas produzem também nos sujeitos adultos que os conduzem em primeiro lugar.

---

(13) Tratando da psicologia social do humor, Moreira (2019) explica que o efeito cômico não raro depende do contexto cultural e de uma certa subversão das expectativas sobre como as pessoas deveriam se comportar em certos lugares ou situações (teorias da incongruidade). Tem, portanto, uma dimensão comparativa que constrói reputações e exige a afirmação da superioridade do grupo cujo riso é induzido (teorias da superioridade). E enseja sensação de prazer que decorre da possibilidade de expressar uma agressividade até então dissimulada em relação ao outro (teorias psicanalíticas do humor), de maneira que esse tipo de humor hostil ou derrogatório é forma de violência que, substituindo o impulso agressivo, aumenta a indisposição em relação a outros grupos, reforçando estereótipos e estigmas sociais subalternizantes. Daí a importância do papel do humor no contexto das injustiças que ocorrem no ambiente escolar.

(14) A propósito do ciclo de revitimização de integrantes de grupos subalternizados socialmente, Davis (2023) bem aponta um dado da realidade escolar estadunidense que se coaduna com estudos já realizados em cenário brasileiro: "[...] crianças racializadas são punidas de modo mais severo do que crianças brancas por faltas relativamente leves e subjetivas. Quanto mais subjetiva a categoria de falta disciplinar (por exemplo: insubordinação, desobediência, desafio à autoridade) maior o risco de o preconceito racial implícito ou explícito se infiltrar no processo discricionário. submetidas a formas interseccionais de estereotipação baseadas em raça e gênero, como sendo "barulhentas" e "do gueto", meninas negras são especialmente penalizadas por se desviarem das normas de gênero e das expectativas sobre o comportamento "feminino", pautado em modelos de feminilidade branca."

Justiça escolar para além da punição: Mediação, restauração, empoderamento. Conclusões

As pesquisas desenvolvidas por Schilling (2014) sobre percepções de educandos e de educadores a respeito da escola justa sugerem que a justiça como valor na escola é entendida coletivamente como reconhecimento (da diferença) com redistribuição/igualdade (de saberes) e paridade de participação.

Considerar a percepção coletiva da comunidade escolar a respeito da escola justa é particularmente importante em conflitos tais como os presentes no *bullying* escolar, em que a reprodução de hierarquias sociais presentes na cultura é o mote que valida e viabiliza o comportamento intimidatório.

Pensar, portanto, a resolução de conflitos intersubjetivos de justiça no contexto do *bullying* escolar exige que se tenha em conta não apenas a percepção do valor de justiça internalizado pelos sujeitos em conflito direto, mas, também, a percepção de justiça compartilhada coletivamente no contexto do ambiente escolar.

Mediação e justiça restaurativa se apresentam, neste cenário, como recursos de pacificação social em que é possível compor as instâncias individuais e coletivas dos conflitos presentes no *bullying* escolar até aqui analisadas em perspectiva não adversarial, emancipatória e antissubordinatória, sem pretender abolir a punição, que, principalmente para as situações em que houve a prática de crimes mais graves, não raro se faz inevitável, mas tratando-a segundo a ótica reintegrativa(15), como forma de integrar o propósito restaurativo à sanção disciplinar, tanto no que diz respeito ao resgate da dignidade dos ofendidos, quanto no que tange à necessidade de reduzir ao mínimo necessário a política punitiva escolar que, "[...] combinada com o preconceito racial implícito, leva estudantes à rota escola-prisão e os coloca, bem como a suas famílias, em crescente risco de resultados transgeracionais negativos. (DAVIS, 2020, p. 61).

Resolução construtiva não adversarial, emancipação pela paridade de participação e pelo protagonismo infanto-juvenil, empoderamento de grupos subalternizados pela perspectiva antissubordinatória: mediação e justiça restaurativa (a primeira cuidando especificamente dos envolvidos e da construção, por eles próprios, de uma via de acolhimento e de superação da situação indesejada que ensejou injustiça; a segunda tratando da percepção coletiva e comunitária do conflito com o objetivo de tornar o meio social mais inclusivo) só funcionam, cabe lembrar, se agentes escolares, educadores e gestores escolares receberem letramento e capacitação em equidade. "O preconceito implícito de

---

(15) Rössner (2000) explica que a teoria da punição reintegrativa busca integrar a justiça restaurativa ao sistema de justiça criminal, partindo da premissa de que a conduta criminosa precisa ser isolada e tipificada claramente sem estigmatizar o ofensor, ao mesmo tempo em que a ele deve ser dada a oportunidade de, voluntariamente, reintegrar-se à comunidade, reafirmando a regra violada sem revitimizar o ofendido durante o processo.

indivíduos na cadeia de tomada de decisão acerca da disciplina escolar, sobretudo decisões discricionárias, produz resultados adicionais que são racialmente díspares (Davis, 2020, p. 60).

Algumas sugestões de medidas de justiça escolar que contemplem as propostas acima trazidas podem ser assim elencadas:

— para cada violência ensejadora de violação a direitos humanos, uma resposta pedagógica pontual e específica para o grupo escolar a que irradiam os efeitos das violações, atividades estas que incentivem o protagonismo dos alunos sempre orientados por projeto político-pedagógico que contemple as diversas visões de mundo e cosmologias (teatralização, jogos, produção de arte etc.);

— práticas circulares que estimulem a neutralização das hierarquias culturalmente naturalizadas: realização de assembleias e de rodas de conversa sempre orientadas e mediadas por facilitadores capacitados na explicitação dos vieses que visam a manter o *status* de grupos privilegiados, assim como a conter discursos de ódio, ainda que dissimulados pelo humor ou pela circulação automatizada de estereótipos e de estigmas;

— decolonização do material pedagógico e das práticas pedagógicas;

— capacitação dos profissionais da escola, desde os professores, facilitadores e gestores, até os demais agentes escolares, inclusive profissionais que atuam na área meio, como os da área de alimentação, vigilância, limpeza, quanto às perspectivas antissubordinatórias, decoloniais e antirracistas;

— representatividade: implementação de programas de contratação de pessoas que ostentam os fenótipos, gêneros, orientação sexual ou religiosa que escapam ao padrão de estima social e que sejam letradas e capacitadas nas perspectivas antissubordinatórias da igualdade.

Referências

CALADO, Maria da Glória. *Escola e enfrentamento do racismo:* as experiências das professoras ganhadoras do Prêmio Educar para a Igualdade Racial. Tese (Doutorado em Educação) – Faculdade de Educação, Universidade de São Paulo, São Paulo, 2013. Disponível em: https://www.teses.usp. br/teses/disponiveis/48/48134/tde-25032014-133053/pt-br.php Acesso em: 7 dez. 2023.

DAVIS, Fania E. Davis. *Raça e Justiça Restaurativa.* Vidas Negras, Cura e Transformação Social nos EUA. Tradução Fernanda Ferreira Pradal, Renata Saggioro Davis. São Paulo: Palas Athena Editora, 2022 (série Da reflexão à ação).

FREITAS JÚNIOR, Antonio Rodrigues de. Teoria Geral do Conflito — Visão do Direito. In: LAGASTRA, Valeria Ferioli; BACELLAR,Roberto Portugal (Orgs.). *Conciliação e Mediação* – Ensino e construção. 2. ed. São Paulo: Ipam, 2019, p. 343-353.

FANON, Franz. *Os condenados da Terra*. Rio de Janeiro: Editora Zahar, 1968.

______. *Peles negras, máscaras brancas*. Salvador: EDUFBA: 2008.

FRASER, Nancy. Reconhecimento sem ética? *Lua Nova: Revista de Cultura e Política*, (Lua Nova, 2007 (70), 101–138.

______. Abnormal Justice. In: LENZ, Günter H.; DALLMANN, Antje (Orgs.). *Justice, Governance, Cosmopolitanism, and the Politics of Difference*. Reconfigurations in a Transnational World. Berlin: Humboldt-Universität, 2007. p. 117-147.

GOMES, Nilma Lino (Org.) *et al*. *Práticas pedagógicas de trabalho com relações étnico-raciais na escola na perspectiva da Lei n. 10.639/03*. Brasília: MEC; Unesco, 2012.

HONNETH, Axel; FRASER, Nancy. *Redistribution or recognition?* A political-philosophical exchange. London: Verso, 2003.

KONZEN, Afonso Armando. *Justiça Restaurativa e ato infracional:* desvelando sentidos no itinerário da alteridade. Porto Alegre: Livraria do Advogado Editora, 2007.

MIRANDOLA, Giovani Pico Della. *Discurso sobre a dignidade do homem*. Lisboa: Edições 70, 2006.

MOREIRA, Adilson. *Racismo recreativo*. São Paulo: Sueli Carneiro, Pólen, 2019.

______. *Tratado de Direito Antidiscriminatório*. São Paulo: Contracorrente, 2020.

PRUDENTE, Eunice Aparecida de Jesus. Educação em direitos – um caminho para a igualdade racial. In: *Revista Brasileira de Filosofia*, (Homenagem Professor Celso Lafer), ano 60, n. 236, jan./jun. 2011, p. 35-69.

SANTOS, Gislene Aparecida dos (2002). Selvagens, exóticos, demoníacos: ideias e imagens sobre uma gente de cor preta. *Estudos Afro-asiáticos*, 24(Estud. afro-asiát., 2002 24(2).

SOUZA, Ellen de Lima. *Bullying* não é sinônimo de racismo. In: SILVA JUNIOR, Hédio; TEIXEIRA, Daniel (Orgs.). *Discriminação racial é sinônimo de maus tratos:* a importância do ECA para a proteção das crianças negras. São Paulo: Centro de Estudos das Relações de Trabalho e Desigualdades – CEERT, 2016.

SOUSA, Francisca Maria do Nascimento. Linguagens Escolares e Reprodução do Preconceito. In: *Educação anti-racista:* caminhos abertos pela Lei Federal n. 10.639/03. Secretaria de Educação Continuada, Alfabetização e Diversidade. Brasilia: 2005. p. 109-110.

SCHILLING, Flavia. *Educação e Direitos Humanos:* percepções sobre a escola justa. São Paulo: Cortez Editora, 2014.

______. *A sociedade da insegurança e a violência na escola*. São Paulo: Summus, 2014.

TAKAHASHI, Bruno. *Jurisdição e Litigiosidade*. Tese (Doutorado em Direito Processual). Faculdade de Direito da Universidade de São Paulo. São Paulo: 2019. Disponível em: https://www.teses.usp. br/teses/disponiveis/2/2137/tde-07082020-014555/pt-br.php. Acesso em 07 dez. 2023.

A Mediação como Forma de Solução de Conflitos nas Relações De Trabalho

Meire Rose Santos Pereira[(1)]

Resumo: O assédio moral e sexual nas instituições públicas e privadas é uma triste realidade que pode afetar negativamente a saúde mental, o bem-estar e o desempenho dos funcionários e, por vezes, levá-los ao extremo do suicídio. Para enfrentar esse problema de forma efetiva e promover um ambiente de trabalho respeitoso e saudável, a mediação tem se mostrado uma ferramenta valiosa. A mediação de assédio no local de trabalho consiste em um processo estruturado, conduzido por um mediador imparcial e capacitado, que busca facilitar a comunicação entre as partes envolvidas, visando encontrar soluções mutuamente satisfatórias. Como objetivos específicos, pretende-se neste artigo: i) conceituar o que é assédio moral; ii) explicar os danos morais e materiais decorrente do assédio moral; iii) explicar os impactos jurídicos do assédio nas relações de trabalho; iv) conceituar mediação; v) analisar e comparar a importância da mediação como ferramenta de solução de conflitos interpessoais nas relações de trabalho. Para tanto, pretende-se responder à presente pergunta: qual a importância da mediação nos conflitos interpessoais nas instituições públicas e privadas? Desta feita, o artigo buscará responder o problema a partir de uma revisão bibliográfica, para análise do conceito de mediação e assédio moral e sexual, passando-se a uma pesquisa documental e bibliográfica para a análise histórica do desenvolvimento do instituto da mediação até à atualidade, para, por fim, analisar o seu emprego nas resoluções de conflitos pelas instituições públicas e privadas.

Palavras-chave: Assédio moral — Mediação — Conflitos nas relações de trabalho.

Abstract: Moral and sexual harassment in public and private institutions is a sad reality that can vary in terms of mental health, well-being and performance of employees and,

(1) Doutoranda em Direitos Humanos pela Faculdade de Direito da Universidade de São Paulo (FD-USP). Mestre em Direito Civil pela Faculdade de Direito da Pontifícia Universidade Católica de São Paulo (PUC – SP). Bolsista CAPES. Pós-graduada em Direito Processual Penal (PUC-SP). Especialista em Direito Indígena (ESMPU). Professora voluntária na Educafro — ONG educacional. Organização não governamental voltada para a preparação de alunos de baixa renda para o ingresso no vestibular. Pesquisadora do Grupo de Pesquisa em Migração e Direito Internacional do Trabalho — GEMDIT, vinculado à USP. E-mails: meirepereiraa@usp. br; merose2904@gmail.com.

sometimes, lead them to the extreme of suicide. To effectively address this problem and promote a respectful and healthy work environment, mediation has proven to be a valuable tool. Workplace harassment mediation consists of a structured process, led by an impartial and trained mediator, who seeks to facilitate communication between the parties involved, distributing solutions to find mutually satisfactory solutions. As specific objectives, this article aims to: i) conceptualize what moral harassment is; ii) explain the moral and material damages resulting from moral harassment; iii) explain the legal impacts of harassment in work relationships; iv) conceptualize mediation; v) analyze and compare the importance of mediation as a tool for resolving interpersonal conflicts in work relationships. To this end, we intend to answer the present question: how important is mediation in interpersonal conflicts in public and private institutions? This time, the article will seek to respond to the problem based on a bibliographical review, to analyze the concept of mediation and moral and sexual harassment, moving on to documentary and bibliographical research for the historical analysis of the development of the mediation institute to the present day. to finally analyze its use in conflict resolution by public and private institutions.

Keywords: Moral harassment — Mediation — Conflicts in work relationships.

1. Introdução

O assédio no local de trabalho é caracterizado por ações repetitivas e intencionais, que envolvem humilhação, ridicularização, intimidação ou exclusão de um indivíduo no ambiente de trabalho. Essas ações visam diminuir a autoestima e a dignidade da vítima, gerando consequências negativas tanto para a saúde mental quanto para o desempenho profissional. O assédio no local de trabalho pode ocorrer de forma direta, por meio de insultos e ameaças, ou de maneira indireta, através de comportamentos sutis, como exclusão social e difamação.

Nesse contexto, é necessário pensar em qual seria a forma mais assertiva para se mensurar os danos físico, psíquico e moral sofrido pelo trabalhador, assim como qual seria a melhor forma de reparação. Considerando-se, ainda, que nem sempre uma reparação em espécie é o suficiente para apagar cicatrizes tão profundas. E, diante das dificuldades na avaliação do dano moral e da incerteza na reparação do dano psicológico, é essencial priorizar a prevenção do assédio moral. Nesse sentido, existem diversas abordagens de prevenção de conflitos, incluindo a mediação, uma ferramenta crucial na resolução de conflitos em diferentes contextos sociais, jurídicos e pessoais.

A mediação é uma ferramenta crucial na resolução de conflitos em diferentes contextos sociais, jurídicos e pessoais. Em sua essência, a mediação é um processo no qual uma terceira parte neutra facilita a comunicação entre as partes envolvidas, ajudando-as a encontrar soluções mutuamente satisfatórias para seus problemas. Nesse sentido, a mediação desempenha um papel fundamental na promoção da paz, na prevenção de litígios prolongados e na construção de relações mais saudáveis entre indivíduos e grupos.

No cenário jurídico, a mediação tem se destacado como uma alternativa eficaz aos litígios tradicionais. Em vez de recorrerem aos tribunais para resolver suas disputas, as partes podem optar por participar de sessões de mediação, onde são encorajadas a expressar suas preocupações, interesses e necessidades de maneira aberta e colaborativa.

A flexibilidade da mediação permite que as partes controlem o processo e sejam coautoras das soluções encontradas. Ao contrário dos julgamentos, nos quais uma parte é declarada vencedora e a outra perdedora, a mediação busca alcançar um consenso que beneficie a todos os envolvidos, promovendo a restauração das relações e a preservação dos laços sociais.

Além do âmbito jurídico, a mediação também é amplamente utilizada em conflitos interpessoais, como disputas familiares, conflitos comunitários e questões organizacionais. Nestes contextos, a mediação oferece um espaço seguro e confidencial para que as partes expressem suas preocupações e emoções, facilitando a compreensão mútua e a busca por soluções colaborativas.

Um dos principais princípios da mediação é a confidencialidade, que garante que as informações compartilhadas durante as sessões de mediação permaneçam protegidas e não sejam divulgadas sem o consentimento das partes envolvidas. Essa garantia de privacidade incentiva a abertura e a honestidade, criando um ambiente propício para a resolução construtiva de conflitos.

Outro aspecto importante da mediação é sua capacidade de preservar os relacionamentos interpessoais. Ao contrário dos litígios contenciosos, nos quais as partes muitas vezes saem com ressentimento e hostilidade, a mediação promove o entendimento mútuo e fortalece os laços entre as partes, mesmo após a resolução do conflito.

A mediação também é uma abordagem econômica para resolver disputas, uma vez que geralmente é mais rápida e menos dispendiosa do que os processos judiciais tradicionais. A redução dos custos financeiros e emocionais associados aos litígios torna a mediação uma opção atraente para indivíduos e organizações que buscam resolver seus conflitos de forma eficaz e sustentável.

No entanto, é importante reconhecer que a mediação nem sempre é apropriada para todos os tipos de conflitos. Em casos de desequilíbrio de poder, violência doméstica ou situações de segurança iminente, outras medidas de proteção e intervenção podem ser necessárias para garantir a segurança e o bem-estar das partes envolvidas.

Em suma, a mediação é uma ferramenta valiosa na promoção da justiça, da paz e da harmonia social. Ao oferecer um espaço para o diálogo construtivo e a busca de soluções colaborativas, a mediação capacita as partes a resolverem seus conflitos de maneira eficaz e respeitosa, contribuindo para uma sociedade mais justa e equitativa. A mediação é uma ferramenta crucial na resolução de conflitos em diferentes contextos sociais, jurídicos e pessoais.

Neste trabalho, pretende-se como objetivo geral: i) estudar os malefícios causados pelo assédio moral nas relações de trabalho; ii) estudar a mediação de conflitos como ferramenta de paz e eficiente no combate ao assédio moral.

Por sua vez, os objetivos específicos consistirão em: i) conceituar o que é assédio moral; ii) explicar os danos morais e materiais decorrente do assédio moral; iii) explicar os impactos jurídicos do assédio moral nas relações de trabalho; iv) conceituar mediação; v) analisar e comparar a importância da mediação como ferramenta de solução de conflitos interpessoais nas relações de trabalho.

Com os objetivos gerais e específicos em mente, o artigo pretende responder à pergunta: qual a importância da mediação nos conflitos interpessoais nas relações de trabalho?

Para tanto, a pesquisa será dogmática, pautada no estudo documental e bibliográfico, valendo-se de leis, livros e artigos nacionais e internacionais para melhor compreensão do tema.

2. O que é assédio moral?

No Brasil, assim como em outros países do mundo, a incidência de assédio moral é inegável. De acordo com Sérgio Pinto Martins (2015), a palavra "assédio" é definida como importunação, molestação, perseguição, com insistência inoportuna. Tem a intenção de abalar a moral da pessoa, sendo moral o conjunto de regras de conduta ou hábitos de uma sociedade que define o que é considerado aceitável.

Marie France Hirigoyen (2005), uma psicanalista francesa citada por Martins (2015, p. 13), define o assédio moral no trabalho como toda e qualquer conduta abusiva, por comportamentos, palavras, gestos, escritos, que possam trazer dano à personalidade, dignidade ou integridade física ou psíquica de uma pessoa e pôr em perigo seu emprego.

Sônia Mascaro Nascimento (2004), citada por Martins (2015), define o assédio moral como toda conduta abusiva, de natureza psicológica, que atente contra a dignidade psíquica, de forma repetitiva e prolongada, e que expõe o trabalhador a situações humilhantes e constrangedoras.

Margarida Maria Silvana Barreto (2000), médica do trabalho, citada por Martins (2015), comenta que, além de ser conduta repetitiva que constrange e humilha o empregado, desestabiliza a relação da vítima com o ambiente de trabalho e a organização, forçando-a a desistir do emprego.

Apesar de não haver uma definição explícita na legislação trabalhista nacional, é possível encontrar definições em leis estaduais e municipais que se aplicam tanto a servidores estatutários quanto a empregados públicos regidos pelo regime celetista. Um exemplo é a Lei n. 3.291, de 23 de agosto de 2002, do Estado do Rio de Janeiro, e a Lei n. 13.288, de 10 de janeiro de 2001, do Município de São Paulo. Ambas as leis definem assédio moral como uma série de atos repetitivos, de procedimento prolongado, que têm como objetivo atacar a personalidade do trabalhador, podendo afetar sua saúde física ou mental e comprometer seu futuro profissional.

De acordo com Martins (2015), o assédio moral não precisa necessariamente ser prolongado, mas tende a progredir ao longo do tempo. O autor também destaca que o dano psíquico não é um elemento essencial para a caracterização do assédio, enfatizando mais a intenção da conduta. Uma importante consequência do assédio moral, mencionada nas leis estaduais e municipais citadas anteriormente, é que o empregado passa a duvidar de sua própria capacidade de trabalho. Além disso, o assédio moral pode levar ao desenvolvimento de doenças. Segundo o entendimento do Tribunal Superior do Trabalho, no Recurso de Revista n. 37600-85.2007.5.04.0030, transtornos decorrentes do assédio moral são equiparados a acidentes de trabalho.

Segundo Thereza Cristina Gosdal e Lis Andrea Pereira Soboll (2009), o termo "assédio moral" tem sido utilizado de forma ampla, abrangendo tanto situações de hostilidades sistemáticas e contínuas como qualquer fato desagradável relacionado ao trabalho. Isso tem levado a uma tendência de banalização do termo. Embora haja um número significativo de casos discutindo práticas de assédio moral, as autoras acreditam que a definição legal do conceito pode restringir a sua caracterização.

O assédio moral pode ocorrer tanto em sentido vertical, relação empregador — empregado, quanto horizontal, entre empregados do mesmo nível ou níveis muito próximos. Em sentido vertical, pode ser tanto do empregador em face do empregado, quanto o contrário, tendo como exemplo a situação de um trabalhador ou grupo de trabalhadores que não aceitem um superior hierárquico com menos idade do que os subordinados.

Pode se dar por diversos motivos, sendo muito recorrente por discriminação em razão de etnia, procedência regional, idade, gênero, condição sexual, deficiência ou alguma doença grave que gere estigma ou preconceito. Em um julgamento emblemático do Tribunal Superior do Trabalho a respeito de discriminação e assédio moral, no Recurso de Revista n. 0000305-63.2012.5.09.0009, de relatoria do Eminente Ministro Carlos Brandão. Tratava-se de situação em que um superior hierárquico chamava um determinado empregado de "baiano", por ser procedente da região do Nordeste. O Ministro destacou que o problema maior está na suposição de que algumas pessoas são superiores a outras e na "coisificação" do ser humano, de que a subordinação autoriza utilizar condição pessoal do empregado como sinal de distinção pejorativa. A intenção é que deve ser investigada, e se comprovado intuito depreciativo, merecer a repulsa do Poder Judiciário, como forma de coibir todo e qualquer preconceito. Neste julgado o entendimento do ministro está em consonância com o de Martins (2015) sobre a relevância da intenção.

Inúmeros são os termos utilizados para a denominação do assédio, sendo muito comum o uso de *bullying, mobbing* e *harassment* moral. O *bullying* se refere a situação de ameaça e agressão física, típica na escolas, sendo pouco recorrente no ambiente de trabalho, motivo pelo qual o psicólogo do trabalho Heiz Leymann prefere utilizar o termo *mobbing*, referente a ataques de um pequeno grupo de animais que ameaçam um animal maior, denominação trazida anteriormente pelo etiologista Konrad Lorenz Leymann percebeu que existia comportamento assemelhado no ambiente de trabalho e realizou uma ampla pesquisa com 800 trabalhadores suecos. Embora seja comum em muitas empresas e organizações, o assédio moral organizacional não é encontrado em todas, sendo o assédio interpessoal mais recorrente (SOBOLL; GOSDAL, 2009).

Nesse contexto, interessa citar um caso que acabou sendo transcrito para um livro intitulado "Suicídio laboral: um caso real de assédio moral", escrito por Cleber Donizetti Martins (2011). Na obra é relatado caso de um empregado que já contava com mais de vinte anos de serviços prestados em uma indústria metalúrgica, mas que, nos últimos três ou quatro anos, quando fora transferido para o setor de manufatura, restou subordinado a um superior hierárquico a quem denomina "trogolodita-energúmeno" (DONIZETTI MARTINS, 2011). O autor, cita constrangimentos, exposição a situações vexatória perante todo o setor, além de ordens confusas e contraditórias, em claro abuso de poder. As condutas praticadas levaram a uma degradação da saúde mental, com o consequente uso de medicamentos controlados, e finalmente, à drástica decisão de pedir o desligamento. Não cabe neste tópico fazer um resumo da história narrada pelo autor, pois interessa apontar detalhes do caso durante este trabalho (DONIZETTI MARTINS, 2011).

3. Impactos jurídicos do assédio moral

3.1. Efeitos no contrato de trabalho

O assédio moral no trabalho pode acarretar diversas consequências, afetando tanto o vínculo de emprego quanto o próprio empregador. Uma das implicações mais significativas é a rescisão indireta do contrato de trabalho, conforme estabelecido no art. 483 da Consolidação das Leis do Trabalho (CLT), também conhecida como justa causa do empregador, na qual a iniciativa de encerrar o vínculo empregatício parte do trabalhador, em resposta a motivos justos. Conforme Mauricio Godinho Delgado (2015), o assédio moral, ao representar um abuso injustificado do poder diretivo, fiscalizador ou disciplinar por parte do empregador, pode se enquadrar em diferentes alíneas do art. 483 ("*a*", "*b*", "*d*", "*e*" e "*f*"), sendo mais frequentemente associado ao rigor excessivo.

Independentemente de ser perpetrado diretamente pelo empregador ou por meio de um superior hierárquico, o motivo justo para a rescisão será configurado, uma vez que a conduta ilícita estará caracterizada. Os efeitos são equivalentes aos de uma rescisão sem justa causa conforme o art. 477 da CLT, com o pagamento de todas as verbas rescisórias devidas. Além disso, o assédio moral pode configurar motivo justo para a demissão do empregado que o pratica, seja entre superior e subordinado ou entre colegas do mesmo nível hierárquico. Essa conduta pode se enquadrar em incontinência de conduta ou mau procedimento, descritos nas alíneas "*j*" e "*k*" do art. 482.

Porém, ao contrário da rescisão por justa causa, que é aplicada diretamente pelo empregador, a rescisão indireta, em geral, requer uma ação judicial, pois uma das intenções do assediador muitas vezes é fazer com que o assediado peça demissão, como ilustrado pelo caso de Cleber Donizetti Martins (2011). Embora desejasse ser demitido sem justa causa, isso não ocorreu. Após denunciar seu superior à gerência e expressar seu desejo de sair da empresa, após uma discussão acalorada com seu superior e a gerente, que ele chamou de "omissa e covarde", foi informado de que teria que solicitar demissão, redigindo uma carta e alegando motivos pessoais, sob o pretexto de que a empresa não poderia repor a vaga, seguindo a política interna.

Outra consequência relevante é a responsabilidade civil do empregador, que geralmente é buscada pelo trabalhador em casos de assédio moral, pleiteando indenização por danos morais. A Constituição Federal, em seu art. 5º, inciso X, garante a tutela da honra, possibilitando a reparação por meio do Código Civil.

Entretanto, fica a questão: será que a fixação de uma indenização é suficiente para reparar a violação da dignidade do empregado?

3.2. Danos morais e materiais e a dignidade da pessoa humana

Punir o empregador por assédio moral, seja praticado por ele ou por seus prepostos, ou mesmo entre os empregados, requer o preenchimento de requisitos essenciais, como a conduta ilícita, o dano e o nexo causal.

Conforme delineado por José Affonso Dallegrave Neto (2014), a responsabilidade pelo assédio moral pode variar quanto à subjetividade ou objetividade. Se o ato é imputado diretamente ao empregador, fala-se em responsabilidade subjetiva, resultante da inexecução contratual, infringindo os deveres de respeito, proteção e lealdade para com o empregado, conforme os arts. 186, 187 e 927 do Código Civil. Aqui, a responsabilidade subjetiva requer a comprovação da conduta do agente, ou seja, do empregador.

Por outro lado, se a conduta é imputada a um empregado, a responsabilidade é regida pelo art. 932, inciso III, e art. 933 do Código Civil, caracterizando a responsabilidade objetiva, que não depende da demonstração de culpa, mas apenas da existência de uma conduta, um dano e um nexo causal entre ambos.

A indenização, se determinada pelo juízo, como orienta o art. 944 do Código Civil, deve corresponder à extensão do dano. Embora a reparação por danos morais seja comum, é possível pleitear também danos materiais, como despesas médicas relacionadas a danos psicológicos, por exemplo.

Contudo, a dificuldade reside na determinação dos danos morais. A 1ª Jornada de Direito Material e Processual na Justiça do Trabalho, organizada pela Anamatra e com apoio do TST, ratificou a Súmula n. 51, estabelecendo que a compensação por danos morais no contexto do trabalho será decidida pelo juiz de forma equitativa, visando à compensação, à educação e à prevenção (NETO, 2014). A responsabilidade civil, ao buscar indenização por danos morais, visa primordialmente tutelar a dignidade do trabalhador, garantindo-lhe respeito à sua honra e condições dignas de trabalho, conforme os preceitos constitucionais dos arts. 5º e 7º da Constituição de 1988, que tratam dos direitos fundamentais.

Thereza Cristina Gosdal (2007) conceitua a dignidade como a autoatribuição de condição nas sociedades contemporâneas, relacionada à humanidade de cada indivíduo. No contexto do trabalho, a dignidade torna-se uma ferramenta contra práticas abusivas e violações dos direitos fundamentais dos trabalhadores.

Cecilia Caldas Neta, advogada, levanta uma questão crucial: a reparação pecuniária pode substituir os valores morais? Diante de um problema moral, os conflitos nunca se resolvem completamente, pois estão sujeitos a revisões e evoluções sociais e históricas. Resolver essa questão exige considerações filosóficas sobre a moral e a ética, além de uma compreensão mais profunda da justiça social (NETA, 2011).

4. A mediação de conflitos como ferramenta de paz e diálogo

A mediação é uma forma consensual de lidar com disputas, onde um terceiro imparcial facilita a comunicação entre as partes envolvidas, permitindo que elas, com uma visão mais ampla da situação conflituosa, possam encontrar soluções produtivas para os impasses (TARTUCE, 2015).

De acordo com Mauro Cappelletti e Bryant Garth (1988, p. 84), é notável que um processo voltado para a conciliação, ao contrário do processo judicial, que muitas vezes resulta em uma parte sendo "vencedora" e a outra "vencida", oferece a oportunidade de examinar as raízes mais profundas de uma disputa e restaurar um relacionamento complexo e prolongado.

A prática da mediação remonta à Grécia Antiga, Roma e China. No entanto, sua institucionalização ocorreu mais tarde, com o movimento de RAD — Resolução Alternativa de Disputas, originado nos Estados Unidos, com o objetivo de reduzir custos e tempo de litígio, bem como evitar ou reduzir a natureza beligerante do litígio. Em 1913, profissionais mediadores foram nomeados na Secretaria do Trabalho para ocupar o cargo de comissários de conciliação. No entanto, o uso de mediadores ganhou impulso com a criação do Serviço Federal de Mediação e Conciliação em 1946, com o objetivo principal de resolver conflitos trabalhistas (BRIQUET, 2016).

No Brasil, a mediação começou a ser mais difundida com a publicação da Resolução n. 125, de 29 de novembro de 2010, pelo Conselho Nacional de Justiça, que estabeleceu a Política Judiciária Nacional de tratamento adequado dos conflitos. Os princípios fundamentais a serem observados pelos mediadores são definidos no art. 1º do Anexo III da resolução. Embora seja uma política judicial, ela também abrange meios extrajudiciais. Posteriormente, o tema foi abordado no Novo Código de Processo Civil — Lei n. 13.105, de 16 de março de 2015, e na Lei n. 13.140, de 26 de junho de 2015, que trata especificamente da mediação.

Não há dúvida de que o assédio gera conflito. Segundo Sérgio Pinto Martins, geralmente não se trata apenas de um conflito, mas de uma tentativa de exclusão, sem posições antagônicas claras ou contra-ataques, já que a pessoa muitas vezes nem consegue se defender (MARTINS, 2015). No entanto, o conflito pode surgir mesmo sem uma reação direta, pois existem várias modalidades de conflito, como o latente e o manifesto. Um exemplo de conflito manifesto pode ser encontrado no livro "Suicídio Laboral", onde as emoções das partes foram exacerbadas.

Assim, mesmo que o empregado não reaja aos abusos do assediador, há um conflito, pois cada pessoa tem uma percepção diferente de como deve ser a relação profissional no ambiente de trabalho. A abordagem consensual do conflito sempre deve ser considerada para buscar um tratamento adequado das relações profissionais.

Embora se argumente que em algum nível a dignidade do trabalhador não seja negociável, é importante observar que a mediação não visa necessariamente a obtenção de um acordo sobre direitos. Fernanda Tartuce (2015) explica que, sob o manto da indisponibilidade, podem existir direitos de várias naturezas, e mesmo com uma abordagem mais rígida na lei, que aparentemente exclui a possibilidade de negociação aberta, alguns aspectos podem ser acordados entre as partes, judicial ou extrajudicialmente. Carlos Alberto Salles, citado pela autora, argumenta que submeter um conflito a um meio extrajudicial não implica necessariamente em renúncia ou abdicação de direitos em disputa entre as partes, mas pode ser um recurso importante para protegê-los ou torná-los eficazes na prática.

É apresentado como exemplo o Termo de Ajustamento de Conduta da Lei da Ação Civil Pública, que traz instrumentos de proteção de direitos indisponíveis e permite a abordagem consensual de certos elementos para protegê-los.

Antonio Gomes de Vasconcelos e Marcella Furtado de Magalhães Gomes (Mediação Judicial Trabalhista, 2016) explicam que, no contexto trabalhista, a resolução de conflitos tem duas missões: proteger os direitos trabalhistas (que são indisponíveis e limitadamente transacionáveis), garantindo sua eficácia e integridade, e ajudar as partes a resolver o conflito em sua dimensão interpessoal, visando a restaurar as relações interpessoais.

A Cartilha de Prevenção e Enfrentamento do Assédio Moral e Sexual, editada pela Fundação Oswaldo Cruz — Fiocruz (2014), destaca que a mediação e o diálogo aberto são essenciais para gerenciar conflitos e evitar que se transformem em assédio, sendo a mediação uma forma de lidar com conflitos, com a ajuda de um terceiro, que facilitará o diálogo, a negociação e, se possível, a restauração das boas relações de trabalho, levando em consideração os interesses de todos os envolvidos em busca de uma solução mutuamente satisfatória (FIOCRUZ, 2014).

Embora a cartilha expresse que nem todo conflito seja assédio moral, ela não exclui o assédio moral do conceito de conflito, mas o coloca em um nível mais sério (FIOCRUZ, 2014). Independentemente do conceito atribuído, é certo que o assédio moral exige tratamento preventivo adequado, pois é um grave problema nas relações de trabalho que requer um diálogo aberto para encontrar a melhor solução. Em casos envolvendo assédio moral, mesmo no início, é provável que haja emoções negativas presentes, mesmo que as partes não queiram abordar o assunto diretamente. Nesses casos, a ajuda de uma terceira pessoa é fundamental.

De acordo com Briquet (2016, p. 119), em alguns casos, a terceira parte neutra participa. A mediação facilita a comunicação entre as partes, promove o diálogo e facilita o entendimento, utilizando uma variedade de técnicas. Nas decisões, a responsabilidade recai sobre os oponentes que participam ativamente do processo. Esta abordagem é conhecida como mediação facilitativa. No entanto, existe uma modalidade que pode ter um impacto mais profundo nos mediandos.

Em 1994, Robert A. Baruch e Joseph Folger apresentaram um modelo chamado mediação transformativa. Esse modelo parte do entendimento de que as pessoas são seres autônomos, mas, ao mesmo tempo, estão fundamentalmente ligadas umas às outras, diferentemente da visão individualista prevalente na sociedade, onde as pessoas acreditam estar separadas umas das outras e são motivadas egoisticamente a maximizar seus ganhos individuais. A mediação transformativa se concentra em dois termos-chave: empoderamento e reconhecimento. O empoderamento capacita as partes a definirem seus problemas e buscar soluções por si próprias. Reconhecimento significa compreender as necessidades e interesses da outra parte, além de obter uma melhor compreensão das perspectivas envolvidas. O objetivo principal da mediação transformativa é promover o empoderamento e o reconhecimento nas partes, permitindo que elas abordem o problema atual e futuros desafios com uma perspectiva mais aberta (Briquet, 2016).

Assim, a mediação busca o diálogo com o compromisso das partes em se respeitarem durante o procedimento e em crescerem com o tratamento do conflito.

4.1. A importância do mediador

Como mencionado anteriormente, a mediação é conduzida por uma terceira pessoa imparcial, cujo objetivo é restabelecer o diálogo entre as partes envolvidas, especialmente no contexto das relações de emprego.

O mediador, ao se candidatar para essa função, deve passar por um curso de capacitação, seguindo os requisitos estabelecidos pelo Conselho Nacional de Justiça, conforme estipulado na Resolução n. 125/2010, que também regula a formação dos mediadores extrajudiciais. Os princípios estabelecidos por essa norma, que foram incorporados no Novo Código de Processo Civil e na Lei n. 13.140/2015, devem ser rigorosamente seguidos pelo mediador.

Um dos princípios fundamentais é o da confidencialidade, que determina que as informações compartilhadas durante a mediação devem ser mantidas em sigilo absoluto, a menos que as partes expressem autorização em contrário. O mediador não pode ser convocado como testemunha nem atuar como advogado de qualquer uma das partes, exceto em casos em que testemunhe a ocorrência de um crime passível de ação penal pública incondicional, como por exemplo, lesão corporal grave (CNJ, Resolução n. 125/2010). Vale ressaltar que a obrigação de sigilo não se estende às partes, embora elas geralmente não revelem a terceiros o que foi discutido de forma confidencial.

Outro princípio crucial é o da imparcialidade, que exige que o mediador atue sem favoritismos, preferências ou preconceitos, garantindo que seus valores pessoais não influenciem o resultado do processo. Este princípio pode ser desafiador quando há um desequilíbrio de poder, como no caso de assédio vertical entre um superior hierárquico e um subordinado. O mediador pode sentir a tentação de ajudar excessivamente a parte mais fraca. Embora seja importante buscar a paridade entre as partes, o mediador não pode ignorar a parte mais forte, pois também precisa ser ouvida.

Por meio de perguntas e reperguntas, o mediador pode explorar os sentimentos da parte mais poderosa em relação à situação. De acordo com Joseph Folger e Robert Bush, a parte "poderosa" pode estar incerta sobre suas ações e basear-se em padrões de poder que preferiria mudar. Na abordagem transformativa, a autodeterminação é valorizada, o que significa que o mediador não deve impor julgamentos ou estratégias para equilibrar o poder, pois isso contradiz o conceito de "fortalecimento próprio" preconizado na abordagem transformativa (TARTUCE, 2015).

Portanto, por meio de uma escuta cuidadosa e questionamentos sobre os sentimentos das partes em relação ao ambiente de trabalho, a parte mais poderosa pode revelar pressões dos superiores por resultados, mesmo que não justifiquem o comportamento agressivo. O foco deve estar nos interesses das partes, separados das posições que ocupam.

O princípio da validação é fundamental, exigindo que as partes sejam vistas como seres humanos dignos de atenção e respeito. Roger Fischer e Daniel Shapiro destacam a importância da valorização mútua. Em situações de assédio moral, é mais difícil para a parte assediada valorizar a parte assediadora, destacando a necessidade de intervenção do mediador desde os primeiros sinais de conflito (DONIZETTI MARTINS, 2011).

Outro princípio importante é o da independência e autonomia, que permite ao mediador atuar sem pressões internas ou externas, podendo recusar, suspender ou interromper a sessão se as condições necessárias não estiverem presentes (CNJ, Resolução n. 125/2010). Portanto, a mediação deve ocorrer fora do ambiente de trabalho.

Antonio Gomes de Vasconcelos e Marcella Furtado de Magalhães Gomes (Mediação judicial trabalhista, 2016) sugerem que a mediação extrajudicial pode ser realizada por meio dos Núcleos Intersindicais de Conciliação Trabalhista, que oferecem meios não judiciais de resolução de conflitos individuais e coletivos de trabalho.

No entanto, para uma eficácia maior, é essencial estabelecer ouvidorias para facilitar a comunicação de indícios de conflitos relacionados ao assédio moral.

Por fim, é importante mencionar o princípio do empoderamento (CNJ, Resolução n. 125/2010), pelo qual o mediador deve ser devidamente capacitado, ter frequentado o curso de formação e ainda ter conhecimento da área de atuação.

Ademais, o mediador deve dar conhecimento às partes de que estas têm a decisão de iniciar e prosseguir na aplicação da mediação, não podendo impor o serviço quando estas não estiveram mais interessadas. Deverá esclarecer também que estará ali desvinculado de sua profissão de origem, e que não poderá dar orientação relacionada a seu ofício, necessitando-se consultar um outro profissional, caso seja de concordância das partes.

5. Considerações finais

O assédio moral é uma questão séria que não deve ser ignorada, pois pode causar danos prejudiciais ao ambiente de trabalho, afetando a saúde dos funcionários e sua autoestima. Além disso, pode impactar a produtividade de todos os envolvidos, trazendo possíveis consequências legais para o empregador. É importante abordar esse problema de forma adequada para garantir um ambiente de trabalho saudável e respeitoso para todos.

Todavia, existem abordagens próximas para lidar com esse problema. Diversos métodos preventivos estão disponíveis para orientar os funcionários, sendo a mediação uma opção eficaz para restabelecer o diálogo e resolver conflitos. Em particular, a mediação transformativa busca promover o reconhecimento mútuo das experiências vividas pelas partes envolvidas, identificar as causas do assédio moral e incentivar a colaboração na busca de soluções para enfrentar a situação conflituosa.

Apesar das complexidades das relações hierárquicas no ambiente de trabalho, incluindo o desequilíbrio de poder entre superiores e subordinados, é essencial priorizar a comunicação aberta. Mesmo diante dos desafios apresentados pelo desequilíbrio de poder, a mediação deve se concentrar em preservar a dignidade humana e garantir a manutenção da relação de emprego, um princípio que deve ser sempre observado.

Por fim, ressalta-se que um trabalho eficaz de mediação pode despertar o interesse dos empregadores por esse método, levando-os a considerar a contratação de profissionais especializados em gerenciar conflitos no ambiente de trabalho. Isso contribui para preservar a saúde mental dos funcionários e manter um ambiente de trabalho saudável e produtivo.

Referências

BARLING, J., Dupré, K. E.; Kelloway, E. K. (Eds.). (2017). *Handbook of workplace violence*. Routledge.

BARRETO, Margarida Maria Silveira. *Violência, saúde, trabalho:* uma jornada de humilhações. São Paulo: Educ, 2000 *apud* MARTINS, Sérgio Pinto. *Assédio moral no emprego*. 4 ed. São Paulo: Atlas, 2015.

BRIQUET, Enia Cecilia. *Manual de mediação:* teoria e prática na formação do mediador. Petropolis-RJ:Vozes, 2016.

CAPPELLETTI, Mauro; GARTH, Bryant. *Acesso à Justiça*. Trad. por Ellen Gracie Nortfleet. Porto Alegre, Sérgio Antonio Fabris, 1988.

CNJ — Conselho Nacional de Justiça. *Manual de Mediação Judicial*, 2016. Disponível em: https://www.cnj.jus.br/wpcontent/uploads/2015/06/f247f5ce60df2774c59d6e2dddbfec54.pdf. Acesso em: 02 dez. 2023.

DELGADO, Mauricio Godinho. *Curso de Direito do Trabalho*. 14 ed. São Paulo: LTr, 2015.

EINARSEN, S.; HOEL, H.; ZAPF, D.; COOPER, C. L. (Eds.). (2011). *Bullying and harassment in the workplace:* Developments in theory, research, and practice (2nd ed.). CRC. Press.

FERREIRA, Hádassa. *Assédio moral nas relações de trabalho*. 2. ed. Campinas: Russell Editores, 2010.

FISCHER, Roger; Shapiro, Daniel. *Além da razão:* a força da emoção na solução de conflitos. Trad. por Arão Sapiro. Rio de Janeiro, 2009.

FREIRE, Paula Ariane. *Assédio moral e saúde mental do trabalhador*. Disponível em: https://www.scielo.br/j/tes/a/GBZLRHbWZHwgvxnpqq4KgQh/?lang=pt. Acesso em: 26 nov. 2023.

FOLGER, J. P. ; POOLE, M. S.; STUTMAN, R. K. (2013). *Working through conflict:* Strategies for relationships, groups, and organizations (7th ed.).

GREENBERG, J. (2011). Insult, aggression, and the southern culture of honor: An "experimental ethnography". *Journal of Personality and Social Psychology*, 100(5), 933-946.

GOSDAL, Thereza Cristina. *Dignidade do trabalhador:* um conceito construído sob o paradigma do trabalho decente e da honra. São Paulo: LTr, 2007.

HIRIGOYEN, Marie-France. *Assédio moral:* a violência perversa do cotidiano. 7 ed. Rio de Janeiro: Bertrand Brasil, 2005 *apud* MARTINS, Sérgio Pinto. *Assédio moral no emprego*. 4 ed. São Paulo: Atlas, 2015.

LEWICKI, R. J.; SAUNDERS, D. M.; BARRY, B. (2015). *Negotiation* (7th ed.). McGraw-Hill Education.

MARTINS, Cleber Donizeti Martins. *Suicídio laboral:* um caso real de assédio moral. 2011, p. 16 Disponível em <http://www.assediomoral.org/IMG/pdf/Suicidio_Laboral_-_Um_Caso_Real_de_Assedio_Moral.pdf>. Acesso em 15 dez. 2023.

MARTINS, Sérgio Pinto. *Assédio moral no emprego*. 4. ed. São Paulo: Atlas, 2015.

MESQUITA, Alex A. Assédio moral: impacto sobre a saúde mental e o envolvimento com trabalho em agentes comunitários de saúde. *Rev. Psicol. Saúde* [*online*]. 2017, vol. 9, n. 1, p. 3-17.

ISSN 2177-093X. http://dx.doi.org/10.20435/pssa.v9i1.375. Disponível em: http://pepsic.bvsalud.org/scielo.php?script=sci_abstract&pid=S2177-093X2017000100001. Acesso em: 25 nov. 2023.

NASCIMENTO, Sônia Aparecida Mascaro. Assédio moral no ambiente do trabalho. *Revista LTr*, 68, ago. 2004 *apud* MARTINS, Sérgio Pinto. *Assédio moral no emprego*. 4 ed. São Paulo: Atlas, 2015.

NETA, Cecilia Caldas. *O desafio de se reparar o dano moral pelos meios morais na Justiça do Trabalho*. Disponível em http://www.viajus.com.br/viajus.php?página=artigos&id=3784. Acesso em: 15 dez. 2023.

NETO. José Affonso Dallegrave. *Responsabilidade civil no direito do trabalho*. 5. ed. São Paulo: LTr, 2014.

SILVA, Alexandro da. Assédio moral e as consequências na saúde mental do trabalhador. *Revista Espacios*, vol. 39 (n. 16), ano 2018. p. 26. Disponível em: https://www.revistaespacios.com/a18v39n16/a18v39n16p26.pdf. Acesso em: 23 jun. 2023.

SOBOLL, Lis Andrea Pereira; GOSDAL, Thereza Cristina. *Assédio moral interpessoal e organizacional:* um enfoque interdisciplinar. São Paulo: LTr, 2009.

TARTUCE, Fernanda. *Mediação nos conflitos civis*. 3 ed., ver., atual. e ampl. Rio de Janeiro: Forense; São Paulo: Método:2016.

VASCONCELOS, Antonio Gomes de; GOMES, Marcella Furtado de Magalhães. Mediação judicial trabalhista. *Revista eletrônica do Tribunal Regional do Trabalho da 9ª Região*, vol. 5, n. 53, ago. 2016, p. 7-25. Disponível em http://www.mflip. com.br/pub/escolajudicial/?numero=53&edicao=9980. Acesso em: 16 dez. 2023.

VÄYRYNEN, Raimo (Ed.). *New Directions on Conflict Theory:* Conflict Resolution and Conflict Transformation. London: Sage, 1991.

VÄYRYNEN, Raimo. From Conflict Resolution to Conflict Transformation: A Critical Review. In: JEONG, Ho-Won (Ed.) *The New Agenda for Peace Research*. Aldershot: Ashgate, 1999, Capítulo 7.

VENTURA, Ely, *et al.* Assédio moral e seu dano na saúde mental dos indivíduos. *Revista de Administração Hospitalar e Inovação em Saúde*, vol. 14, n. 4. Belo Horizonte, MG. out./dez. 2017. Disponível em: Acesso em: 02 jul. 2023.

WAEVER, Ole. Peace and Security: Two concepts and their relationship. In: GUZZINNI, Stefano; JUNG, Dietrich (Eds.). *Contemporary Security Analysis and Copenhagen Peace Research*. London: Routledge, 2004. Capítulo 5, p. 53-66.

WIBERG, Hakan. Investigação para a Paz: Passado, Presente e Futuro. *Revista Crítica de Ciências Sociais*, n. 71, 2005, p. 21-42.

Sítios:

BRASIL. Tribunal Superior do Trabalho. *Recurso de Revista n. 37600-85.2007.5.04.0030*. Relator: Ministro José Roberto Freire Pimenta. 2ª Turma. Publicação no *DeJT*: 24.04.2015. Disponível em: http://aplicacao4.tst.jus.br/consultaProcessual/consultaTstNumUnica.do?-consulta=Consultar&conscsjt=&numeroTst=37600&digitoTst=85&anoTst=2007&orgaoTs-t=5&tribunalTst=04&varaTst=0030&submit=Consultar. Acesso em: 08 dez. 2023.

______. Tribunal Superior do Trabalho. *Recurso de Revista n. 0000305-63.2012.5.09.0009*. Relator: Ministro Cláudio Mascarenhas Brandão. 7ª Turma. Publicado no *DeJT* 30.05.2014. Disponível em: http://aplicacao4.tst.jus.br/consultaProcessual/consultaTstNumUnica.do?consulta=Consultar&conscsjt=&numeroTst=0000305&digitoTst=63&anoTst=2012&orgaoTst=5&tribunalTst=09&varaTst=0009&submit=Consultar. Acesso em: 20 dez. 2023.

______. Página Oficial da Presidência da República. *Decreto-lei n. 5.452, de 1º de maio de 1943*. Disponível em: http://www.planalto.gov.br/ccivil_03/decreto-lei/Del5452.htm. Acesso em: 08 dez. 2023.

______. Página Oficial da Presidência da República. *Lei n. 13.105, de 16 de março de 2015*. Disponível em: https://www.planalto.gov.br/ccivil_03/_ato2015-2018/2015/lei/l13105.htm. Acesso em 15 dez. 2023.

______. Página Oficial da Presidência da República. *Lei n. 13.140, de 26 de junho de 2015*. Disponível em: http://www.planalto.gov.br/ccivil_03/_Ato2015-2018/2015/Lei/L13140.htm. Acesso em: 15 dez. 2023.

______, RIO DE JANEIRO. Assembleia Legislativa do Rio de Janeiro. *Lei n. 3.291, de 23 de agosto de 2002*. Disponível em: http://alerjln1.alerj.rj.gov.br/contlei.nsf/f25edae7e64db53b032564fe005262ef/3dcfce02b06be53903256c2800537184?OpenDocument&Highlight=0,as%C3%A9dio,moral. Acesso em: 08 dez. 2023.

______. SÃO PAULO. Câmara Municipal de Vereadores de São Paulo. *Lei n. 13.288, de 10 de janeiro de 2001*. Disponível em: http://documentacao.câmara.sp. gov.br/cgi-Bin/wxis.exe/iah/scripts/?IsisScript=iah.xis&lang=pt&format=detalhado.pft&base=legis&nextAction=search&form=A&indexSearch=^nTw^lTodos%20os%20campos&&exprSearch=LEI13.288/2002. Acesso em: 08 dez. 2023.

______. Conselho Nacional de Justiça. *Resolução n. 125, de 29 de novembro de 2010*. Disponível em: http://www.cnj.jus.br/busca-atos-adm?documento=2579. Acesso em: 20 dez. 2023.

FUNDAÇÃO OSWALDO CRUZ— FIOCRUZ. *Assédio Moral e Sexual no trabalho:* Prevenção e enfrentamento na Fiocruz, 2014. Disponível em: http://www.asfoc.fiocruz.br/portal/sites/default/files/2cartilha_assedio_moral_e_sexual.pdf. Acesso em: 30 nov. 2023.

A Importância da Valorização de Experiências de Mediação de Conflitos, Fora do Âmbito do Poder Judiciário

Tatiana Rached Campos[1]

Resumo: O presente artigo tem como intuito, a partir da contextualização do movimento de acesso à justiça, da necessidade de redemocratização da Justiça no Brasil e da institucionalização da conciliação e da mediação como política pública, mostrar a importância da valorização de experiências de mediação de conflitos fora do âmbito do Poder Judiciário.

Palavras Chaves: Justiça — Mediação de conflitos.

Abstract: This article aims to show, based on the contextualization of the movement for access to justice, the need for the redemocratization of Justice in Brazil and the institutionalization of conciliation and mediation as a public policy, the importance of valuing experiences of conflict mediation outside the scope of the Judiciary.

Keywords: Justice — Conflict mediation.

O movimento de Acesso à Justiça com um "olhar" para uma justiça de alcance à todos, chega ao Brasil por meio do Projeto intitulado *"The Florence Access To Justice Proct"*, estudo realizado por Mauro Cappelleti e Byrant Garth, no qual foram produzidos relatórios sobre o tema "Acesso à Justiça", no período de 1971 a 1978. Porém conforme artigo de Maria Cecília de Araujo Asperti e Michel Roberto Oliveira Santos, só após a tradução do trabalho no ano de 1988 a pesquisa foi estudada intensamente no Brasil (ASPERTI; SANTOS, 2018, p. 19).

Mauro Cappelleti e Byrant Garth apontam para três ondas renovatórias de acesso à justiça, como forma de responder à problemas diagnosticados em diversos países do

(1) Advogada. Especialista em Direito Público e *Marketing* Organizacional. Mestranda em Direitos Humanos pela Universidade de São Paulo — USP. Tem vasta experiência na área de Gestão Pública, Responsabilidade Social, Direito Público, Mediação de Conflitos e Gestão de Projetos Sociais.

Ocidente, que perpassam pela criação de instrumentos e aperfeiçoamento da legislação, com foco na assistência judiciária aos pobres; na representação dos interesses difusos e na criação de uma concepção mais ampla de acesso à justiça, que inclui meios judiciais e extrajudiciais de resolução de conflitos.

Conforme Cappelleti e Byrant:

> A assistência jurídica significa mais do que a simples representação perante os tribunais. Ela implica auxílio para tornar as pessoas mais ativamente participantes das decisões básicas, tanto governamentais quanto particulares, que afetem suas vidas. (...) O acesso à justiça passa a ser reconhecido como requisito fundamental — o mais básico dos direitos humanos — de um sistema jurídico moderno e igualitário que pretenda garantir, e não apenas proclamar os direitos de todos.

Esse diagnóstico que deveria haver uma justiça ampla, fortaleceu os meios alternativos de resolução de conflitos, que são mecanismos extrajudiciais, que utilizam da lógica consensual, facilitando o diálogo e privilegiando a autonomia das partes. Vale observar, que esses meios muitas vezes garantem maior celeridade na resolução do conflito, evitam o processo judicial e são menos onerosos.

Desde essa época o Judiciário Brasileiro encontrava-se em crise e que havia um diagnóstico de uma litigância excessiva e eram pensados caminhos para combatê-la e para se ter um judiciário menos engessado.

Ademais, o Judiciário se mostrava um equipamento de difícil acesso, principalmente para a população mais vulnerável, com excesso de burocracia, custos, formalismo, falta de compreensão da linguagem empregada por juízes, promotores e servidores e muitas vezes falta de empatia com os menos favorecidos pelos seus servidores.

Assim, nesse contexto há uma necessidade de democratização do acesso à justiça. Há a necessidade de se criar uma política pública em prol de uma Justiça mais acessível.

Conforme bem pontuado por Maria Cecília de Araujo Asperti e Michel Roberto Oliveira Santos:

> Eliana Junqueira (1996, p. 390) afirma que a principal questão relacionada ao acesso à justiça discutida pela doutrina no Brasil nos anos 70-80 era a expansão de direitos básicos para a população em geral, aos quais a significativa maioria da população não tinha acesso (ASPERTI;SANTOS, 2018, p. 23)."

Assim, além de falta de acesso à Justiça havia uma falta de acesso à direitos de uma forma geral, tais como saúde, moradia, educação, dentre outros.

Conforme Maria Cecília de Araujo Asperti e Michel Roberto Oliveira Santos, tal cenário se dava devido à tradição liberal individualista do ornamento jurídico brasileiro, à marginalização socioeconômica e à exclusão política e jurídica do regime militar. Sendo assim, conclui-se que a influência e reformas do Acesso à Justiça no Brasil se deram por fatores políticos, sociais, econômicos, jurídicos e culturais. Com isso, desde a década de 1980, foram editadas leis que reconhecem direitos individuais e transindividuais com vista a garantir o amplo acesso à justiça, as quais foram recepcionadas pela Constituição Federal de 1988 (ASPERTI; SANTOS, 2018, p. 23-24).

O movimento de Acesso à Justiça no Brasil se deu por meio do aperfeiçoamento da legislação, do estabelecimento de mecanismos processuais e garantias processuais que assegurassem a efetivação desses direitos (ASPERTI; SANTOS, 2018, p. 24) e nesse contexto o Poder Judiciário se apresenta com um papel muito importante na concretização e efetivação desses direitos.

Nesse contexto a partir dos anos 1980, a conciliação se tornou uma pauta importante com vistas a redemocratização da Justiça e à perspectiva de se tornar o processo mais acessível e informal, inclusive com a criação dos Juizados Especial de Pequenas Causas, pela Lei n. 7.244/1984, que estabelecia a tentativa da conciliação de conflitos. Porém a partir dos anos 1990 e 2000, a preocupação se voltou à reforma do Judiciário e há uma maior eficiência dele.

Isso se reflete em Documento Técnico do Banco Mundial n. 319 S, que recomenda o uso de mecanismos alternativos de resolução de conflitos para reduzir atrasos e acúmulos processuais, visando soluções mais ágeis e um Poder Judiciário mais eficiente (ASPERTI; SANTOS, 2018, p. 26).

A partir daí, houve várias propostas de reforma institucional e das leis processuais, com a mudança do Código de Processo Civil de 1973, a celebração do II Pacto Republicano do Estado, a edição da Emenda Constitucional n. 45, de 30.12.2004... todos com foco na eficiência do Poder Judiciário.

Com a edição da Emenda Constitucional n. 45 de 30.12.2004 há a criação do Conselho Nacional de Justiça. Conforme artigo de Maria Cecília de Araujo Asperti e Michel Roberto Oliveira:

> O CNJ que teve papel fundamental na administração da justiça brasileira, inclusive nas recentes políticas de institucionalização da mediação e conciliação judiciais ora estudadas. Essas medidas visam ao uso desses meios para pacificação de conflitos, mas sempre com a perspectiva da eficiência, por meio da adoção de indicadores de produção, metas e outras disposições (ASPERTI; SANTOS, 2018, p. 27)."

No entanto, essa perspectiva de eficiência se mostra preocupante, pois pode visar apenas resultados quantitativos e não qualitativos e estimular a "cultura do acordo"

Nesse sentido, conforme bem colocado por Maria Cecília de Araujo Asperti e Michel Roberto Oliveira:

> Esse debate pode ser identificado como uma perspectiva de estudo do acesso à justiça pelo qual a busca pela ampliação do acesso dá lugar a uma preocupação com a explosão de litigiosidade, o que leva à abertura de outras portas a serem colocadas ao lado da adjudicação judicial, promovendo-se o acordo como "produto judicial", além da sentença (ASPERTI;SANTOS, 2018, p. 28).

A institucionalização da política pública de mediação de conflitos avança com a realização de mutirões de conciliação, a criação de Núcleos Permanente de Métodos Consensuais de Solução de Conflitos e Centros Judiciários de Solução de Conflitos e Cidadanias — CEJUSCs, o estabelecimento de parâmetros para a capacitação de mediadores e conciliadores, por meio da Resolução n. 125/2010, a promulgação do Código de Processo Civil no ano de 2015, com a previsão expressa da promoção da conciliação e da mediação, inclusive da conciliação obrigatória logo após a distribuição da petição inicial, com a promulgação em 2015 também da Lei da Mediação, que regulamenta não só a mediação no âmbito do judiciário, mas também as mediações realizadas na esfera privada, no âmbito empresarial, comunitário, escolar e outras formas híbridas de resolução de conflitos. A Lei trata inclusive dos procedimentos, prazos e penalidades.

Assim o Judiciário define a diferença entre mediação e conciliação, o objetivo da mediação, os deveres do mediador e conciliador, os parâmetros das capacitações, dentre outras questões referentes a esses meios de solução de conflitos... vê-se o Poder Judiciário como protagonista na promoção da conciliação e da mediação, controlando essa política púbica de resolução de conflitos via esses mecanismos. No entanto, em paralelo há esse movimento, já havia a mediação sendo praticada em escolas, em organizações sociais, nas comunidades, nas empresas, na administração pública, dentre outros locais e muitas vezes utilizando parâmetros próprios, parâmetros locais... com resultados até mais contundentes em termos qualitativos.

Um exemplo claro disso, é a política pública de mediação de conflitos realizada nos Centros de Integração da Cidadania — CICs, programa do Governo do Estado de São Paulo, que oferece serviços e atividades voltadas ao exercício de direitos e facilitação do acesso à justiça para a população carente, em suas unidades instaladas em áreas de alta vulnerabilidade social. A prática da mediação nos CICs se deu a partir de 2003, primeiramente com juízes de paz realizando as mediações. No entanto com o passar do tempo percebeu-se que seria mais adequado capacitar voluntários que pertencem à própria comunidade, pessoas que muitas vezes não tinham nível universitário, porém que compreendiam a realidade dos mediandos daqueles locais, por vezes passavam por problemas e dilemas semelhantes e compartilhavam de identidade com os mediandos.... valores, códigos de conduta, linguagem próprias daqueles locais... assim tinham mais facilidade de compreender suas motivações e interesses, de se fazer entendido, de estabelecer relação de confiança e empatia com os mediandos. E assim foi feito...

Esses mediadores provindos da comunidade, muitas vezes eram lideranças locais, que não estavam atuando no Núcleo de Mediação do CIC para realizar um acordo e não tinham a preocupação de "bater" metas, mais sim para facilitar o diálogo, contribuir para uma mudança da relação dos mediandos e ajudar a sua comunidade como um todo....

Guilherme Assis de Almeda e Maria Isabel Lopes da Cunha Soares fazem uma importante reflexão sobre o trabalho prestado no CIC, que integra ações voltadas à promoção da cidadania e dos direitos humanos com serviços voltados ao acesso à justiça e ao exercício de direitos, conforme já citado:

> As formas alternativas de solução de conflitos acontecendo simultaneamente com as atividades de educação em Direitos Humanos oferecem o ambiente propício para que a pessoa se reconheça como sujeito de direito, etapa inicial e imprescindível do acesso à Justiça. É a partir de processo de reconhecimento que a pessoa se transforma em cidadão e é capaz, de forma pacífica e não violenta, demandar seus direitos. As políticas públicas de promoção da cidadania e dos direitos humanos precisam ter claro que a transformação da mera pessoa em sujeito de direito é um construído e não um dado. Assim é necessário criar espaços de educação em direitos humanos conjugados com espaços de acesso à justiça, capazes de propiciar a pessoa uma experiência de descobrir-se cidadão ao ser capaz de realizar uma ação para garantia ou conhecimento de um direito. É exatamente esse trabalho a missão do CIC (ALMEIDA;SOARES, p. 7).

Assim o trabalho do CIC se mostra imprescindível para aquelas comunidades e aquele contexto que está inserido.

Como em conflitos comunitários, os conflitos realizados em empresas, em relações familiares, em aldeias indígenas, em relações trabalhistas, em escolas, dentre outros locais, têm suas especificidades e podem ser tratados por meio da mediação extrajudicial, em paralelo à mediação instituída pelo Poder Judiciário.

A própria Prefeitura de São Paulo instituiu uma política pública voltada para mediação nas escolas em 2015, por meio: da Lei n. 16.134/2015, que dispõe sobre a criação de Comissões de Mediação de Conflitos — CMC nas escolas da rede municipal de ensino da Cidade de São Paulo e dá outras providências; do Decreto n. 56.560/2015, que regulamenta a Lei n. 16.134/2015, que dispõe sobre a criação da Comissão de Mediação de Conflitos — CMC nas escolas de Ensino Público e da Portaria n. 2.974/2016, que dispõe sobre a implantação e implementação da Comissão de Mediação de Conflitos — CMC nas Unidades Educacionais da Rede Municipal de Ensino, prevista na Lei n. 16.134/2015.

A principal finalidade das CMCs na Rede Municipal de Ensino é atuar nos conflitos com o objetivo de provocar mudanças na cultura escolar. Ela tem o intuito de afastar possíveis violências do cotidiano escolar: psicológicas — institucionais — simbólicas — físicas.

Essa política pública de âmbito municipal reconhece a necessidade de ir além de atuar pontualmente em situações de conflito. Mas reconhece a necessidade de se fazer um trabalho com a cultura local, implementando novas formas de se relacionar com o outro, de modo que a intervenção pontual seja exceção.

Conforme o Parágrafo único do art. 3º da Portaria n. 2.974/2016:

> A cultura da mediação de conflitos deverá constituir-se em tema de amplo debate nas Unidades Educacionais, vinculado ao seu Projeto Político-Pedagógico, ao currículo e às ações de formação, visando à construção de práticas mais justas em ambiente escolar e baseadas no diálogo, na prevenção e na gestão de conflitos.

Outra bela iniciativa que não obedece aos parâmetros do Poder Judiciário é a mediação que ocorre na Promotoria de Justiça Cível do Foro Regional de Santo Amaro, conforme artigo de Alessandra Negrão Elias Martins e Maria Emiliana Carvalho Herrmann, o Projeto de Mediação de Conflitos Para Idosos em Situação de Risco se dá da seguinte forma:

> Os Promotores de Justiça, ao constatarem conflitos familiares nos procedimentos administrativos que acompanham com idosos em situação de risco, encaminham os casos para uma equipe de mediadores voluntários. A mediação acontece como colaboração, ou seja, sem a interrupção do procedimento administrativo que continua sendo acompanhado pelo promotor de justiça responsável. A notícia dos riscos chega à Promotoria de Justiça por diversas formas de comunicação: pelo disque 100 (denúncia anônima), por relatos do próprio idoso ou de um familiar, através de profissionais que atuam com idosos, pelas Unidades Básicas de Saúde (UBSs), hospitais, Centros de Referência do Idoso, entre outros. Na maioria das vezes, os idosos se encontram em situação de abandono moral e/ou material em relação aos seus cuidados. Na mediação, como mediandos, temos, em geral, o idoso em vulnerabilidade, os seus familiares, os cuidadores e eventuais conviventes. A equipe de atendimento é composta de mediadores voluntários, formados pelo modelo transformativo, que atendem de forma interdisciplinar em

> campo e em equipe reflexiva. Na dinâmica dos atendimentos das mediações acontecem até cinco encontros, com duração, em média, de 2 horas cada. Os agendamentos são mensais, com a possibilidade de um ou dois encontros pós-mediação para acompanhamento dos resultados obtidos. Quando os mediandos caminham em combinados, estes são levados ao promotor de justiça que poderá homologar o acordo extrajudicialmente. Em vários casos atendidos neste projeto, constatam-se resultados positivos, principalmente com a melhora da comunicação entre os familiares, dos cuidados e da convivência com o idoso, da sua saúde e, consequentemente, da eliminação do risco. A mediação também pode acontecer no contexto privado, quando preventiva aos riscos. Chegam à mediação, por exemplo, casos de familiares com necessidades de organização sobre os cuidados do idoso, cuidados com o cuidador ou com dificuldades na convivência diária. Quando o idoso, por questões de saúde, não pode estar presente à sessão de mediação, diz-se que a mediação familiar acontece para o idoso (e não com o idoso) (MARTINS; HERRMANN, 2019, p. 79-80)."

Assim, apesar da institucionalização da mediação de conflitos pelo Poder Judiciário ser importante. Se mostra muito necessário reconhecer e valorizar experiências que utilizam parâmetros locais, que são ricas e tem um grande potencial transformador, pois levam em consideração culturas, linguagens e contextos específicos, que muitas vezes se adequam mais a realidade dos mediandos, tendo resultados significativos, com grande potencial de transformar relações.

Conforme bem colocado por Maria Cecília de Araujo Asperti e Michel Roberto Oliveira:

> Ainda que a institucionalização pareça ser necessária para que as práticas de mediação e conciliação judiciais sejam adequadas e sustentáveis, é necessário resguardar essas outras portas de acesso (GABBAY, 2013,p. 280) que se associam não só à justiça formal, mas também local, por meio de iniciativas e experiências de mediação com pouca ou nenhuma relação com o sistema de justiça (GABBAY *et al.*, 2014) (ASPERTI; SANTOS, 2018, p. 45)."

Assim pode-se constar que a mediação de conflitos se mostra como um meio importante de estímulo ao diálogo e à colaboração, exercício de autonomia, potencial para transformar relações e pacificação social também fora do Judiciário e que as especificidades dessas políticas públicas, que tem nenhuma ou pouca relação com o Poder Judiciário, devem ser mantidas e até melhores exploradas. Afinal o Judiciário não deve ter o monopólio da mediação de conflitos no Brasil, a mediação vai muito além disso...

Referências

ALMEIDA, Guilherme Assis de. *Acesso à Justiça, Promoção dos Direitos Humanos e Cultura de Paz no Espaço dos CICs* (Centros de Integração da Cidadania). São Paulo.

ASPERTI, Maria Cecília de Araujo; SOUZA, Michel Roberto Oliveira de. Desmitificando a "Cultura do Acordo": Os discursos de acesso à justiça e eficiência no atual cenário da mediação e da conciliação judiciais no Brasil. In: ALMEIDA, Guilherme de Assis. FREITAS JUNIOR, Antônio Rodrigues de; SOUZA, Michel Roberto O. de Souza. *Mediação e o Novo Código de Processo Civil.* Curitiba: Juruá, 2018.

BRASIL. Constituição da República Federativa do Brasil: promulgada em 5 de outubro de 1998. In: *Vade Mecum*. 11. ed. São Paulo: Saraiva, 2011.

CAPPELETI, Mauro; GARTH, Bryant. *Acesso à Justiça.* Tradução: Ellen Gracie Northfleet. Porto Alegre: Sergio Antônio Fabris Editor, 1978 (1988).

MARTINS, Alessandra Negrão Elias; HERRMANN, Maria Emiliana Carvalho. A mediação como instrumento de acesso à justiça nas relações familiares com idosos. In: *Mais 60 — Estudos sobre Envelhecimento*, vol. 29, 2019, p. 68-83. Disponível em: https://portal.sescsp.org.br/online/artigo/13529_A+MEDIACAO+COMO+INSTRUMENTO+DE+ACESSO+A+JUSTICA+NAS+RELACOES+FAMILIARES+COM+IDOSOS. Acesso em: 26 jun. 2023.

SÃO PAULO. *Lei n. 16.134, de 12 de março de 2015*. Disponível em: https://legislacao.prefeitura.sp.gov.br/leis/lei-16134-de-12-de-marco-de-2015. Acesso em: 26 jul. 2023.

SÃO PAULO. *Decreto n. 56.560, de 28 de outubro de 2015*. Disponível em: https://legislacao.prefeitura.sp.gov.br/leis/decreto-56560-de-28-de-outubro-de-2015. Acesso em: 26 jul. 2023.

______. *Portaria Secretaria Municipal de Educação — SME n. 2.974, de 12 abril de 2016*. Disponível em: https://legislacao.prefeitura.sp.gov.br/leis/portaria-secretaria-municipal-de-educacao-sme-2974-de-12-de-abril-de-2016. Acesso em: 26 jul. 2023.

A Importância Histórica do Sindicalismo na Disputa pelo Direito do Trabalho

Vicente Paulo da Silva — "Vicentinho"[(1)]

Resumo: O presente artigo busca identificar a importância da participação sindical como expressão de luta na conquista do conjunto dos Direitos Sociais e do Trabalho ao longo do século XX, assim como os impactos do neoliberalismo para a deterioração dos avanços obtidos e retrocesso das conquistas coletivas. Isso será feito considerando os momentos iniciais de ausência de direitos e lutas operárias que estabelecem os primeiros marcos legais; depois, será lançado um olhar para as conquistas coletivas por mecanismos democráticos--institucionais, em especial os instrumentos negociais, a mediação e a arbitragem no âmbito das negociações realizadas pelas entidades sindicais; por fim, buscar-se-á apontar elementos das reformas legislativas sobre a tutela do trabalho que mitigam a participação sindical no processo de luta pelo direito. Feita essa construção, caberá apresentar uma reflexão acerca dos desafios que se colocam para o movimento sindical no futuro próximo.

Palavras-chave: Sindicalismo — Luta pelo Direito — Neoliberalismo.

Introdução

O presente artigo tem como objetivo identificar a importância do sindicalismo na correlação de forças políticas que constituem a luta pelo direito (von JHERING, 2017), assim como os impactos do neoliberalismo na deterioração dos direitos resultantes desse processo. O resgate da trajetória institucional dos direitos sociais e do trabalho é insuficiente para evidenciar a sua verdadeira gênese; para tanto, é necessário avançar para além dessa dimensão e alcançar o movimento das forças sociais e os contextos sociopolíticos nas quais estavam inseridas:

> O Direito do Trabalho nasceu em decorrência das demandas geradas pela autonomia coletiva, fundamentada na atuação concreta do movimento dos

(1) O presente artigo é requisito final para a conclusão da disciplina "Mediação em Conflitos de Justiça, Cultura de Paz e Promoção dos Direitos Humanos II", ministrada no âmbito do programa de pós-graduação *stricto sensu* da Faculdade de Direito da SANFRAN, pelo professor doutor Antônio de Freitas.

> trabalhadores e das ações grevistas, em um ambiente no qual perpassava a concepção econômica liberal das forças livres do mercado. A partir da concepção de livre disputa das forças econômicas no mercado, a autonomia coletiva surge subvertendo uma de suas equações fundamentais ao substituir o indivíduo pelo coletivo (GRILLO, 2008, p. 48).

No caso do Brasil, passado mais de um século de grandes greves já e dos seus efeitos sobre as conquistas institucionais que culminaram na inclusão de direitos sociais e do trabalho na ordem jurídica, na sua constitucionalização e na expansão da composição de conflitos por meio de diálogos sociais entre capital e trabalho, ainda persiste a ideia de que tais direitos sobrevieram da mera liberalidade getulista. Por mais que haja forte contribuição do governo de Getúlio Vargas para o processo de institucionalização dos direitos sociais e do trabalho, a sua gênese primeira é a identidade de classe, a coletivização das demandas e a organização do movimento sindical para efetivar a luta por direitos.

O seu desenvolvimento avançou ao longo das décadas do século XX, com maior ou menor força, mas sempre atrelada à capacidade do movimento sindical de ser protagonista nos processos de disputa política. Entretanto, desde o avanço do neoliberalismo (DARDOT & LAVAL, 2016), que há um ataque dirigido ao primado do coletivismo e da solidariedade social, que vem buscando a metamorfose da sociedade salarial (CASTEL, 1998) por meio da promoção do individualismo exacerbado (DARDOT & LAVAL, 2016), em particular da individualização do risco social (CASTEL, 2005). Esse desfazimento das estruturas institucionais conquistadas à base de luta, repressão pelo poder do Estado, prisões, perseguições e mortes, adquirem na contemporaneidade o nome de "modernização" ou "reformas" que recaem sobretudo no campo das políticas fiscais e de proteção social, propugnando uma pseudo flexibilidade das relações de trabalho.

Ainda, se pretende mostrar que a prova da importância do sindicato na luta por direitos é corroborada até mesmo no processo do seu desmantelamento. Isso porque, um dos aspectos que fica evidenciado com o avanço do neoliberalismo, é que o sucesso no rebaixamento dos direitos sociais e do trabalho foi acompanhado do ataque ao movimento sindical, do seu enfraquecimento e da promoção do seu desprestígio social. E, isso não está restrito ao desmantelamento das salvaguardas jurídicas do direito coletivo, mas sobretudo à reconfiguração das relações de trabalho que dispersa a classe trabalhadora, macula o seu instinto coletivo, torna o trabalhador o empreendedor de si mesmo (DARDOT & LAVAL, 2016) subtraindo-lhe a identidade de classe.

Para tanto, o presente artigo subdivide-se em três partes, além desta introdução e da conclusão. A seguir, busca-se entender as fases de desenvolvimento do capitalismo e a importância que o sindicalismo cumpriu dentro de cada uma delas, como tentativa de apontar formas de pensar a continuidade do sindicalismo para o futuro. De tal sorte, se buscou relacionar as primeiras lutas operárias com o surgimento do sindicalismo e do direito do trabalho. Depois, diante da democratização das relações de trabalho, se apresenta os mecanismos existentes para o diálogo no campo dos direitos sociais e do trabalho, que reconhecem a máxima legitimidade para as entidades sindicais representarem os trabalhadores na composição de soluções para o conflito entre capital e trabalho. Em seguida, se passa a entender a ação estratégica do neoliberalismo com disputa retórica que reverbera no enfraquecimento sindical por meio da desregulação social e do trabalho. Por fim, se coloca questões ao discurso neoliberal e se pensa propostas para que se resgate a dignidade da pessoa do trabalhador e das suas entidades representativas. A proposta aqui é abrir caminhos e pensar fora da diretriz determinista e nefasta do neoliberalismo.

1. Lutas operárias, sindicalismo e direito do trabalho

O processo de desenvolvimento do capitalismo a partir da mercantilização do trabalho livre, ao tempo em que também se desenvolveu o Estado moderno, inovou nas relações humanas de todo o mundo. A industrialização, a racionalização na organização do trabalho e dos processos produtivos, o paradigma da produtividade, a métrica do tempo de trabalho, a urbanização, todos esses processos, e até mesmo o papel do Estado, se somam em uma transformação gigantesca da forma de reconhecer a vida em sociedade. Trata-se, inclusive, do surgimento daquilo que é concebido como sociedade salarial (CASTEL, 1998), destacando a centralidade do trabalho.

O primado do liberalismo que esteve fortemente presente a esse tempo e que acompanhou boa parte do desenvolvimento do capitalismo, considerou que a liberdade de contratação fazia os sujeitos iguais, mas, considerou tão somente a igualdade perante a lei. Nas palavras de Pachukanis (2017, p. 190), é dizer "a pessoa do proletário tem 'essencialmente valor igual' à pessoa do capitalista; isso encontra a sua expressão no 'livre' contrato de trabalho. Mas dessa mesma 'liberdade materializada' decorre a possibilidade de o proletário morrer calmamente de fome". Para o autor, isso está diante de uma ambiguidade que caracteriza a forma ética da relação social de troca que é base material da forma ética do capitalismo.

O mesmo fundamento pachukaniano informa Polanyi (2000, p. 95) quando apresenta o seu "moinho satânico" como modelo de organização social, quando reconhece a insustentabilidade de um sistema tal que coloque o primado econômico à frente da existência humana. Nesse sentido, ele se refere à dimensão de prevalência de um livre contratar cujos termos são fixados pela dinâmica do livre mercado, quando a sociedade se torna acessório do sistema econômico:

> Segue-se daí que a organização do trabalho mudaria simultaneamente com a organização do sistema de mercado. Entretanto, como a organização do sistema de mercado é apenas outro termo para as formas de vida do povo comum, isto significa que o desenvolvimento do sistema de mercado seria

> acompanhado de uma mudança na organização da própria sociedade. Seguindo este raciocínio, a sociedade humana tornara-se um acessório do sistema econômico (POLANYI, 2000, p. 97).

Trata-se de realidade que, para Pachukanis (2017) coloca em bom lugar a ideia de economia planificada. A referência do autor é feita em tempo histórico de expansão do comunismo, mas, independentemente do que signifique na disputa de modelos de racionalidade pela hegemonia global, chama o Estado para o lugar de agente regulador das relações humanas, inclusive das relações de trabalho. Trata-se de preocupação que, no capitalismo, se traduz como a imposição de limites à extração incondicional e absoluta de mais-valia sobre a expropriação da condição humana do trabalhador. A dimensão exploratória incide, sobretudo, sobre a apropriação do tempo de trabalho (CARDOSO, 2007) pelo capitalista; o que Marx (2017) considera como parcela de trabalho que excede à subsistência do trabalhador para garantir a subsistência dos proprietários dos meios de produção e que se expressa no mecanismo da "mais-valia".

O movimento da produção capitalista fabril, por conseguinte, mostra-se instrumentalizado por mecanismos de mercado que destituem a condição humana do trabalhador (homens, mulheres e crianças, sendo os dois últimos os "meia-força", de Marx) e os objetificam nas dinâmicas de compra e venda da força de trabalho. São esses aspectos que fazem surgir em meio à experiência histórica da produção em fábricas, com racionalidade própria à organização do trabalho, a extração humana para conversão em capital, de todo sujeito que disponha de força útil de trabalho e esteja em condição de vulnerabilidade que lhe impede resistir:

> A manufatura dos palitos de fósforo data de 1833, quando foi inventado o método de aplicação do fósforo no palito. Em 1845, essa manufatura desenvolveu-se rapidamente na Inglaterra e, depois de se espalhar pelas partes densamente povoadas de Londres, expandiu-se... levando consigo o tétano, que já, em 1845, um médico de Viena detectara como doença peculiar dos fosfeiros. A metade dos trabalhadores são crianças menores de 13 e jovens menores de 18 anos (MARX, 2017, p. 320).

No mesmo sentido, Engels (2010) retrata as condições de vida da classe trabalhadora, destacando como o desenvolvimento urbano submete os trabalhadores a condições idênticas de "morte social". Em 1817, a Inglaterra já encontrava iniciativas que visavam mobilizar o Executivo em favor da proteção da saúde dos operários, inclusive de crianças. A esse tempo, a reivindicação comum buscava a limitação da jornada de trabalho do menor de 18 anos em 12 horas, depois 10 horas, ainda:

> ... proibiu (exceto na indústria de seda) o trabalho de menores de 9 anos, limitou a duração do trabalho das crianças entre 9 e 13 anos a 48 horas

> semanais ou, no máximo, a 9 horas diárias, a dos jovens entre 14 e 18 anos a 69 horas semanais ou, no máximo, a 12 horas diárias, estabeleceu um intervalo mínimo de hora e meia para as refeições e, mais uma vez, proibiu o trabalho noturno para o menores de 18 anos (ENGELS, 2010, p. 208).

Ainda que os padrões do texto em destaque, via de regra, possa causar estranheza nos dias atuais, àquele tempo, havia resistência para se admitir tais limitações da suposta liberdade de contratação. Os argumentos mais empregados circundavam sobre a suposta ruína dos donos do capital:

> Apesar de tudo, esse relatório basta para revelar completamente a vergonhosa brutalidade com que a burguesia das fábricas trata seus operários, para denunciar toda a infâmia e toda a ferocidade do sistema industrial de exploração. Nada é mais revoltante que ver, nesse relatório, de um lado, o largo elenco de doenças e mutilações causadas pelo excesso de trabalho contraposto, de outro lado, ao frio cálculo da economia política do industrial, que tenta demonstrar estatisticamente que ficaria arruinado — e, com ele, toda a Inglaterra — se o impedissem de continuar estropiando, ano após ano, tantas e tantas crianças (ENGELS, 2010, p. 207-208).

O autor não para por aí e destaca o modo como a organização da sociedade burguesa negligencia com políticas urbanas sanitárias, com as condições de vida dos trabalhadores mais vulnerabilizados e sujeitos à pobreza. O que se vê é a degeneração humana como justificativa para a reprodução concentrada e centralizada do capital. A formação descontrolada dos centros urbanos, o amontoado de uma população empobrecida e inserida no exército de reserva, o desemprego estrutural evidenciado pela dinâmica dos ciclos econômicos, pressionavam o mercado de trabalho e conduziam a quadros tão intensos de exploração que já se assumia o resultado morte com naturalidade.

Em um primeiro movimento, o Estado aparece como garantidor das condições de reprodução do capital, fazendo acontecer a *pax* social. As intervenções ocorrem no sentido de obrigar os sujeitos despossuídos a trabalhar; as legislações mais administram a pobreza e reafirmam a face expropriatória do trabalho, embora que justifiquem-se como medidas protetivas; os movimentos de arregimentação operária ao largo da história passaram por inúmeros processos de criminalização. Os processos históricos, evidenciam um sentido também para aquilo que Mello (2023) coloca como Direito Capitalista do Trabalho, aqui, normalizando "conquistas" do movimento operário para conformação das tensões da luta de classes, sempre regulando formas expropriatórias, e que, passados dois séculos, mantêm a sua substancialidade:

> Toma-se o direito do trabalho como objeto no qual se inscrevem novas fronteiras entre exploração e expropriação. Observada em uma perspectiva

> histórica, a contemporânea regulação pública do trabalho sistematiza e explicita figuras jurídicas espoliativas, que fornecem fundamentos para maior taxa de exploração do trabalhador e mercantilização de bens jurídicos de sua personalidade, antes considerados atributos sob seu domínio, indisponíveis à circulação mercantil (MELLO, 2023, p. 29-30).

O trecho em destaque é o ponto de encontro entre passado e presente, uma vez que, a título de exemplo, ao longo dos séculos, as jornadas de 12 à 15 horas foram combatidas pelo movimento sindical; conquistaram o *status* jurídico de normas de ordem pública por dizer da saúde e higidez humana. Limitação do tempo e sua redução tornou-se objetivo dos processos de conquista da dignidade do trabalhador, fomentaram lutas coletivas ao redor do mundo industrializado, mobilizaram todas as forças, conquistando inclusive o apoio do Papa Leão XIII em sua Encíclica *Rerum Novarum*, resultando, já aos finais do século XIX, na limitação da jornada semanal de 48 horas, redução da mesma para 44, 40, 36 horas... a depender do país e da correlação de forças que se estabeleceu em cada contexto. Foi a demanda para sobrevivência do capitalismo, para que o mesmo pudesse realizar o "tempo comprado" (STREECK, 2013).

No Brasil, a Era Vargas é um dos momentos em que mais fica latente a *pax* entre capital e trabalho. Com isso, não se quer afirmar que inexista o tensionamento entre capital e trabalho, mas que o conflito se coloca ao liame das preocupações de Edelman (2016) e de Pachukanis (2017). Para ambos os autores, o direito é burguês e as conquistas de direitos com proteção social é a forma da igualdade jurídica na perspectiva das relações de produção capitalista, ou seja, o conformismo da luta social com os interesses do capital e que assim o será só e somente só enquanto a correlação de forças assim impuser. Tanto Edelman (2016) como Pachukanis (2017) acreditam que o Estado é o aparato institucional para o conformismo das massas diante da disputa capital/trabalho. Ainda assim, reconhecem a importância da ação coletiva operária e das suas conquistas, mas insistem na necessidade de não se perder da consciência coletiva o sentido de acomodação de conflito que isso representa. Como explica Druck (2023):

> A relação social constituída pela apropriação do trabalho de uns por outros, através da divisão do trabalho e da propriedade privada, é uma relação de dominação, em que dominantes e dominados vivem um processo de constante enfrentamento, num "medir forças", cujas expressões e formas podem ser as mais diversas: no processo de trabalho, nas condições de reprodução, nos direitos estabelecidos. Também os níveis de luta podem ser mais ou menos organizados, mais ou menos provisórios, mais ou menos estabelecidos, pois são as condições históricas das relações de forças entre as classes que podem definir as expressões e as formas de luta e, portanto, as possíveis vitórias e derrotas de uma ou outra classe (DRUCK, 2023, p. 21).

O poder de fato que caracteriza a expressão de luta coletiva dos trabalhadores, ganha relevância política e demanda atenção do Estado, que, diante de respostas ao caos humanitário das guerras mundiais, apresenta respostas distintas ao capitalismo liberal. De modo geral, se considera a expansão da social democracia entre as economias centrais do ocidente e a expansão da economia planificada nos modelos socialista e comunista do oriente, capitaneado pela União Soviética. A legitimação de um Estado que intervenha no direcionamento das políticas internas recaiu também sobre a organização coletiva dos trabalhadores. De tal sorte, as experiências europeias que deram relevância à ação política de luta coletiva dos trabalhadores, também trouxeram as relações coletivas de trabalho para o radar do Estado, desenhando diversas experiências e modelos de regulação e de tratamento institucional, por vezes mais tolerante, outras vezes mais repressivo.

Trata-se de relações que se expandem pelo mundo e que também chegam ao Brasil com mais força no século XIX, já como resultado da importação da força de trabalho estrangeira que veio substituir a força de trabalho escravizada e que será a primeira onda de força de trabalho da quase inexistente indústria brasileira nos anos preparatórios para o projeto de Estado corporativista de Getúlio Vargas. O capitalismo industrial chega tardiamente ao Brasil, que como colônia, por vezes, teve a indústria da transformação proibida, a exemplo da referência feita por De Masi (2022), da proibição do tear no Brasil e da obrigatoriedade da venda do algodão a preço menor para a Inglaterra. Por conseguinte, não se formou uma classe operária típica. Além disso, acometido pela escravização moderna, o país teve que enfrentar a resistência tanto dos recém libertos em vender-se no mercado de trabalho, como dos donos de fábricas a pagar por quem antes lhes era objeto de livre usufruto.

No início do século XX, europeus, sobretudo Italianos, cujo mercado de trabalho já se encontrava pressionado, ainda mais com a presença das guerras mundiais, migraram para o Brasil. Grande parte foi absorvida nas grandes fazendas de café, outros nos centros urbanos, alguns outros tornaram-se proprietários. Com isso, as relações de trabalho se constituíram, primeiro com a exclusão de nacionais; depois, com oposição entre nacionais e estrangeiros que marcou o período nacionalista. É na construção das relações de trabalho, ainda carentes de proteção regulatória e já vitimadas pela exploração exacerbada do indivíduo, que surge a identidade de classe e o chamamento à sua união para resistir aos processos expropriatórios da sua condição humana. A defesa coletiva dos trabalhadores surge dessa semente e reproduz a experiência internacional, incorporando o movimento operário como poder de fato, dotado de autonomia para firmar compromissos diretos com a classe patronal.

Ainda que geograficamente distante das guerras mundiais, o Brasil sofreu influência política e econômica do caos humanitário, que se instaurou a partir das consequências do liberalismo autorregulado. A experiência política também vivenciou o confronto entre social-democracia e economia planificada, assim como as influências dos ideais fascistas.

Foi nesse sentido que, também no Brasil, a classe operária teve a sua experiência de institucionalização. Trata-se de processo que para Edelman (2016), tem o próprio sindicalismo em disputa da sua legalização, colocando em xeque as discussões acerca da sua natureza, enquanto existência de fato ou existência resultante do processo legal de seu reconhecimento; as repercussões são distintas: no primeiro caso, traduz-se como classe operária; no segundo, como instituto jurídico do direito capitalista.

De tal sorte, o desenvolvimento desse processo foi marcado por distintos modelos de resposta institucional, em que se destaca aqui aquele no qual o Estado se abstém de regulação das relações sindicais. Para Grillo (2008), se evita a regulação estatal da atividade sindical, afirmando a sua liberdade plena a partir dos pressupostos de que (i) da liberdade sindical é direito fundamental, cabendo ao Estado apenas reconhecê-lo; (ii) qualquer regulamentação estatal é restrição das suas garantias, e; (iii) há um tratamento de intervenção e controle da atividade sindical distinto das garantias despendidas às atividades empresariais. De outro lado, há o modelo intervencionista, que também pode encontrar distintos fundamentos:

> Dentre os modelos considerados intervencionistas distinguem-se países com uma regulamentação ordenadora e de garantia de exercício da liberdade sindical, principalmente no continente europeu, ou uma regulamentação de controle do sindicato e limitação da liberdade sindical, que perpassa as experiências latino-americanas (GRILLO, 2008, p 64).

O Brasil segue o modelo de regulamentação de controle sindical, embora ao longo do tempo tenha havido a sua mitigação, em particular após o período de redemocratização. Ainda subsistem critérios de organização sindical tidos como recepcionados pela Constituição Federal, afora aqueles nela previstos. De toda sorte, em todas essas formas, se reconhece o papel dos sindicatos na representação da classe trabalhadora como forma de mitigar as assimetrias existentes na correlação de forças entre trabalho e capital, lhes atribuindo a legitimidade (ainda que restrita à categoria que representa) da negociação coletiva. A representação sindical aqui, continua como importante instrumento sociológico de pressão e luta social pelo direito, ao tempo em que se torna agente de condução da paz social na latente luta de classe que caracteriza o capitalismo.

2. Democratização e os mecanismos institucionais de diálogo entre capital e trabalho

No Brasil, o sindicalismo encontra demarcações históricas muito bem definidas. É possível pensar em uma fase incipiente de anarco-sindicalismo, desde os fins do século XIX, por ocasião do processo de imigração europeia, que caracteriza a fase de total autonomia sindical, assim como de grandes conflitos em que a luta de classes é levada ao seu limite. As lutas são travadas nas ruas e nas ocupações dos espaços de produção. O diálogo social foi realizado com grande disputa direta entre os atores sociais e os compromissos de trabalho também foram firmados à margem do Estado ou com pouca participação sua, com o objetivo muito maior de questionar o sistema capitalista do que de fazer composições dentro deles.

Os acordos feitos estiveram muito mais associados à defesa de Edelman (2016) de se manter o equilíbrio de forças durante a transição do capitalismo para o comunismo (considerando aqui a corrente filosófico-política à qual se vincula). Mas, é sob a vigência do anarco sindicalismo que se inauguram as conquistas regulatórias de proteção ao trabalho; por meio do Tratado de Versalhes, se fez o reconhecimento internacional do direito fundamental de sindicalização, enquanto que, no Brasil, desde de 1891, ter-se-ia o Decreto n. 1.313, proibindo o trabalho de menores de 12 anos, no Rio de Janeiro. Ainda assim, as contradições aparecem quando as leis sindicais do país limitam a sua atuação, em resposta à capacidade de mobilização e resistência aos ímpetos expropriatórios do capitalismo.

Nesse sentido, o anarco-sindicalismo deveria representar a importação do modelo de liberdade sindical, todavia a liberdade apenas estava posta pelos coletivos que se colocavam em posição de desafio à lei, uma vez que como explica Campinho (2006, p. 116-117) há "uma ambigüidade fundamental na ordem vigente. Ao mesmo tempo em que se nega qualquer interferência na auto-regulação do mercado, criam-se, através das Leis que permitem a organização sindical (Decreto n. 979, de 6 de janeiro de 1903 e Decreto n. 1.637, de 5 de janeiro de 1907), condições para a atuação de um novo ente coletivo: o sindicato". As leis citadas pelo autor, disciplinam o sindicalismo rural e o sindicalismo urbano, respectivamente, e ao seu lado, se mantém a repressão da greve pelo Estado, com força policial e violência, aplicada em uma sociedade que até bem pouco tempo tratava seus trabalhadores à chibatadas.

A ascensão de Getúlio Vargas ao poder enfatiza a questão do sindicalismo corporativista, de forma que, em 1930, foi criado o Ministério do Trabalho e, com ele, o conjunto normativo de regulação e controle sindical, assim como de disciplinamento do trabalho. Este, por sua vez, adquire mais força e permeia a organização sindical, que assume o modelo corporativista em detrimento do modelo de representação de classe, ou seja, prevalece a organização sindical por categoria profissional, em detrimento do ramo de atividade econômica. Em 1931, sobreveio a Lei da Sindicalização estabelecendo alguns dos parâmetros de intervenção do Estado na organização sindical:

> O Decreto n. 19.770, de 1931, estabelecia a unicidade sindical e a necessidade de reconhecimento do sindicato pelo Ministério do Trabalho, Indústria e Comércio. Iniciava o controle das atividades sindicais pelo Estado através do envio de regulares relatórios de acontecimentos sociais. Surgia a figura

> dos delegados sindicais do Ministério do Trabalho, a possibilidade de imposição de multas, destituição da diretoria e fechamento ou dissolução do sindicato pelo Ministério. Alçava-se o sindicato à condição de órgão de colaboração com o poder público e **facultava-se, pela primeira vez, a realização de convenções e acordos coletivos**, que deveriam ser posteriormente ratificados pelo Ministério do Trabalho (CAMPINHO, 2006, p. 125-126).

Como poder de fato, os sindicatos já pressionavam o capital e firmavam compromissos coletivos, mas o art. 10, do Decreto n. 19.770/1931, foi o primeiro a reconhecer os instrumentos negociais em lei, condicionando a sua eficácia à ratificação pelo Ministério do Trabalho:

> **Decreto n. 19.770/1931, art. 10.** Além do que dispõe o art. 7º, é facultado aos syndicatos de patrões, de empregados e de operarios celebrar, entre si, accordos e convenções para defesa e garantia de interesses reciprocos, devendo ser taes accordos e convenções, antes de sua execução, ratificados pelo Ministerio do Trabalho, Industria e Commercio.

O diploma foi recepcionado pela Constituição, de 1937, assim como pela Consolidação das Leis do Trabalho, de 1943. Em meio à proibição de associação dos sindicatos nacionais aos sindicatos internacionais, essa legislação trouxe outros dispositivos que condenam condutas antissindicais, ao tempo em que instituiu o imposto sindical. Como colocado por Freitas Júnior (1989), o Estado cumpre papel específico no capitalismo avançado, em que a vontade política atua na seletividade daquilo que deve ser regulado para garantir algum espaço decisório para as instituições não serem relegadas ao fracasso – ter-se-ia aqui a "medida de disfuncionalidade do conflito" (FREITAS JÚNIOR, 1989, p. 119). Esse termo é delineado em cenário político adverso, que corresponde a quase todo século XX. Isso porque, o século é marcado por avanços e retrocessos políticos, muitas vezes com criminalização do movimento sindical e, conforme Machado (2021), com modelo corporativista de negociação coletiva. No pós-1930, a repressão ao anarco-sindicalismo e o avanço do nacionalismo desde a década anterior, promoveu uma transformação no perfil da classe trabalhadora e da sua representação sindical. O brasieliro que nunca antes esteve incorporado ao processo produtivo urbano industrial, passou a ter sua contratação incentivada e aderiu a esse projeto corporativista:

> antes de 1930, o operariado, formado majoritariamente por imigrantes e orientado pela ideologia anarquista, havia conseguido garantir sua autonomia, espontaneidade e ímpeto de luta, mas que, em contrapartida, no pós-1930, com a constituição de um novo proletariado de origem rural, portador de uma certa passividade política e sem contato com ideologias anticapitalistas, a classe foi presa fácil do 'populismo" (SANTANA, 1999, p. 105).

A investida democrática de 1945, também não rompeu com o modelo corporativista e de sindicalismo oficial. Ainda que a Constituição, de 1946, tenha significado a constitucionalização de direitos sociais, isso não consistiu em transformações no sentido de democratizar as relações sindicais. O modelo do decreto de 1931, incorporado à CLT, permaneceu vigente, pois mesmo após as discussões jurídicas acerca da pluralidade sindical, encetada na Constituição de 1934, a Constituição de 1937, restabeleceu o intervencionismo indubitável. Toda a ação intervencionista vinha na esteira de promover o disciplinamento do trabalho, como forma de atender aos interesses dos capitalistas, ao tempo em que do ponto de vista político foi instrumentalizado para sufocar expressões comunistas e socialistas.

O movimento de democratização é a história do movimento sindical brasileiro. Foi nas disputas por direitos nos chãos de fábrica que se reivindicou mais que reajustes salariais e se fez resistência ao silenciamento. Também foi nesse espaço que as negociações coletivas, a mediação e a arbitragem adquiriram vida, com grande contribuição dos metalúrgicos de São Paulo, fundado desde 1932 e grande protagonista na luta por direitos, junto a outras categorias como químicos, petroleiros e ferroviários. Os dissídios e negociações coletivas foram conquistando o espaço de interlocução e de democratização das relações, conseguindo autorizar novas formas de composição de conflitos, por meio de diálogos sociais que encontram instrumentos próprios: convenção e acordo coletivo de trabalho, mediação e arbitragem.

A ação sindical combatente foi também a força motriz para ruptura com o modelo pleno do corporativismo e com a mudança de chave institucional de criminalização do movimento sindical livre. Na década de 1980, é por meio do novo sindicalismo (a partir dos metalúrgicos do ABC, em seu terceiro congresso dos metalúrgicos de São Bernardo do Campo, realizado em Diadema, no ano de 1978) que se restaura a democracia como valor e se acirram as disputas no sentido de sua conquista. Trata-se de mais uma dimensão em que o sindicato aparece como peça fundamental para pressionar as instituições autoritárias e tornar efetiva a luta por direitos que não se limitam às relações de trabalho, mas ao processo de cidadania como um todo. Nesse ponto, cumpre uma observação para que se tenha em mente a centralidade da classe para a definição da vida em sociedade, ainda que esta deva ser entendida em uma visão mais global e sistêmica pelas lentes da interseccionalidade.

A cultura do uso da convenção e do acordo coletivo de trabalho perfilou a prevalência do legislado sobre o negociado, reservando o exercício do princípio da autonomia privada coletiva para a construção de um patrimônio jurídico para o trabalhador, que acrescentasse ao mínimo existencial composto pelas normas de ordem pública absolutamente intransigíveis. Dessa forma, se assegurou três ordens de natureza aos direitos laborais: as normas de ordem pública intransigíveis, as normas de ordem privada relativamente negociáveis e as normas de ordem privada negociáveis. Essa classificação é usada como forma de proteger o trabalhador individualmente considerado contra os efeitos da correlação de forças intensamente assimétricas que caracterizam o capitalismo.

A autonomia da vontade prevalecente no direito civil é mitigada no direito laboral, para proteção do trabalhador. Ela busca inibir que a sua condição socioeconômica motive a negociação com a classe patronal, em razão das suas necessidades e não da sua livre vontade. Ademais, a assimetria é pressuposta nas negociações de direitos entre trabalhador e empresa, porque o trabalhador é um indivíduo, mas a empresa é um ente coletivo. Isso faz com que eles respondam a diferentes estatutos jurídicos. Outrossim, o trabalhador sem será aquele que vende a sua força de trabalho para outra pessoa, uma vez que não possui autonomia produtiva e está pessoalmente implicado nos processos produtivos de onde retira a sua renda salarial; o capital empresarial, sempre será o proprietário dos meios de produção e pode deixá-los em uso por qualquer outro trabalhador, sem pessoalidade em relação a quem estava negociando. A descartabilidade do trabalhador pelo empregador é que atribui o desequilíbrio entre as partes.

Considerando o cenário de assimetrias, os pressupostos podem ser superados pela transformação do trabalhador em ente coletivo, o que ocorre quando representado pela entidade de classe. Nesta oportunidade, o exercício da autonomia privada coletiva admite ampliação do rol de direitos que são passíveis de negociação. Esse conjunto de direitos acaba por estabelecer parte do poder de fogo dos sindicatos nos processos negociais, mantendo-se a incolumidade negocial, tão somente, nas normas de ordem pública, que são indispensáveis à realização da dignidade humana e do mínimo existencial, a exemplo das normas de saúde e segurança do trabalho, tal como o limite da jornada de trabalho e o recebimento de equipamento de proteção individual, o mesmo valendo para as normas de assalariamento mínimo e outros direitos fundamentais.

Atualmente, os instrumentos negociais coletivos estão previstos na CLT, arts. 611 à 625, assim como na Constituição Federal, art. 7º, XXVI, quando reconhece as convenções e acordos coletivos de trabalho, à luz do *caput*, que define o rol de direitos mínimos. Compete aos instrumentos negociais, fixar outras normas, desde que expressem melhoria da condição social do trabalhador. A realização das negociações podem contar com a participação de um terceiro, que promove a condução dos diálogos por meio da mediação, uma das técnicas de solução de conflito ao lado da arbitragem, prevista na Constituição Federal, art. 114, § 1º, sempre que frustradas as tentativas negociais. Ou seja, não se firmando os instrumentos negociais, mesmo depois de mediação, é possível eleger um árbitro – um terceiro – em comum acordo entre sindicato de classe e empresa/sindicato patronal, prevalecendo as mesmas regras acerca do que pode ser objeto de negociação.

O que se percebe é que todo diálogo entre capital e trabalho perpassa pela presença dos sindicatos e que, também eles, são agentes responsáveis por utilizar os instrumentos legais da forma ótima para a composição dos conflitos de classe. Nesse sentido, o fundamento da regra geral de prevalência do legislado sobre o negociado, e, da existência de normas negociáveis somente com a presença da entidade sindical, são suas ferramentas institucionais. Todavia, é importante que a cúpula e dirigentes das entidades não deixem de promover o engajamento sindical e tenham sempre em mente que a sua força maior deve advir da aproximação com sua base e da sua capacidade de mobilização das forças sociais em disputa.

A Constituição Federal de 1988, inaugura a (re)democratização com a presença da ação do novo sindicalismo, ainda que, de forma coincidente com o avanço do neoliberalismo, cuja retórica ataca o princípio da solidariedade social (CASTEL, 1998; BECK, 2011), exacerba o individualismo como princípio de arregimentação social e a par do incentivo do empreendedorismo de si mesmo (pseudo-empreendedorismo) (DARDOT; LAVAL, 2016), busca esvaziar o sentido do direito do trabalho e, em especial, a sua representação coletiva. Em grande medida, essas ditas fases de desenvolvimento do direito do trabalho, possuem desenho jurídico específico, desde marcos legais avulsos, à sua concretização, chegando ao processo de desregulação presente no neoliberalismo. Essas construções também são acompanhadas de um atuar das entidades de representação coletiva, que se constroem desde a ausência total de norma sobre a sua existência e o seu agir e que agora também assistem ao derreter das suas conquistas, quando lhes são colocados novos desafios acerca de como ficará o trabalho no futuro.

3. Neoliberalismo e o futuro do trabalho

Os neoliberais se propõem a ser futuristas-deterministas: *no there is alternative!* A célebre frase de Margaret Thatcher, aos fins da década de 1970, estabelece a base retórica de prevalência do neoliberalismo na Europa e nos Estados Unidos. Ainda que a primeira experiência na América Latina também tenha sido a esse tempo, com o governo Pinochet, no Chile, somente na década de 1990 que a experiência neoliberal se espraiou pelos demais países. De tal sorte, se em 1988, o Brasil viveu a experiência de promulgar a Constituição Cidadã, durante os anos 1990, os primados sociais ali estabelecidos passaram a ser atacados, em especial por meio de sucessivas reformas previdenciárias e trabalhistas, que avançaram pelas primeiras décadas do século XXI.

Os ataques se deram em diversas dimensões: 1) no campo retórico, com propagandismo continuado do autoempreendedorismo e desqualificação da importância da proteção social presente na ordem jurídica laboral; 2) contra os direitos sociais, anunciando o "custo" previdenciário e investindo, também no campo propagandista, na capitalização previdenciária em detrimento da solidariedade no processo de seu financiamento; 3) contra os direitos individuais do trabalho, promovendo a flexibilização da contratação e usos do trabalho; 4) contra os direitos coletivos, promovendo o desprestígio social das entidades sindicais e reformas jurídicas que suprimiram muitos dos instrumentais de sua força institucional-negocial; 5) contra as instituições públicas laborais responsáveis pela consecução do primado protetivo, além de outras.

As primeiras reformas acompanharam o processo de liberalização econômica, sujeitando a indústria nacional à concorrência global. Foram reformas que privatizaram empresas públicas e modificaram a legislação trabalhista, acrescentando novas formas de contratação, novas formas e limites para a gestão do tempo de trabalho e novas formas de assalariamento. O discurso empresarial usou da falta de preço competitivo em um mercado de trabalho global para rebaixamento do padrão protetivo. Trata-se de cenário que colocou a classe trabalhadora exposta a outras economias, com padrões protetivos mais rebaixados que o nacional, e, por conseguinte, expôs também o movimento sindical às pressões das empresas com capital internacional, principais responsáveis pelo mercado formal de trabalho no país.

Entre os novidades reformistas, admitiu-se contratos atípicos, terceirização — primeiro das atividades meio, em 2017, de atividades fim —, o *home-office* que vai até a empresa, jornadas reduzidas para um mesmo empregador, desorganização do tempo de trabalho sem remuneração pela prorrogação da jornada contabilizada no banco de horas.

> Observando o conjunto, percebe-se que os sindicatos concentram sua atenção nas formas atípicas de contratação que apresentam maior incidência na categoria. Ao mesmo tempo, fica patente a pequena capacidade de as negociações colocarem freio a essas formas de contratação. O problema complica-se um pouco mais pela inexistência de mecanismos que inibam a dispensa imotivada tanto na lei como nos contratos coletivos, assim como pela ausência de um sistema de proteção ao emprego (KREIN, 2007, p. 150-151).

Isso ainda ocorre em um mercado de trabalho cuja dinâmica é marcada por informalidade, heterogeneidade e rotatividade, três fatores que exercem forte pressão sobre o rebaixamento dos termos de troca do trabalho, e, por conseguinte, rebaixamento da força institucional sindical para exercer pressão social aos termos negociais.

Somando-se os contextos, vê-se o sindicato aprisionado a uma dinâmica que tende a lhe retirar protagonismo, inclusive porque os próprios trabalhadores perdem a identidade de classe. O discurso do empreendedorismo mascara a condição de sujeito socialmente desprotegido e do enquadramento de categoria; a informalidade e a rotatividade, ainda mais em trabalhos de pouca qualificação, também afasta o trabalhador da construção de uma identidade profissional; o rebaixamento de direitos, depõe contra o sindicato, que pode ser visto como incompetente na consecução de seus fins, como agente de melhoramento da condição social do trabalhador.

> Em síntese, os temas emergentes, na sua maioria, estão vinculados à flexibilização na determinação do uso do trabalho, especialmente da remuneração e da jornada. O que aparece em termos de novos temas é uma desregulamentação no sentido de reduzir os custos do trabalho ou de possibilitar maior

> liberdade à empresa na determinação do seu uso. Portanto, observados os conteúdos negociados, a tendência das negociações coletivas, especialmente entre 1995 e 2003, foi de uma reversão ou estagnação do processo de ampliação da regulação pública do trabalho. Mais que isso: no período, a negociação coletiva deixou de ser simplesmente um instrumento de ampliação da regulação pública ou dos benefícios trabalhistas para, em muitos casos, contribuir na desregulamentação de direitos e legitimação de práticas de flexibilização (KREIN, 2007, p. 76-77).

A ideia da flexibilização trabalhista (relação, condição e legislação do trabalho) foi recepcionada no âmbito do judiciário, que tem validado juridicamente a legislação reformista e contribuído para a sua incorporação nos processos laborais. Por esse motivo, que não se pode conceber a reforma trabalhista de 1990 e a reforma trabalhista de 2017 como processos distintos, mas como resultado de um processo sociopolítico, que vem se aprofundando e, com ele, aprofundando as mazelas sociais dos trabalhadores, cada vez mais expostos aos ditames de um movimento que institucionaliza o neoliberalismo, inclusive nas estruturas públicas que deveriam rechaçar a sua validade.

O advento das Leis ns. 13.429 e 13.467, de 2017, alcançaram um outro patamar no processo de desmantelamento do direito do trabalho. A primeira delas instituiu a terceirização nas atividades fins, inclusive, admitindo a quarteirização. A terceirização da atividade meio foi uma das primeiras reformas desprotetivas e ingressou na ordem jurídica brasileira por meio da Súmula n. 331/TST, assim se tornando o maior exemplo do quanto a justiça do trabalho também foi permeada pela racionalidade neoliberal. A principal justificativa, foi admitir que a especialização da empresa na atividade-fim aumenta a produtividade e o melhoramento da produção, o que foi feito às custas do rebaixamento da condição social do trabalhador, que se tornou terceirizado e cujo regime jurídico é distinto dos trabalhadores diretos da empresa tomadora de seus serviços.

O engodo da terceirização se mostrou presente com a reforma de 2017, quando ficou evidenciado que toda e qualquer reforma trabalhista tem o intuito único de favorecer o processo de reprodução e concentração do grande capital. Para tanto, o direito brasileiro passou a admitir, até mesmo, a possibilidade de empresas sem empregados, ainda que possa a mesma estar repleta de trabalhadores que não sejam por ela contratados. Ou seja, não tem a ver com a especialização e produtividade coisa nenhuma, mas com a força política para estabelecer uma ordem jurídica reacionária que alimente as melhores condições de exploração do conjunto das forças produtivas por aqueles que sustentam o *status quo*; beneficiar-se da força de trabalho de outrem na exploração de atividade econômica já não é motivo para a ordem juslaboral brasileira de tornar esse sujeito empregado e muito menos beneficiário de um sistema de proteção social.

O estrago continua com a reforma juslaboral encetada na Lei n. 13.467/2017, quando por meio da alteração em mais de 100 artigos da CLT, o Congresso Nacional (por sua maioria absoluta) mostrou-se verdadeiro e maior inimigo da classe trabalhadora brasileira. Para além do rebaixamento geral dos direitos individuais dos trabalhadores, ainda houve a investida em se subverter o paradigma negocial privilegiando-se a prevalência do negociado sobre o legislado, o que adentrou no texto celetista por meio dos arts. 611-A e 611-B. Acrescente-se, hipóteses de dispensa da participação sindical para firmar Termo de Rescisão de Contrato de Trabalho (TRCT), a legitimação para negociação individual de matérias até então do âmbito sindical por critério de estudo e remuneração — que não fazem superar o fato de serem indivíduos e não entidades, assim como a supressão do imposto sindical, que fez esvaziar a fonte de financiamento das entidades sindicais. Como aponta Krein:

> A nova legislação aprovada não realiza uma reforma sindical, mas afeta direta e indiretamente o sistema de organização sindical e representação coletiva dos trabalhadores, ao buscar enfraquecer os sindicatos e estimular um processo de descentralização na definição das regras que regem a relação de emprego. As principais novidades diretas são: (1) a prevalência do negociado sobre o legislado; (2) o estrangulamento financeiro dos sindicatos; (3) a normatização da representação dos trabalhadores no local de trabalho com base no Estado; (4) a possibilidade da negociação individual, excluindo os sindicatos na definição das cláusulas do contrato de trabalho; (5) a retirada da função do sindicato de supervisionar as homologações dos trabalhadores com mais de um ano no emprego; e (6) a eliminação da ultratividade. Além delas, há outras que incidem na capacidade de ação coletiva, com a fragmentação das categorias por meio da terceirização e dos contratos atípicos. Há, ainda, a introdução de uma agenda bastante ampla de flexibilização que tende a deixar os sindicatos na defensiva, especialmente em contexto de elevado desemprego e de acentuadas inovações tecnológicas (KREIN, 2018, p. 92).

O futuro do trabalho ainda está em disputa, mas tem havido intensas transformações das dinâmicas do mercado, mesmo após a reforma de 2017, inclusive pela incorporação das plataformas digitais como meio de produção e a adoção da uberização como modelo de negócio. Trata-se de novos instrumentos colocados à realidade que intensificam a exposição dos trabalhadores a novas formas de contratação, gestão, organização e controle do trabalho por parte da empresa. A junção da plataformização e do modelo uberizado de organização do trabalho, conjuntamente com a inteligência artificial e com a *"internet of things"*, coloca novos desafios ao movimento sindical, sem superar em nada os já existentes.

Vê-se aumentar o quadro de vulnerabilizados expostos não a trabalhos precários, mas a estratégias de sobrevivência. Buscam se encaixar em cada fragmento de tempo de trabalho útil, em qualquer tarefa que surja como demanda e a qualquer tempo. Nessa forma de ser do mercado de trabalho, há grande pulverização dos sujeitos, em muitos trabalhos esparramados pelas ruas, a priori sem vínculos geolocalizados ou por identidade profissional. A retórica que reproduz o empreendedorismo aqui, também é a retórica que esvazia a representação sindical daqueles que, se admitida a ausência de lei regulatória, sequer integra uma categoria: transporta pessoas em carro, mas não é motorista; entrega comida, mas não é motoboy; limpa casa, mas não é faxineira; trabalha em salão mas não é nem manicure e nem cabeleireiro.

Os aspectos aqui apontados são somente aqueles diretamente relacionados à atuação sindical, que impactam negativamente sobre a efetividade da sua participação no processo de melhoria das condições sociais do trabalhador e de evolução do patamar civilizatório do país. É nessa medida que, a afronta ao sindicalismo não é algo restrito aos trabalhadores que se fazem representar por suas entidades, mas a toda a sociedade. O rebaixamento das condições de trabalho é o rebaixamento da condição social do país; a subtração das forças institucionais de proteção social do trabalhador é o encarceramento dos marginalizados ao mercado de trabalho e às redes de apoio. Por outro lado, ainda subsiste o esperançar, porquanto a supressão de direitos, a violência das políticas de morte, as ausências das políticas públicas fazem emergir a urgência na própria base social de rever o modelo vigente de racionalidade neoliberal para a organização social — foi assim antes, certamente será assim no futuro. Se desenha no vazio protetivo, novos espaços de luta e disputa do protagonismo sindical, desde quando se restitua o seu poder de fato para que se volte a disputar também o papel social do Estado.

4. Conclusão

A narrativa proposta no texto mostra que em quase 1,5 século de existência do movimento sindical no Brasil, afora os anos iniciais, este se manteve como contínuo ator institucional, em diálogo com a classe patronal e com o Estado. Isso não impediu de haver investidas permanentes em tentativas diversas de esvaziamento do seu poder, seja pela violência direta àqueles que não sucumbiram às limitações do sindicalismo oficial, em tempos de governos ditatoriais, seja pela violência da cooptação pelas estruturas de Estado.

De todo modo, qualquer pensamento sobre a origem, a existência, a permanência e a evolução de direitos sociais e do trabalho somente foi possível porque houve movimento sindical forte e reivindicativo. A despeito da narrativa do *mainstreaming* trazer a dimensão do desenvolvimento de um patamar civilizatório como resposta ao caos humanitário das guerras mundiais, não é menos verdade que isso foi impulsionado pelo inconformismo dos trabalhadores a se sujeitar a condições de trabalho tão precárias e a condições de sobrevida tão inóspitas. Os vínculos de solidariedade que surgem por entre aqueles que estão em igual condição de miserabilidade é a principal força motriz das lutas sociais pelo direito.

As negociações coletivas e outros instrumentos de solução de conflito aparecem como ferramentas privilegiadas para estabelecer o diálogo social entre as diferentes classes e, de alguma forma, firmar o consensual entre interesses distintos e, no mais das vezes, até antagônicos. A paz social alcançada pela legítima representação sindical na negociação é de grande relevância até mesmo para a sustentabilidade dos interesses de produção capitalista, ainda que mesmo a classe patronal negue e confronte o direito do trabalho, as instituições juslaborais e também o sindicato, ela senta à mesa para negociar e estabelecer os termos em que se dará a pacificação enquanto vigentes os instrumentos firmados.

Porém, as transformações promovidas pelos fundamentos neoliberais intensificaram em tempos recentes o contrapoder. A racionalidade que permeia essa nova forma de organização da vida em sociedade demoniza os vínculos de solidariedade e promove a privatização dos riscos sociais. Objetiva acabar por completo com as redes de apoio e as políticas públicas protetivas; o Estado é arrancado do seu papel social e colocado em situação de total subserviência aos interesses impróprios do capital privado. Os efeitos nefastos são percebidos quando vê-se crescer cada vez mais as populações vulnerabilizadas que se sujeitam às estratégias de sobrevivência, buscando se encaixar em dinâmicas laborais sem referência coletiva e de grande risco social.

Os desafios que se colocam ao movimento sindical não se restringem a ação institucional para enfrentar lutas burocráticas em prol de resgatar ou pelo menos conter os avanços da descaracterização do Direito do Trabalho, como algo voltado à proteção do trabalhador. Ele vai além, e recai sobre repensar a si mesmo, quais os critérios devem prevalecer para se estabelecer a representação legítima; qual o sentido de permanência de limites de representação por categoria em uma mesma base territorial, quando o mundo do trabalho fragmenta-se. Seja como for, certo que não se pode conceber o movimento sindical como anacrônico ou incapaz de dar conta desse lugar de representação coletiva dos trabalhadores. Os discursos que por vezes propugnam o fim do sindicato, o fazem porque têm clareza que eles são a relíquia da existência do trabalho enquanto classe e que, apesar do cenário de forças maléficas que oprimem o vigor sindical, é por meio delas que sobrevirá o caminho alternativo ao determinismo neoliberal.

Referências

BECK, Beck. *Sociedade de risco*. Rumo a uma outra modernidade. Sebastião Nascimento (Trad.). 2. ed., 2. reimp. São Paulo: Editora 34, 2016.

CAMPINHO, Fábio. Sindicalismo de Estado: controle e repressão na Era Vargas (1930-1935). *Revista Eletrônica do CEJUR*, v. 1, n. 1, ago./dez. 2006, p. 114-135.

CARDOSO, Ana Claudia Moreira. *Tempos de trabalho, tempos de não trabalho:* vivências cotidianas de trabalhadores. 2007. Tese (Doutorado em Sociologia) – Faculdade de Filosofia, Letras e Ciências Humanas, USP, São Paulo, 2007. Disponível em: https://www.teses.usp.br/teses/disponiveis/8/8132/tde-20032008-101721/pt-br.php. Acesso em: 20 abr. 2020.

CASTEL, Robert. *As metamorfoses da questão social.* Uma crônica do salário. Iraci D. Poleti (Trad.). Petropólis, RJ: Vozes, 1998.

______. *A questão social* — o que á ser protegido? São Paulo: Vozes, 2005.

DARDOT, Pierre; LAVAL, Christian. *A nova razão do mundo: ensaio sobre a sociedade neoliberal.* São Paulo: Boitempo, 2016.

DE MASI, Domenico. *O Trabalho no Século XXI:* fadiga, ócio e criatividade na sociedade pós-industrial. Rio de Janeiro: Sextante, 2022.

DRUCK, Graça. Prefácio Brasileiro: Estado, Classes e Neoliberalismo: a necessidade de construir uma outra forma de trabalho e de vida. In: *Constitucionalismo intermitente e lutas sociais no Brasil e no Chile.* Vol. 1. Mello, Lawrence Estivalet *et al.* (Orgs.); Fattorelli, Maria Lucia *et al.* (Coords.). Marília : Lutas Anticapital, 2023. p. 17-36.

EDELMAN, Bernard. *A legalização da classe operária.* Marcus Orione (Coord. Trad.). São Paulo: Boitempo, 2016.

ENGELS, Friedrich. *A situação da classe trabalhadora na Inglaterra.* São Paulo: Boitempo, 2010.

FREITAS JÚNIOR, Antonio Rodrigues de. *Sindicato:* domesticação e ruptura. Um estudo da representação sindical no direito brasileiro. São Paulo: Ordem dos Advogados do Brasil, 1989.

GRILLO, Sayonara. *Relações Coletivas de Trabalho.* Configurações Institucionais no Brasil Contemporâneo. São Paulo: LTr, 2008.

KREIN, José Dari. (2018) O desmonte dos direitos, as novas configurações do trabalho e o esvaziamento da ação coletiva. Consequências da reforma trabalhista. *Tempo Social, revista de sociologia da USP*, v. 30, n. 1. p. 77-104.

______. (2007) *Tendências recentes nas relações de emprego no Brasil*: 1990- 2005. 329 p. Tese (Doutorado em Desenvolvimento Econômico) – Universidade Estadual de Campinas, Instituto de Economia, Campinas, SP. Disponível em: http://www.repositorio.unicamp. br/handle/REPOSIP/285517. Acesso em: 10 ago. 2018.

LEÃO XIII, Papa. Carta Encíclica Rerum Novarum (Sobre a condição do operário). *Vaticano*, 15 maio 1891. Disponível em: https://www.vatican.va/content/leo-xiii/pt/encyclicals/documents/hf_l-xiii_enc_15051891_rerum-novarum.html.

MARX, K. *O Capital* — crítica da economia política. Rubens Enderle (Trad.). Livro I. 2. ed. São Paulo: Boitempo, 2017.

MACHADO, Sidnei. Negociação Coletiva no Brasil: entre desarticulação e reinstitucionalização. *Revista Teoria Jurídica Contemporânea*, v. 6, PPGD/UFRJ: 2021, p. 1-29.

MELLO, Lawrence. Contratualidades Espoliativas e Sentidos de Junho de 2013. In: *Contratualidades Espoliativas e Mobilidades Coletivas: teoria e debates.* MELLO, Lawrence; DRUCK, Graça; ANTUNES, Ricardo. Marília, SP: Lutas Anticapital, 2023.

PACHUKANIS, Evgeni. A teoria geral do direito e o marxismo e ensaios escolhidos 1921-1929. Marcus Orione (Coord.). Lucas Simone (Trad.). São Paulo: Sundermann, 2017.

POLANYI, Karl. *A grande transformação: as origens de nossa época*. Rio de Janeiro: Campus, 2000.

SANTANA, Marco Aurélio. Entre a Ruptura e a Continuidade: visões da história do movimento sindical brasileiro. In: *Revista Brasileira de Ciências Sociais*, vol. 14, n. 41, 1999. Disponível em: https://doi.org/10.1590/S0102-69091999000300007. Acesso em: 16 dez. 2023.

STREECK, Wolfgang. *Tempo Comprado*. A crise adiada do capitalismo. Coimbra, PT: Actual, 2013.

VON JHERING, Rudolf. *A Luta pelo Direito*. São Paulo: EdiJur, 2017.

O que nos une é também
o amor pelo livro.

Confira todos os nossos lançamentos em:

LACIER

www.livrarialacier.com.br